天地和合

大本三代教主　出口直日の生涯

大本本部編

天声社

出口直日
(昭和 35 年)

撮影：永田登一

「天地和合」　直日　十四歳の筆

茶盌「富士」

水指「篁」

墨絵「すすき」

水彩画「椿」

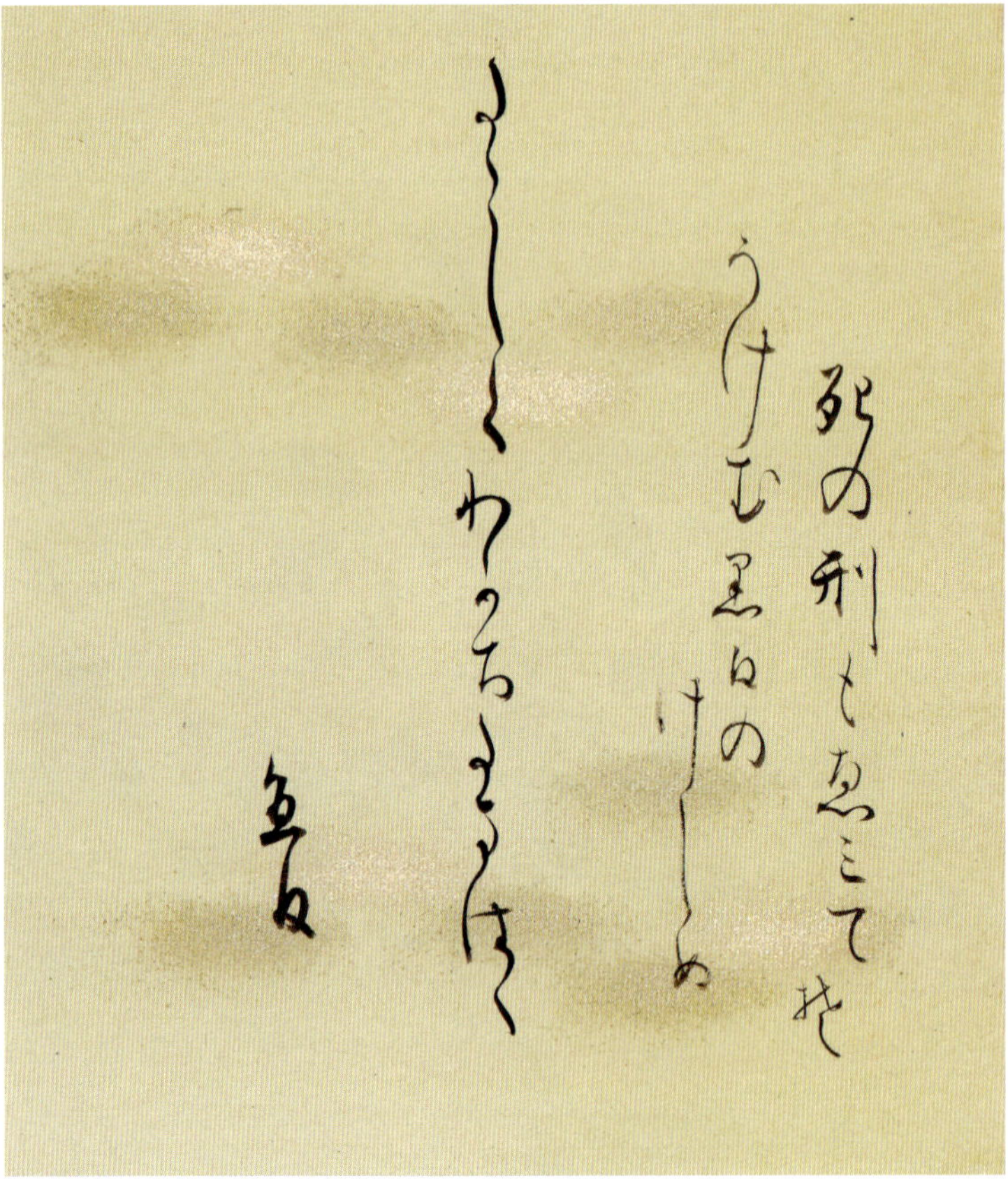

死の刑もゑみてぞ
うけむ黒白の
けじめ
ただしくわかちたまはば

直日

昭和十三年詠

天地和合

大本三代教主　出口直日の生涯

大本本部編

天声社

〈目　次〉

口絵
はじめに 18

第一章 天心のままに——明治三十四年—大正七年
生 誕 26
少女の一念 42
直日、神務に就く 53

第二章 波乱を超え、至福のときへ——大正八年—昭和十年
高見元男の初参綾 60
第一次大本弾圧 62
触れ合う二つの魂 78
芸術は宗教の母なり 99
王仁三郎の大号令 105

第三章 暗 転——昭和十年—昭和十七年
第二次大本弾圧 112
大弁護団結成 129
判決下る 147

第四章　ひとすじの道——昭和十八年—昭和二十六年

直日、日出麿と但馬竹田へ　158　　戦時下のたゆみない精進　176
弾圧下での子育て　197　　耀盌顕現　203　　二代教主の時代へ　212

第五章　神約の三代を継承——昭和二十七年—昭和四十六年

出口すみこの昇天　234　　新種のヤマザクラ発見　248
教主として各地へ　256　　万祥殿の造営　262　　「西王母」演能　272
私のねがい　281　　大本とは　284　　壺中居で初の個展開催　294
ひそかなる願い　303　　古都・明日香を守る　306
憂うべき日本の姿　327　　王仁三郎生誕百年の夏　337

第六章　世界にひらく——昭和四十七年—昭和五十七年
有終の美を　342
花開く大本芸術　343
泰安居完成　355
出向先に届いた訃報　361
日本伝統建築を後世に　368
聖なる冒険　377
不意討ち　387
重大な決断へ　394
第七章　神約実現のとき——昭和五十九年—昭和六十年
大弾圧をこえ、三たび長生殿造営　414
第八章　桜花胤に舞う——昭和六十年—平成二年
万民和楽を祈りつつ　428
直日、天に帰る　448
あとがき　454
出口直日略年譜　456

〈凡　例〉

原則として『記者ハンドブック』（第12版・共同通信社）にもとづいて表記した。振り仮名については左を基準とし、章ごとに、本文初出の漢字のみに付した。

◎大本関連の用語
（例「天恩郷《てんおんきょう》」「変性男子《へんじょうなんし》」）
◎常用漢字表外の漢字
（例「手帖《てちょう》」「籠《こ》もって」）
◎常用漢字表にない読み方の漢字
（例「質《ただ》す」「関《かか》わり」）
◎難読と思われる、または誤読の可能性がある固有名詞

はじめに

出口《でぐち》　紅《くれない》（大本五代教主）

このたび、大本三代教主・出口直日《なおひ》の伝記を出版させていただくことになりました。孫のひとりとして、祖母が歩んだ道のりの一端をお伝えさせていただけることはうれしくもありますが、涙なしにこの書は読めないほど、その生涯は大変厳しいものであったことをあらためて思わせていただきました。

明治二十五年、京都府の綾部《あやべ》にうぶ声をあげた教団「大本」は、まだ百二十年余の歴史しかなく、歴史と伝統のある教団に比べれば、その歩みは短いものでございます。しかし、教団が体験させられたことは、近代の宗教史に特筆されるような波乱に満ちたものでございました。

とりわけ昭和十年の国家による宗教弾圧、「第二次大本事件」は、それまで平穏な日々を過ごしていた三代教主にとって、経験したことのない過酷なものであったようです。

今の平和な時代からは想像もできませんが、国をあげての徹底した、いわれのない大弾圧により、教団に関するものは、地上から微塵《みじん》も痕跡《こんせき》をとどめないまでに破壊され、綾部、亀岡の両聖地は、ただ同然の価格で強制的に売却されました。教団を率いる教祖・出口王仁三郎《おにさぶろう》、二代教主・出口すみこ、三代教主補・出口日出麿《ひでまる》（三代教主の夫）をはじめ、教団の主だった役員は獄中に捕らえられ、三代教主は三十三歳の若さで、たったひとり国と対峙しなければなりませんでした。

教団組織、連絡網、財源、すべてが断たれるなかで、教団の潔白を証明するために国を相手に法廷闘争を始め、戦時下の昭和十七年、治安維持法違反を無罪にまで導きました。そこには「邪教大本」「国賊」とののしられながらも、三代教主のもと、ゆるがぬ信仰で教団をかげから支えてくださった信徒の皆さまの存在がありました。

しかし夫の日出麿は、弾圧中の激しい拷問により心身ともに打ち砕かれ〝神仙の世界〟へと入り、以降、普通の夫婦としての家庭生活を送ることはできませんでした。三代教主にとってはどんなにか寂しく、辛《つら》いことであったかと存じます。

そのような中、自ら短歌、茶道、能楽、書道など伝統文化への精進を怠ることなく、懸命に打ち込んでまいりました。やがてそれが大本の教風のひとつともなり、信仰に潤いをもたらしてくれたように思います。けれども、三代教主の指導が教団全体に浸透するまでには、長い時間と見えない苦労がございました。

三代教主の生涯を振り返ります時、一貫して変わらないことは、教団が困難に面したときも、また発展のさなかにあっても、常に自らを省み、正し、偽ることなく正直に歩んできた姿勢にあると存じます。また、時代の風潮に流されて消えてゆきそうな、日本の歴史や風土に基づく美しい自然、文化、芸術、そして日本の心を、生涯かけて大切に護《まも》ってまいりました。

生まれながらに天与の資質に恵まれ、そこに自らの精進も重ねて到った境地は、高く崇高であったように思います。しかし、三代教主の持つ世界、その思い、願いをどれだけの人が、真に理解できただろうかと思いますとき、一抹《いちまつ》の寂しさも覚えます。多くの家族、親族に囲まれながらも、その生涯は一面孤高であったのかもしれません。

私も、幼少のころから大変可愛《かわい》がってもらい、また、よく叱《しか》られたりもしましたが、祖母としての三代教主の思い出は、心温まる楽しいことばかりが浮かんでまいります。

祖母は、人間的にはとても情が深く、細やかで、率直であり、人に対する慈しみの心が特別深い人でした。それゆえ、時には、真っすぐな性格が、誤解され、悪く言われたりして、自ら傷つくことも私は何度かそばにいて見てまいりました。私自身、教主という立場になってみてはじめて理解できることもたくさんございます。

また晩年、身内から起こりました問題は、三代教主にとって、寿命を縮めるほどに心痛めるものであったことは、身近にいた者たちが強く感じているところでございます。その経緯についてもつづられております。

三代教主の足跡をたどりながら、本書を通してひとりでも多くの方に大本の歩みにも触れていただければ幸いでございます。

平成二十七年六月吉日

カット・出口直日

「〝どんぐりころころどんぶりこ〟。どんぐり小僧にも、それぞれに、来し方の旅の話はあるものです。これは一凡人の歩いてきた行路を気楽な気持ちで書き留めてみた手帖《てちょう》の断片であります」

これは直日《なおひ》自身が自らの幼年・青年期の思い出を回想した手記「谷間の流れ」の冒頭の一節である。

自らを一個の「どんぐり」にたとえ、歩み来し道が、そこには記されている。しかし、その生涯は「一凡人」の行路としては、あまりに険しい道のりであった。

第一章

明治三十四年――大正七年

天心のままに

カット・出口直日

生　誕

開祖なおの予言

「女の子が生まれる。それも、変わりものができる」

明治三十四年（一九〇一）秋。

弥仙山《みせんざん》の宮に籠《こ》もっていた大本《おおもと》開祖の出口なおから、すみこ（二代教主・なおの末娘）に届いた言《こと》づてである。そのとき、すみこは妊娠五カ月。おなかには直日が宿っていた。

さらに、生まれてくる子について、次のようにも。

「この世がすっかり暗闇《くらやみ》になって水晶《すいしょう》の種《たね》（※）がなくなってしまったから、このままでおいたら此《こ》の世《よ》は泥海になるより外はない。今度水晶の種を地の高天原《たかあまはら》（綾部《あやべ》の聖地）に授ける。それは木花咲耶姫命《このはなさくやひめのみこと》の御霊《みたま》である」

なおを通しての神示とは思いながらも、すみこは半信半疑で素直には受け入れられなかった。

明治三十五年（一九〇二）三月七日、なおの予言どおり、女の子が生まれた。父・上田喜《うえだき》三郎《さぶろう》（後の出口王仁三郎《おにさぶろう》。以下喜三郎と記す）三十歳、母・すみこ（二代教主）十九歳。

出産当日、すみこは誰にも言わず、こっそりと産んで自慢しようと一室にこもった。しかしさすがに忍耐強いすみこも産気づくと苦しさのあまり、人を呼び、介助を受け無事に女の子を出産した。よく太り、肩の張った赤ん坊が、「京都府何鹿郡《いかるがぐん》綾部町大字本宮村《おおあざほんぐうむら》小字《こあざ》本宮」で生まれた。

霊峰・弥仙山（綾部市於与岐町）

大本の三代目という使命が神示によって明らかにされたことで、生まれながらに祖母と両親の大きな期待を背負っての誕生であった。喜三郎は生まれてきた子を「あさ野」（※）と名付けた。

朝野の名は、喜三郎が見た不思議な夢による。

それは、朝野が生まれる前年・

※【水晶の種】理想世界である「みろくの世」「水晶世界」実現の種となる大切な存在を意味する
※【あさ野】直日の戸籍名。通常は「朝野」と表記。昭和41年2月7日、戸籍名を「あさ野」から「直日」に変更

明治三十四年（一九〇一）七月、開祖なお、喜三郎、すみこらが出雲大社《いずもおおやしろ》参拝の途中、鳥取の港町、賀露《かろ》に泊まったときのことである。

夢のなかで喜三郎は際限もない原野に立っていた。すると東のほうから太陽とも月とも判別できない大きなものが喜三郎の元に近付《ちかづ》き、それがやがてすみこの体内に入った。

喜三郎は夢から覚め、うれしさのあまり、寝ていたすみこを起こした。

「よい子が生まれるぞ！」

夢にみた広大な朝の野の情景と在朝在野《ざいちょうざいや》、すべての人々を救う子になってくれるであろうとの二つの思いから「朝野」と名付けた。

〇

朝野の生誕十年前。明治二十五年（一八九二）二月三日節分の日、五十五歳のなおに「艮《うしとら》の金神《こんじん》」（※）が神がかり、このままの状態で人類が進めば、やがて滅亡すると警告した。「われよし、強い者勝ち」の世を立替《たてか》え立直《たてなお》し、すべての人々が幸せに暮らせる「みろくの世」建設を宣言する。なお自身の思いとは一切関《かか》わりなく、ここに大本が開教した。

なおは生涯に半紙二十万枚、「お筆先《ふでさき》」（以下筆先と記す）と呼ばれる神示（予言・警告）を書き残した。なお自身は字を読むことも書くこともできなかったが、神の命じるままに筆をとると、なおの意思を超え、自然に筆が運び、神のことばがそこから次々とあふれでてきた。

朝野の誕生についての予言も、その筆先を通してであった。

○

喜三郎も大本入りする前、不思議な体験をさせられていた。

明治三十一年（一八九八）三月一日（旧二月九日）、喜三郎は、神の導きのままに高熊山《たかくまやま》（※）に入山。神命に従い岩窟《がんくつ》前に端座し、一切の飲食を絶ち一週間の修行をさせられる。高熊山での修行は喜三郎を一変させた。

「過去、現在、未来に透徹《とうてつ》し、神界の秘奥を窺知《きち》し得るとともに、現界の出来事などは数百年数千年の後まで知悉《ちしつ》し得られた」（『霊界物語』第一巻）

喜三郎は自らの使命を悟り、理想世界実現のために一生をささげる覚悟を定めた。高熊山での修行後、喜三郎は神示のままに綾部のなおを訪ねる。いったん亀岡に帰るが、その後、なおの筆先にたびたび、この神を表に出すのは喜三郎であると神示された。そして翌明治三十二年（一八九九）七月、なおの命を受け派遣された使いの四方平蔵《しかたへいぞう》とともに再びなおの元を訪れる。

「四方平蔵どの、大望な御世話をして下されて、誠に結構で在るぞよ。万古末代《まんごまつだい》名の残る御世話であるぞよ」（『大本神諭《おおもとしんゆ》』明治三十二年旧六月十八日）と、喜三郎を迎えた功績が筆

※【艮の金神】国祖・国常立命
※【高熊山】亀岡市曽我部町にある大本の霊場。正式名称は丁塚山

先で讃《たた》えられるほど、神が求めてやまなかった喜三郎の大本入りであった。喜三郎は明治三十三年（一九〇〇）正月、筆先による神示のままにすみこと結婚した。喜三郎二十八歳、すみこ十六歳であった。

天下一家の春

筆先では生まれてくるのは「女の子」と示されていたが、喜三郎は「なアに、わしは男の子を生んでみせる」と気張っていた。

「朝野という名に、青年の日の父の夢がそのまま象徴されているところに、父は大きな誇りをもっていたようです。『わしが名づけたんやで、〝天下一家の春〟のことや』と得意気になって吹聴《ふいちょう》した。

〝朝野〟を〝天下一家の春〟のことと、父がいったのは、根本的には天地の和合を神人一致の世界を祈ったもので、現実的にいえば、朝野和合して、上も下も、ともどもに、ひとしく幸せに暮らす新しい時代を念じたものであります。父はこの若き日の理想に一生涯を貫いた人でありました」

〝世界改造業者〟を自称する喜三郎も父親としては、まことに子煩悩であった。生まれてからは直日に付きっきりで、授乳のときは「乳飲め、乳飲めよ」と声をかけ、おしめの換えも「わしがするんじゃ」と自分でかえた。

片言まじりで話せるようになると、夜でもうどんを欲しがれば町に走り、うどん屋をたたき起こして、買ってきて食べさせるほどの溺愛《できあい》ぶりであった。そしてわが子のために、子守歌まで作った。

どこから御出《おいで》た、朝野さん
高いたアかい、山の空
弥仙《みせん》の山から、現れた
ねんねんころころ、ねんころり（歌詞は八番まで続く）

直日が生まれた当時、なおのことば、筆先が絶対であった。特別な能力を持つ喜三郎であったが、古くからの信徒に〝よそ者〟扱いされ、徹底的に排斥された。筆先を正確に理解する信徒はおらず、迷信家と野心家に取り巻かれ、喜三郎のすることなすこと、ことごとく邪魔をされ、その苦労は並大抵のことではなかった。

○

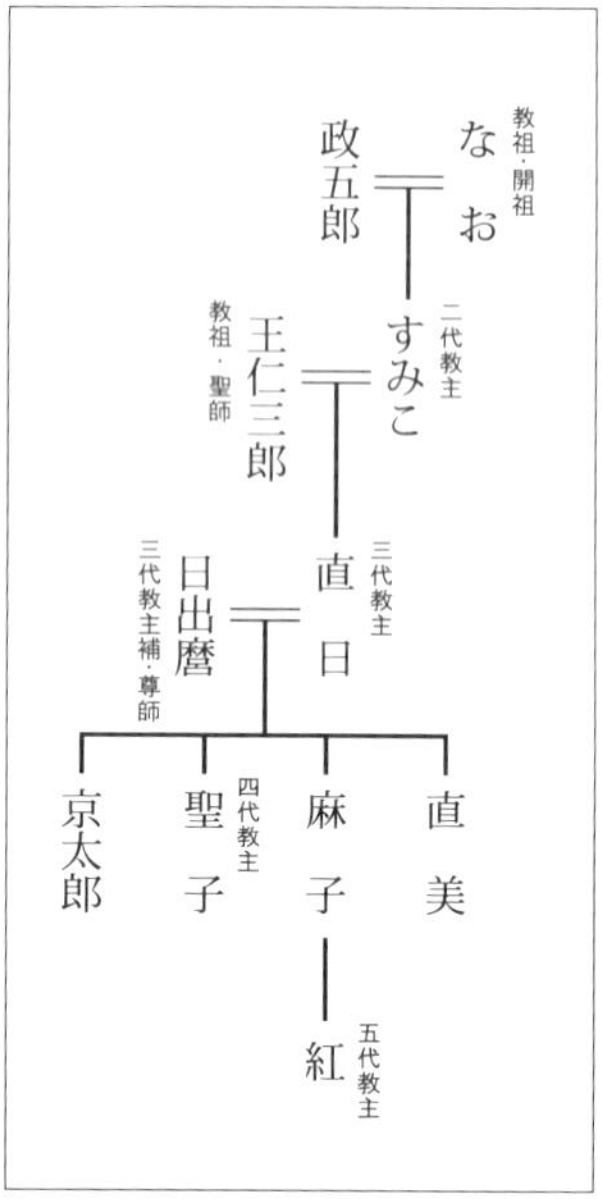

出口家家系図

喜三郎、すみこは「朝野」と呼んでいたが、なおだけは筆先に従い、「なおひさん」と呼んだ。直日は、なおの呼ぶ「なおひ」を自分の本当の名前だと思いこんでいた。直日の将来に大きな期待をかけ、尊敬と愛情を込めて呼びかけてくれたことが、そう思わせたと後年回想している。

明治三十六年（一九〇三）五月二十四日（旧四月二十八日）。直日と朝野。二つの名が一つになる出来事が起こった。大本の世継ぎとなる直日をさずかったお礼に弥仙山に参拝した日のことである。

その日のために、三週間、喜三郎とすみこには神から水行を命じられる。大本の歴史の中で、「天《あま》の岩《いわ》戸《と》開《びら》き」と呼ばれる重要な神事となるものであった。

直日にすみこが、

「初めて山に登ってきた気分はどうか、朝野や」と声をかけた途端、

「うちは朝野じゃない、ナオヒじゃ」

※【変性男子】肉体が女性で霊性が男性であることを意味する。ここでは出口なお開祖をさす
※【女子】普通「変性女子」と使用され、肉体が男性で霊性が女性であることを意味する。ここでは出口王仁三郎をさす
※【久保季茲】幕末・明治の国学者・神道家

と幼い直日がはっきりとことばを返した。日ごろなおに呼ばれていた名である。喜三郎は驚いて、矢立《やたて》から筆を取り、中央に光を放つ太陽を描き、そのまわりに次の一文を記した。「明治三十六年四月二十八日、変性男子《へんじょうなんし》（※右頁）と女子《にょし》（※右頁）と於与岐《およぎ》みせん山に天の岩戸を開くとき、上田あさ野、木の花さくや姫のみたま現れて出口なおひと御名を神界よりたまわりしときのしるし」（原文は一部を除き仮名）

この日を境として「なおひ」に統一されるようになり、喜三郎は「直日」という字をあてた。また喜三郎は前日二十七日の筆先により、「出口王仁三郎（※以下王仁三郎と記す）と名をいたす」と神示された。「直日」の文字は久保季茲《くぼすえしげ》（※）の「神徳略述頌」にある「直日降霊一矯枉＝直日霊《たま》を降《くだ》して一《ひと》たび枉《まが》を矯《た》む」の一節からといわれている。

種痘《しゅとう》事件

幼いころ、直日は孤独な時間をひとり楽しみ、家の格子に体をよせかけて、よく空を見上げていた。そして目に映る小さな自然にも心を留める子どもであった。

ある雨の日。屋根から落ちる雨だれが、玉走りに白く輝いて消えてゆく様子に心奪われ、飽くことなくいつまでも見とれている直日であった。

※【出口王仁三郎】『大本神諭』での「王仁三郎」の名の初出は明治33年閏8月4日であるが、以降もしばらくは上田喜三郎の名を王仁三郎自身が使用している。戸籍を上田王仁三郎から出口王仁三郎へ正式に変更したのは明治44年1月5日であった

上見りゃゴミじゃ（塵《ちり》）
下見りゃ雪じゃ

綾部地方の子どもたちが降る雪を見ながら歌った俗謡である。

「この唄《うた》をうたいながら雪の降る日を、空を仰いだり雪の落ちる姿を目で追ったりしながら、なんべんも空を見上げたり、下をみたりして感歎しきっていたことも、雨足の玉走りとともに懐《なつか》しい童女の日の郷愁であります」

直日はいたって無口で静かな子であった。母すみこの目にも「物言わずで何時もふくれた子」に見えた。直日の無口が村の話題にのぼるほどであった。

そんな直日が思わぬことを口にして、人を笑わせたことがあった。すみこが下駄屋に連れて行ったときのこと。高下駄の爪かけ（雨よけ）を見て、

「オッチャン、ウチのお父ちゃん、神ちゃんの前で、それ頭へのせて、神ちゃん拝んでやで」

神主がかぶる冠と間違えたのである。居合わせた一同は大笑い。「直日さんがものを言うた」と、しゃべったことが不思議がられるほど無口な子であった。

◯

直日が生まれたその年、大きな問題が起こった。役場から疱瘡《ほうそう》（天然痘）の予防接種の通知が届いたことが発端である。

なおは、「この子には決して疱瘡を植えられぬ」と断固として受け入れない。役場となおの板挟みとなって苦労したのは王仁三郎とすみこであった。

「神様は、この子に疱瘡を植えたら世界がいったん泥海になると仰せられている。もしそんなことになれば、私は申しわけのために自害する」

神示が犯されるなら「自害」するとまで、なおは言い切った。

激しい督促が毎年続いたが、その後も直日は接種をしなかった。罰則として科料二十銭の処分が下った。

当時を回顧した王仁三郎の短歌である。

水晶の身魂《みたま》に種痘《しゅとう》はゆるさじと開祖は厳しくとどめ給へり
三歳の直日の種痘をなさざれば科料をとると役場の通達

ある日、すみこは警察に呼び出された。

「お婆《ばあ》さんがどうしても聞かねばお前の家へ大砲を向けるぞ」

警察のことばを家に帰り、なおに伝えた。

「兵隊なと大砲なと向けるがよい。私のことで言うているのではない、世界のためにいうておるのじゃ。そんなことに恐れるような神ではない」

なおに動じる気配はなかった。何年も状況は変わらず、二十銭の科料は、やがて二十円になった。

当時の大本にとって二十円は大金であった。王仁三郎、すみこがたんすを空にしてお金を工面し、内密に納金した。ところがある日、納金したことが大本の役員に発覚し大騒ぎになった。役員は納得せず役場から最後には福知山の検事局へ押しかけ、「罰金を返してもらいたい。科料に処せられたとあっては日本が外国に負けた型《かた》になる」と言って談判を始めた。しかし、相手にされるはずもなかった。

ここにいう「型《かた》」とは大本の教えの大切な柱の一つである。大本を一つのモデル、雛《ひな》型《がた》として、大本の中であったことは善悪いずれも、やがて日本に、そして世界に拡大・投影されていくという教えである。したがって、大本の中で「良い型」をつくり、それを大きく広げてゆくことが求められ、「悪い型」を出さないように戒められている。

この後も疱瘡の問題が解決することはなかった。

とうとう最後には、キリスト教徒の吉川医師が、なおの説得のため家まで訪ねてくれた。

なおは、おだやかに神さまからのことばを伝え、どうしても疱瘡を接種することができない理由を話した。吉川医師は、なおの熱意に感じ、こう応じた。

「実は疱瘡というものは外国の牛のたねを持って来て植えるものですから、汚れるとおっしゃるのももっともです。それでは機械もすべて清めて、形ばかりの種痘をいたしますから」と牛からのたねは使わず、なおの血をもって直日の足に形だけの種痘を施した。

なおは種痘のあと、傷口を丹念に塩でもって清めた上にも清めた。こうして長年にわたった難問がやっと解決した。

大本開祖・出口なお

いちばん好きな人

「祖母は、幼いころから、父よりも、母よりも、私のいちばん好きな人でした」

直日の生涯にいちばん影響を与えたのも祖母のなおであった。

直日は、夜もなおの床に入り、夜な夜な悲話「阿波《あわ》の巡礼お鶴」に聞き入り、同じ場面で涙を流し、満ち足りた思いで夢路に入るのであった。話すなおも涙していた。

貧しい家に生まれ、早くから奉公に出なければならなかったなおは、家庭を持ってからも苦労が絶えなかった。

ひとかたならぬ苦労をしてきたなおであったが、そういう境遇の人にありがちな影はなく、武家に育ったような品格をそなえ、やさしさも持ち合わせていた。

なおは手織木綿の着物をまとい、行燈《あんどん》の火影《ほかげ》の中で膳に向かっていた。朱塗りの大きな椀《わん》に二口か三口ほどのご飯をもり、それにいつも白湯《さゆ》をかけ、ゆっくりと食べた。食は細かったが、それは老齢によるだけではなく、神示により伝えられた、やがておとずれる人類の困難を思い、

「どうぞ大難《だいなん》を小難《しょうなん》に、小難を無難《ぶなん》にしてくださいますように」

との一念から食が枯れていったのだった。

「あのような人がらを、もうふたたび私の身近にみることはできないでしょう」

直日にとって比ぶべき者のない人、それがなおであった。

明治四十一年（一九〇八）四月、就学の年齢を迎え、直日（6）は地元の綾部尋常小学校に入学した。

直日は歴史と唱歌だけは得意であったが、他の科目は苦手であった。勉強ができないことによる劣等感、そして「大本の娘」という「異端視と侮辱」が直日に向けられた。「金《こん》神《じん》さんの子」としていじめも受けた。生徒を守るべき立場の教師からも好奇の目を向けられ、悪意をもって白墨を投げつけられたり、叩《たた》かれたりしたこともあった。

しかし家に帰ると全く違った世界があった。なおの禅僧のような厳しい生活とあいまって、父・王仁三郎は根っからの自然人、自由人だった。すみこも屈託なく、母として大きな愛を注いでくれた。

学校では寂しい思いをした直日も村の子どもたちとは、よく遊んだ。まわりには四季折々のゆたかな自然があり、その時々の遊びがあった。六月の末ごろには、近所の友だちと連れだって和知川の河原の桑畑に行き、熟して紫黒色になった実をとり、夢中になって食べた。綾部は養蚕の盛んな所でグンゼの発祥の地である。桑の枝葉は蚕の餌《えさ》になるが、実は子どもたちのおやつであった。明治から大正へと時代が移るころ、丹波の田舎には童謡「赤とんぼ」さながらの世界があった。

カワラナデシコが咲き始める季節には、和知川の川床で花摘みに興じた。直日は、その花の香りがとても好きだった。河原に出かけては花を集め、その香りを楽しんだ。皆が貧しい時代、物は少なかったが、恵まれた自然と日本の四季が子どもたちを優しく包んでくれた。

直日のもって生まれた豊かな天性、中でも植物に注がれた情愛は幼少時代に親しんだ丹波の自然と無縁ではないであろう。

変わり者の本領発揮

大正三年（一九一四）、小学校を終えると親の勧めで地元の女学校、何鹿郡立《いかるがぐんりつ》女子実業学校（※）に入学した。

入学後、すみこに忘れられないことがあった。女学校の教師から「髪は二つに分けるように」と言われ、大きな一束ともう一つは、二、三十本だけを結び、「これで二つに見えるか」と言って髪を結いながら涙を流している直日の姿である。女らしいかっこうが大嫌いな直日であった。

すみこは「黒い三尺帯（※）でも締めたらよかろう」と、なかば諦《あきら》め、冗談のつもりで言うと直日は大喜びで、早速、男物の黒帯を締めた。

ある日、直日に裾《すそ》模様のある着物が届けられた。すみこは、それを着て写真さえ撮ってくれれば、後はどんな格好をしてもよいと言った。早速、直日はその着物を着て、写真屋へ行った。後日、できあがった写真を見てすみこは驚いた。着物の裾を膝の辺りまでまくし上げ、太緒の大きな下駄が相撲取りの足のように写っていた。

すみこがそれを直日に質《ただ》すと「下駄を写そうと思って」と答えが返ってきた。することなすこと、まるで男の子であった。すみこが心配し、なおに聞くと「時節が来れば神さまが女らしくして下さいます」と落ち着いた様子であった。しかし、母親のすみことしては、心中おだやかではなかった。

このころ金龍殿《きんりゅうでん》、統務閣《とうむかく》(なおの住居)などの建設が始まり、少しずつ神苑《しんえん》が整えられていった。

※【何鹿郡立女子実業学校】明治40(1907)年設立される。京都府立綾部高等学校の前身
※【三尺帯】男物の帯の一種

少女の一念

直日、家を離れる

直日にとって女学校も居心地の良い場所ではなかった。同級生の話題はもっぱら服装のことばかり。小学校同様、女学校の空気にもなじめなかった。

夏休みが終わって二学期に入り、直日（12）は自分の進む道を思い描き、九月には自らの意思で女学校を退学した。王仁三郎は何も言わず、直日の意を受け入れた。

「剣術の修行をさせてほしい」

直日は、そう王仁三郎に願い出た。なおの了解も得て大正四年（一九一五）四月、名古屋の朝倉尚陰の道場（柳生流《やぎゅうりゅう》）に入った。

しかし、そこでは朝一時間の打ち込みがあるだけで、あとは何もなかった。それも若い弟子の代稽古《げいこ》。直日が思い描いた厳しい剣術修行とはほど遠いものであった。

名古屋に来て二十日ほどが過ぎたある日、直日の伯母・米《よね》の昇天の報が届き、帰綾した。直日の帰宅を喜んだなおは、もう直日を外に出したくはなかった。直日もなおの気持ちを振り切ってまで名古屋に戻ることはしなかった。生まれて初めて家から離れ、他人の家で生活したことで、あらためて出口の家のおだやかな雰囲気を思い知らされた。

なおは特別な存在であったが、王仁三郎、すみこは気持ちのままに、ゆったりとした生き方をしており、一家には超脱した安らかな空気が漂っていることを直日は初めて知った。特に母すみこが、細やかで温かな心づかいのできる人であることにも気づいた。

○

名古屋は引き揚げたが、剣術修行への思いを断ち切ることはできなかった。

その直日の気持ちを察してか、京都から来ていた大本の役員・梅田信之《うめだのぶゆき》は、京都にある武徳会《ぶとくかい》の存在を直日に教える。王仁三郎の許しを得て、大正四年（一九一五）十一月、十三歳の年、大日本武徳会《だいにほんぶとくかい》へ入会した。近くの京都ということで、なおもこれを許した。こうして京都の梅田宅での生活が始まる。

梅田の家（別邸）は、京都御所のすぐ近く（東洞院《ひがしのとういん》二条上ル壺屋町《つぼやちょう》）にあった。二階にご神前があり、いつも大勢の信徒が集い、筆先を拝読していた。梅田自身も筆先の浄写を唯一の楽しみとしていた。直日も梅田と机をならべて浄写した。そのころ梅田には、直日の世話役として「教養掛《がかり》」という肩書がついていた。

直日が梅田から受けた影響は大きかった。

梅田は明治十二年（一八七九）、京都市室町押小路《むろまちおしこうじ》で御召問屋を営む梅田恒七の一人息子として誕生した。京都では名の通った店であった。若くして隠居し、放蕩三昧《ほうとうざんまい》の梅田をどうにかしたいと妻のやすが、明治四十一年（一九〇八）に王仁三郎を自宅に招いたのが、王仁三郎と梅田、二人の初めての出会いである。その翌年、王仁三郎から届いた一通の手紙がきっかけとなり、梅田は綾部での祭典に参拝した。その帰り、王仁三郎から手渡された筆先の写しを車中で読みはじめると涙がとめどなく流れてきた。

また祭典に参拝した際、王仁三郎から神殿建設の相談を受け感激。こうして大本最初の神殿は梅田の献金によって建てられた。

「歌ぐらい作らなあきまへんで」

直日に読書の楽しみを与えるきっかけになった「立川文庫」も梅田が買い与えたもので、その中にある挿し絵をうつすことにより、絵を描く興味を持った。

作歌への道をひらいたのも梅田だった。

「直澄《なおずみ》（直日）さん。あんた歌が作れな日本人やないで」

そう言って直日に高杉晋作《たかすぎしんさく》の本を渡した。その本の中の一節に次のような場面が描かれていた。

高杉が、隣家に住む十二、三歳の少女に対し、歌を作れるかと尋ねると、「私も日本の娘だから歌ぐらい作れないことはない」と答え、その少女は歌を作りはじめる。

維新の志士の中でも梅田がもっとも傾倒していたのが高杉だった。

「歌ぐらい作らなあきまへんで」

梅田のこのことばが、直日のこころに響いた。その時、直日は『そうや、日本人やもの、歌を作ってみよう』と意を決した。こうして生涯途切れることのない作歌への精進が始まる。

短歌、茶道、能楽、絵画。直日の生涯に大きな影響を与えたこれらの発端は、梅田にあった。

なかでも思想面で大きく直日に影響を与え、短歌への思いをいっそう深くさせたのは『歴代御製集』や勤皇の志士の伝記であった。その中には分厚い「吉田松陰伝《よしだしょういんでん》」もあり、この本は第二次大本弾圧

よろい姿で薙刀をもつ10代の直日
（大正中期）

まで直日に愛蔵されていた。在京時代には、自室に松陰の肖像画を掲げていたほどである。直日は志士の伝記を梅田の家でむさぼり読んだ。志士伝から流れてくる切実さは、直日の生まれた明治からわずかにさかのぼる幕末の史実であり、その現実味がひしひしと直日の心の奥深く染みこんできた。かつて読んだ豪傑物が幼稚にさえ感じられるようになっていた。

なかでも直日が深く感銘させられたのは、維新の志士が残した短歌であった。その一首、一首に深く共感し、大きな感動を覚えるのであった。

「これが私の短歌に感動し、短歌になじみ、たどたどしい足どりながら、生涯を短歌の道に進ましめた動機となったもののように思われるのです」

坂本龍馬《さかもとりょうま》、中岡慎太郎《なかおかしんたろう》、木戸孝允《きどたかよし》、平野国臣《ひらのくにおみ》など、多くの維新の志士が眠る京都東山の霊山《りょうぜん》。直日は武徳会が休みの日曜日になると、よく同地を訪ねた。訪ねる前には厳寒であっても水を浴びて身を清めた。現地に着くとまず墓地の掃除からはじめ、それが終わってから礼拝した。

志士の墓前に額《ぬか》ずいた直日が、感極まり号泣する姿も、同行した妹の記憶に深く刻まれている。

許せないこと

直日の日常の面倒をみていた梅田やすにも記憶に残る場面がある。武徳会から帰ってきた直日の機嫌が悪く、二階に上がったまま降りてこない。「どうおしやした」と何度尋ねても返答がない。

やっと聞きだすと、「なんで御所の中に唾を吐くのや」と言ったきり、また無言になる。武徳会への行き帰りに通る京都御所敷地内で唾を吐く姿を目にしたことが、不機嫌の原因であった。両陛下、また勤皇の志士を敬愛してやまない直日にとって、その行為は許し難いことだった。

別の日のこと。御所にある「警察官の詰め所」で警官が昼寝をしている姿を見ても直日は機嫌をそこねた。

「今日は御所の巡査が昼寝をしていた。陛下を何と思うているのであろうか」

そう言って嘆いた。

そのころの直日の生活は、時計の針のように正確に日課を繰り返すのが常であった。

起床は四時、神前礼拝後に朝食。それから筆先の浄写をして読書。昼食後、午後一時になると道場へ向かう。経路は歩いて京都御所、堀川を通り、北野の武徳会の道場に通った。

道場に向かう直日のいでたちは、髪を男まげに大束に目のつりあがるまできつく結び、さつま絣《がすり》に小倉の袴《はかま》、足もとは白く太い鼻緒の書生下駄という男装であった。冬でも足袋は履かなかった。梅田が買い与えた陣笠《じんがさ》をかぶり、竹刀を肩にかけ、脇目もふらず京の町を闊歩《かっぽ》した。

時代祭《じだいまつり》当日のことである。

○

市民「もしもしあんたはんこれから平安神宮へ行かはるのどすか」
直日「えっ、なんです」
市民「あんたはん時代祭にでやはるのどっしゃろ」
直日「……」

まだ京都の行事に関する知識もなかった直日は、平安神宮も、時代祭のことも知らなかった。梅田の家に帰り、その話をすると皆が大笑いした。時代がかった直日の姿は、人の目に、さながら時代祭の剣士然と映ったのである。

その姿は、京都でもよほど目立ったようで、新聞にも「運動界の勇士」として掲載された。

「大日本武徳会京都支部剣術部講習生の中に、唯《ただ》一人出口あさの（十四）という変り者が居《い》る。嬢は丹波何鹿郡綾部町出口王仁三郎の長女だが、元来の気質が男優りで、女々しい事は好かぬらしい。平素の着物から起居に至る迄《まで》が、悉《ことごと》く男子ソックリで、総髪に紺の筒袖《つつそで》、紺の野袴、素足に書生下駄といふ扮装《ふんそう》、ソレで他人からは、まるで男子の様だといわれるのを無上の誇りとして居る。体重十六貫《かん》(注・60kg)、膂力《りょりょく》飽《あ》く迄強く、撃込《うちこみ》の太刀筋の激しいのには稽古台の先生方も大弱りで、将来女豪として愛《め》でられて居《い》る」

生活の面では、金銭の管理に厳格であった。それは母・すみこが常々口にしていたことばによる。

「大本は皆信者の誠の金で生活するのであるから、一文といえども無駄に使ってはならぬ」

日々の出費はすべて記録していた。

○

「あこがれの少女の一念、武者修行はかなえられ、沸き返る思いで北野の武徳殿に通いはじめました」

道場通いが始まったころの心境である。

道場で直日がよく当たったのが〝黒皮の胴の持田盛二《もちだもりじ》先生〟である。持田はのちに「昭和の剣聖」と呼ばれた達人で、昭和四年(一九二九)、御大礼記念天覧武道大会で優勝した豪腕剣士である。先生は多かったが、直日は不思議と持田に当たった。

圧倒されるような迫力で、竹刀ははね返され、持田との稽古の後は、格別に疲れたという。

旧京都支部武徳殿　青蓮院の青龍殿として京都・将軍塚に移築

しかしどんなに疲れても片道約四キロメートルの道を雨の日も晴れの日も、路面電車には乗らず、必ず歩いて帰った。

道場には少年が約三十人。女子は直日一人で、日々打ち込みだけ続けていた。

道場の師範・古賀太吉の直日の印象は、真面目であったこと、敬神の念が厚かったこと、きわめて寡黙であったこと、いつも本を懐にし時間があればそれを読んでいたこと、そして他人の自分への悪口を少しも気にかけなかったことなどを記録に残している。さらに、「直澄君は剣道は後に至って非常に力強くなり、同年輩の男児を凌《しの》ぐ程であった」という。

当時、自らを「木《こ》の花松《はなまつ》之《の》丞《じょう》直澄《なおずみ》」と名乗り、友人に対しては「黒田氏《うじ》、青根氏《うじ》」などと呼んでいた。

このころ、綾部に帰った直日が、母・すみこの前にひざまずき、真面目な顔であいさつをした。

「母上にはいつに変わらぬ美《うる》はしきお顔を拝し、直澄喜悦至極《きえつしごく》に存《ぞん》じまする」

時代劇のセリフのようなことばに、すみこは驚かされた。

白虎隊《びゃっこたい》旗揚げ

在京時代の大正五年（一九一六・直日13）二月十九日、直日の発意により少年組織「白虎《びゃっこ》隊《たい》」を旗揚げした。命名は直日である。中国・四神の神話に登場する白虎から引用した。尊皇方の志士に傾倒しながらも、雌雄が決したなかで幕府方につき命を賭《と》して最期まで戦った会津白虎隊、また彰義隊にも心ひかれる直日であった。

白虎隊結成当時、大本の信徒は自分たちが巨悪の防波堤となり、日本の「立替え立直し」をしてゆかなくてはならないという熱烈な信仰心が根底にあった。その空気は少年少女にも自然に伝わり、神の手足となって〝神のご用〟の一端にでも仕えたいという情熱に燃えていた。

白虎隊結成翌日、早朝、直日は机にもたれ、ひとり泣いていた。その姿を見た隊員のひとりが、涙の理由を直日に尋ねた。

「私は女に生まれてきたのが悲しかったのです」

天下国家のためであれば、その命さえも惜しまないという直日にとって、宿命とは言え女であることは、当時は受け入れがたいものであった。しかし、次第にその思いは変わっていく。
「女しだいで男はどうにもなる、女がいなかったら、どんな偉い人も生まれることはできないのだし、それに生まれた子どもを立派に育てるのも悪くするのも、母親の力によって左右される。自分は男に生まれなかったかわり、男の子をウンと生んでやるんや」
京都時代の直日の短歌である。

いかならむ憂きにあふとも国の為たゆまず尽くせ大和ますらを
国を思ひみよをなげきて夜もすがら涙の川に身をひたしぬる
清き名をちとせに残せ白虎隊よしやその身はくちはつるとも

梅田の家には多い時には七人の隊員が、共に生活していた。同志はいたが、心底からの思いを語り合える者は少なかったようである。

我がしのぶおなじ心の友あらばかほどに袖《そで》はぬれざらましを
一筋にみくにを思ふますらをの赤き心を誰にかたらん
国のため思ひこめにしまごころをかたる友なき身こそかなしき

直日、神務に就く

開祖なおの元へ

大正七年（一九一八）、十六歳の春。自ら志願した京都での「剣術修行」に終止符《しゅうしふ》を打つ時がきた。

「どうしても帰ってもらわんと。神さんがいかんいうてや」

このなおの言葉に、直日は帰綾を決意した。綾部での生活が始まると、なおは神示にもとづき直日に重要な役を与えた。

「直日さん、あなたはご神体を書くように神さまがおっしゃるから、書いてくださいよ」

それまではなおの務めだった。

「そんなこわいこと出来ません」

「なんでも神さまのことは、素直にさしていただくのがいちばんですよ」

なおは自らの体験を通し、直日に優しく説いて聞かせた。こうして直日の手によりご神体も書かれるようになった。帰綾後、直日は幼いころと同様、統務閣の八畳の部屋になおと二人床をならべ、起居を共にした。

しかし、少しずつなおの生活も変わってゆく。大正七年（一九一八）五月に入ると筆先もなくなった。役員がなおにその理由をたずねた。

「どういうわけか、このごろは神さまがお書かせになりません」と答えるだけであった。

当時の大本は神苑用地を次々と入手、金龍殿、大八洲神社《おおやしまじんじゃ》の造営、金龍海《きんりゅうかい》（※）の開掘が進められ、綾部の町が一変するほどの勢いであった。

王仁三郎は拡張整備されてゆく神苑をなおに見せたくて、それを進言したが、応じる様子はなかった。そこで王仁三郎は、自らなおを背に負い神苑を巡覧、美しく整備されている状況をなおの目に入れた。金龍殿築造の作業も進み、神苑の様子は開教当時とは大きく変わってきていた。

なおは「結構でした。ご苦労でした」と何度も喜びのことばを繰り返しのべ、その労をねぎらった。自室に戻ったなおは側近の者に、「神苑が広くなり、建物が増してゆくことは、まことに結構なことですが、それよりも一人でも誠の者ができたら、どんなにかこの胸の中が楽になるのだが」としみじみと語った。

開祖なおの昇天

十一月のはじめのことである。すみこは、その日冷えこむので、コタツをいれて、「早くおやすみなさい」となおに挨拶《あいさつ》をすると、「はい、はい」と返事をし、「さあさあ、これでわたしのご用も済んだ。お前のいうようにするわ」と言い、床についた。

このとき、すみこにはこのことばの深い意味は分からなかった。

近くにいた信徒が気にかかり、なおに尋ねると、「いまが峠であるからぜひ聞いておくように。今夜は夜が明けてもよい、話して聞かせる」。そう言って、次々と話しはじめた。

その夜、話した内容について、記録には次のように残されている。

「王仁三郎のこと、すみ(二代)のこと、ことに直日(三代)のことなど」

この時のことばがなおの最後のことばとなった。

またどんなに疲れているときであっても礼拝を代行させることはなかったなおが、その日に限り、

「今晩お礼は誰か代わってもらいます。神様は、モウおまえはお礼をせずともよい。明日からは先生(王仁三郎)がお礼をするとおっしゃられる」とことばを残している。

その日のことは直日の記憶にも鮮明に残っている。

※【金龍海】世界5大陸と大洋のモデルとして綾部の境内地に掘られた池

六日の明け方、近くで陸軍の演習があり、大きな音が響いていた。その音があまりに大きく直日は目を覚まし、なおのことが気になった。

やがてなおの異変を知らせる声が聞こえた。その後、昏睡《こんすい》状態に入り、そのまま昇天した。生涯、一身を神にささげ、ひたすら「世の大難を小難に、小難を無難に」と、生きとし生けるものすべての安泰と幸せを祈り続けたなおの一生は、神苑建設のつち音がひびくなか、静かに幕を降ろした。大正七年（一九一八）十一月六日、享年八十一歳十カ月であった。

十六歳の直日は万感の思いを歌に託した。

父よりも母よりもなほ懐しき吾が祖母はゆきぬ天のあなたに
祖母といふはあまりに尊《たふと》き心ちしぬさりとて外にいふすべしらず

大正七年十二月二日（旧十月二十九日）、王仁三郎の手になる重要な神諭の一節が発表された。

「一旦《いったん》出口直《なお》は天へ上りたなれど、直《なお》の御魂《みたま》は三代の直霊《なおひ》に憑《うつ》りて地の御用を致すぞよ。直《なお》の御魂《みたま》は天にありては国常立尊《くにとこたちのみこと》と引添《ひきそ》ふて、大国常立尊大出口神《おおくにとこたちのみことおおいつきのかみ》となりて世界の守護を致すなり、地に降りては変性女子《へんじょうにょし》の身魂《みたま》に国常立尊《くにとこたちのみこと》が憑《うつ》りて、立直《たてなお》しの御筆先《おふでさき》をかかすなり、出口直の御魂《みたま》は木花咲耶姫《このはなさくやひめ》殿の宿りた身魂《みたま》の三代直霊《なおひ》に憑《うつ》りて、直霊主尊《なおひぬしのみこと》となりて、

開祖なおの葬列（T.7.11.27）

地の神界の御用を致さす経綸（※）が成就いたしたから、是からの大本の中は是までとは大変りが致すぞよ」

と、直日の「ご用」が明示された。なおの神霊《しんれい》は、直日と一体となって、神業《しんぎょう》（※）に仕えるという神示である。

本葬は十二月六日、斎主《さいしゅ》・梅田信之のもと計十五人の祭員が仕えた。

近松光二郎《ちかまつこうじろう》（直日のいとこの夫）の回想である。

「直日さんは開祖さまを大変お慕いしておられました。開祖さまのご昇天の折でしたが、招魂祭《しょうこんさい》の玉串捧奠《たまぐしほうてん》に出られた直日さんが、いつまでもいつまでもご霊前にぬかずいておられたお姿が、いつまでも強く私の印象に残っています」

※【経綸】神が作成した理想世界実現へのプログラム、また設計図
※【神業】理想世界実現のため展開される活動

「

我はただみおやの神の筆のあとをただひとすぢに辿《たど》りゆかなむ

（大正中期）

」

第二章

波乱を超え、至福のときへ

大正八年——昭和十年

カット・出口直日

高見元男《たかみもとお》の初参綾《さんりょう》

大正八年（一九一九）三月、岡山の第六高等学校の学生であった高見元男《たかみもとお》は、白線二本筋の制帽をかぶり、木綿紺絣《こんがすり》の着物と羽織、素足に太緒の下駄をはき、綾部《あやべ》を訪ねた。のちの出口日出麿《ひでまる》、直日《なおひ》の夫となる人物である。

「丹波綾部に皇道大本《こうどうおおもと》を聞き、歓喜はじめて全身にわき、わが前期ここにおわる」

さらにこの年の回顧には、

「過ぎにし一年を顧みれば、実に多事有意義の年なりし。予が全生の一転換期、一卒業期、一入学期なりしは疑うべからず」と高見は記している。

ふしぎな記憶

高見は自身の筆で「夢のなかでみた」と題した、生誕時の記憶を書き残している。天界、下界、両方にまたがる不思議な夢である。

次は、その一節、生誕後の部分である。

「しばらくして私は、だれかの膝《ひざ》の上にひろいあげられていました。その時、もうゴムの袋から出されて、人間の着る着物をきせられていました。ですから、すっかり気分が今までとは変わってしまって、私はもう天国のことが、夢かなんぞのことのように思われて来だしました。そして私はすっかり天国のことばを忘れてしまって、ただ『オギャ、オギャ』と不景気な声で泣くより外に仕方がありませんでした。

『これで俺《おれ》も、人間になったんだな』

私は心の中で悟りました。家の中の様子をよくよく見ますと、もう六十に近い老夫婦と四十格好の乳母らしい女とが、ひじょうに広大な屋敷に住んでいるのでした。

ある日、乳母に抱かれながら、ふと神だなを見ると、その中央に、チャンと私の天国の両親の名をしるした紙がまつってあるのでした」

日出麿の生涯を暗示するような、不思議な生誕の夢であった。

第一次大本弾圧

急激な教勢の発展

なおを中心に動いてきた教団は、なおの昇天後、王仁三郎《おにさぶろう》が全体の指揮をとるようになる。

大正八年（一九一九）から翌年にかけて綾部神苑《しんえん》の整備・拡張も進み、亀岡の明智光秀《あけちみつひで》の居城・亀山城《かめやまじょう》跡（のちに天恩郷《てんおんきょう》と命名）も境内地として入手し、次第に参拝者も増加した。「大正維新」の主張、「立替《たてか》え立直《たてなお》し」の予言などが反響を呼び、入信者も急激に増えていった。一般市民だけでなく陸海軍将官、衆議院・貴族院議員、華族の姿も見られるようになっていったが、一部役員の勝手な解釈による言説が誤解を広げ、新聞雑誌の非難・中傷記事も増えてきた。

やがてこの問題は国家レベルにまで規模を広げ、思わぬ展開を迎えることとなる。

王仁三郎は当局の誤解を受けるような発言をしないように機関誌を通じ、また機会を見ては注意し指導したが、暴走する役員の耳には入らなかった。

さらに社会の耳目を集めたのは、大正九年（一九二〇）八月、大本が大正日日新聞社《たいしょうにちにちしんぶんしゃ》（四十八万部発行）を入手したことである。朝日、毎日などの大手と肩をならべる規模の新聞社買収は世間を驚かせ、当局からいっそう厳しく注視されることになる。

◯

大正十年（一九二一）二月十二日未明、武装警官二百人が綾部、亀岡をはじめ、大阪梅田の大正日日新聞社を急襲する。

王仁三郎、浅野和三郎《あさのわさぶろう》、吉田祐定の三人が検挙され、ただちに京都監獄未決監に収監された。第一次大本弾圧の発生である。大本を「反国家的な団体」と決めつけた違法な宗教弾圧であった。そのニュースは全国的に報道され、社会の大きな関心事となる。

王仁三郎が囚《とら》われの身となったことは、教団はもとより信徒にも暗い影を落とした。とりわけ父が被告人として獄中の人となるなど想像もしていなかった直日に、大きな衝撃を与えた。しかし、直日の王仁三郎への信頼が揺らぐことはなかった。いずれも直日の短歌である。

大先生（王仁三郎）に

昔より正しき者のひとたびはかかるうきめにあはんおきてか
囚はれの身となりませど天地にはじぬは君がまことなりける

さいばん所にめされゆきて
はづることつゆあらざるもうたがひのつめたきまなこわびしかりける

父（王仁三郎）のうしろすがたのみをみて
泣き伏しぬこの世のなかの悲しみをわがみひとつのむねに集めて

本宮山神殿《ほんぐうやましんでん》破却

そのころ、重要な神殿建設が綾部の神域にある本宮山《ほんぐうやま》（大正八年〈一九一九〉大本入手）山上で進められ、機関誌には、「本宮山のご造営落成近く目睫《もくしょう》の間に在り！」の見出しが躍る。「嗚呼《ああ》本宮山、ア、本宮山、吾等の待ちに待った本宮山の御造営は、もう近く出来上がるのであります」

数ある建物の中でもとりわけ重く位置づけられていたのが「本宮山神殿《ほんぐうやましんでん》」であった。

大正十年（一九二一）七月二十七日、突然の神示により深夜午前一時過ぎ、本宮山神殿で仮鎮座式が、直日の斎主《さいしゅ》により執り行われた。重要な祭典の斎主をつとめたのが王仁三郎でもなく、すみこでもなく、十九歳の直日であった。

本宮山神殿 完成後2カ月あまりで破壊された（T.10）

この神殿と直日との深く奇《く》しきつながりは、大正に始まり昭和、平成の時代まで続くこととなる。しかし、その完成からわずか三カ月もたたない十月十一日、当局から神殿の取り壊し命令がくだる。その根拠は明治憲法制定以前の太政官達「無願社寺創立禁制に関する大蔵省第百十八号達」であった。

その一週間後、神殿破壊に先立ち、本宮山神殿昇神祭《しょうしんさい》（告別の式）が、鎮座式と同じく直日斎主のもと執り行われた。

昇神祭前、まだ神殿が姿を留めている時、その悲しみを直日は歌に託した。

をろがむも今しばしぞとほぐやま（本宮山）のみねをあふげば月はくまなき
なつかしさのこりをしさにふたたびもみたびものぼる本ぐやまのみね

十月十八日、本宮山神殿にて告別式のときの直日の短歌である。

あめつちのしじまの中に虫の声わがすすりなき川のせせらぎ

破壊された後、本宮山は当局から大本側に引き渡された。するとにわかに雲行きが変わり雨になる。やがて雨は止《や》み、空には星が燦然《さんぜん》と輝き始める。神殿跡には直日ほか信徒の姿があった。

本宮山上にて
むねはしらとりちらされてよこたはるみや（宮）木を見ては我はなみだす

待ちに待った本宮山神殿は、地上から姿を消した。
激しい弾圧の中、すでに同年六月責付《せきふ》出獄していた王仁三郎は神殿破壊の音が響く神苑で新たな仕事にとりかかっていた。

十月十八日、「神より開示しおきたる霊界の消息を発表せよ」との神示を受けて、『霊界《れいかい》物語《ものがたり》』の口述を始めた。『霊界物語』は、なおの筆先《ふでさき》に王仁三郎が漢字をあてた『大本神諭《おほもとしんゆ》』とならび、その後、教団の根本教典となる。第一次大本弾圧のさなかにあって王仁三郎の『霊界物語』口述は一条の光となって、信徒に大きな希望と進むべき方向を指し示した。そして大本教義の盤石なる基礎が築かれようとしていた。

第一次大本弾圧を境として教団に対し、冷たい好奇の視線が向けられるようになった。根も葉もない噂《うわさ》がひとり歩きし、口から口へと広がり、各新聞も興味本位に面白く書き立てた。

事件を受けて王仁三郎、すみこは引退し、直日が正式に三代教主に就任（第一次大本弾圧解決までの間）した。

年が明けて大正十一年（一九二二）、「ある時ふと思ひぬ」と題し教団の機関誌に掲載されている直日の短歌である。

よしやこの神のみやゐをこはすとも胸にいつける宮はこはれじ

茶道・能楽への精進

京都から綾部に帰って始めた稽古《けいこ》の一つが茶道。短歌とともに直日の生涯に欠くことのできない習い事である。そのきっかけも武徳殿《ぶとくでん》時代にあった。

梅田の家の筋向かいの黒田という大本信徒宅に連れられて行ったことがあった。その家は指物師《さしものし》をしており、入口の間が六畳で、そこが京都風の店になっており、隅に茶の炉《ろ》がきってあった。

ある日、直日もすすめられるままに、口にふくんでみた。生まれてはじめての抹茶は、直日にとって、苦く、美味《おい》しいものではなかった。しかし、炉のまわりの静かなたたずまいと光景は、直日の目に「こころやさしいもの」として、深く印象づけられた。

大正八年（一九一九・直日17）師走、親交のあった文楽の鶴沢道八《つるさわどうはち》（初世）から「よい先生を紹介しましょう」と名をあげられたのが神戸の長谷川宗美《はせがわそうび》である。長谷川は稽古熱心で、さっぱりとした性格であった。稽古を始めるに先立ち、お茶に対する心がまえなどについ

茶道稽古 左が長谷川宗美、その隣が直日。手前が妹のむめ乃（大正中期）

て話した。それはむずかしい教訓めいたものでなく、直日の気持ちにスッとなじむものであった。直日は、良い師につけたことを喜び、割り稽古《わりげいこ》から順に習っていった。

しかしそのころの大本では、直日のお茶への取り組みを快く思わない人がほとんどで、常に何かと面白からぬ空気がとりまいていた。役員、信徒の目からは茶道は「遊び」にしか見えなかった。

直日の稽古を温かく見守っていたのは、王仁三郎、すみこだった。直日が、「竹台子《たけだいす》がいる」というと、すみこは古着しか着ないつましい生活であったが、自分の身をけずるようにしてつくったお金で最高級品を買い与えた。

○

短歌、茶道につづき直日を惹《ひ》きつけたもの、それは能楽であった。

大正十二年（一九二三・直日21）九月、関東大震災で自宅が焼け、綾部に一家で移り住んだ中野茗水《なかのめいすい》（本名岩太《いわた》）が直日にとっては、初めての能楽の師となる。

「教主殿の直日さんの居間で妻と共に一番を謡いましたのが、謡《うたい》を傍《そば》でお聞き願えた最初です。それより謡の趣味を持たれたと承ります。お仕舞は穹天閣《きゅうてんかく》（綾部での王仁三郎、すみこの住居）の二階で『熊野《ゆや》』をお教えしたのが初めです」

茗水は、宝生《ほうしょう》流命尾《めいお》派に属し「素人の宝生九郎《くろう》」とまで言われた人物で、中野武営《なかのぶえい》の四男として生まれる。武営は第二代東京商業会議所会頭、衆議院議員、東京市議会議長などを歴任。東京株式取引所理事長など実業家として活躍していた。その子・岩太は東京帝国大学法科を卒業後、いったん就職するが飽き足らず、父親とは畑の違う能楽の世界に身を投じる。

直日が初めて茗水の能を見たのは大正十三年(一九二四)五月、東京染井舞台での「草《そう》紙洗《しあらい》」である。後年までその印象が消えることはなかった。

「生まれて初めての観能で、このような典麗優雅なものがあるという不思議さに眼を見はりました。ことに、その日の曲目に加えられていた先生の〝草紙洗〟の一番に、私の驚きは一層深まり、しずかな歓びにみたされたのであります。……

私は謡の手ほどきもうけずに、性来の能好きであったのでしょうか、いっぺんに魅せられてしまいました」と語っているが、同日、直日は立て続けに三番の能を鑑賞している。

「あれほど絢爛優美《けんらんゆうび》なものでありながら、観能のあとには松風でも聴《き》いているような、しずかな聖《きよ》らかなものが心の中にのこります。こうした経験は、歌集をよんでいるときにおこる胸中の涼しさと同じもので、またどういうわけか、祭典の後の清々しい気持ちと相似たものであります」と語っている。

○

書に関しては早くから筆先浄写を通して墨筆と自然になじんだ。短歌を詠むようになってからは短冊・色紙・扇面などにも数多く筆を染めている。こうして直日は大正中ごろから末期にかけて、日本の伝統文化への精進に取り組んでいく。

生涯の友、橋本瑞孝《はしもとずいこう》

京都時代、直日の周囲には常に多くの同志がおり、帰綾してからも信徒に囲まれる日々であったが、心を許した友がいない寂しさが、当時数多く歌に詠まれている。

そんな直日にとって、特別大切なひとりの女性がいた。京都嵯峨野《さがの》にある清泰庵《せいたいあん》の尼僧・橋本瑞孝《はしもとずいこう》がその人である。いずれも直日の短歌である。

清泰庵の友をおとづれて
我おもふ人おとづれてしばし世のうさを忘るる山里のいほ

紫野《むらさきの》の瑞孝尼に
なつかしき都の友の音づれを我山里にまちわぶるかな

第一次大本弾圧中も直日と瑞孝の親交は続いた。瑞孝はかけがえのない存在であり、まるで相聞歌と見まがうような歌も交わしている。

二人の親交は京都・武徳殿の時代からで、知りあったころの瑞孝は「二十歳になった桜の花のように美しい可憐《かれん》な尼僧」（直日）で紫野の来光寺《らいこうじ》（のちに清泰庵に移る）にいた。

瑞孝が初めて直日に会った時の回想である。

「初めて会った方のような気がしなかったことが今でも印象に残っています。

このとき無口な二人は、小一時間も無言で対座していたものです。このころは直日様の十六歳ごろでしょう。二度目に参った折は、教祖様は亡くなっておられました。この時から親しくなって長い交遊がはじまったのでした。

当時、私が綾部に着くと、直日様は馬に乗って迎えて下さったものです。このころの直日様は人形がお好きで、ある日、お互いが例の如《ごと》く無言で長時間むき合ってから、

『瑞孝さん、あなた、人形好きですか？』

『はい』

これっきりで、二人はまただまりこくってしまいました。こんな直日様でしたが、男のようないでたちで、よく男の子と相撲をとってられるのを見かけたものです」

直日は綾部に帰って間もなく大原の寂光院も訪ねている。平家物語を読み、矢も楯もたまらなくなっての訪問であった。二条駅から路面電車に乗り、その終点からは長い山路を人力車で寺へ向かった。その日、建礼門院《けんれいもんいん》の墓前で、その悲しいひと代をしのび直日は涙している。以来、同寺の住職となる小松智教《ちきょう》、小松智光《ちこう》（女性初の天台宗大僧正）と二代にわたり深い親交を持つことになった。

尼僧への憧《あこが》れにも似た思いを持つきっかけは十代のころに知ったある短歌にあった。瑞孝との知遇を得たころ、直日に国文学を教えていた湯川貫一《ゆかわかんいち》が、一首の歌を口ずさんだ。

樒《しきみ》摘む山路の露にぬれにけり暁おきのすみぞめの袖《そで》（新古今集）

「なんというよい歌でしょう。詠人《よみびと》をうかがいましたが分からず、二十年近くも後になって、川田順著『源頼政』の中で、それは待宵内侍《まつよいのないし》が晩年、尼となって作った歌と知りましたが、わたくしが、尼僧の生活にあこがれ、もとめて近しくしていったのには、この歌の静寂感というか清浄感のもつ魅力が大きく働いています」

清泰庵の瑞孝、寂光院の小松智教、小松智光以外にも、のちに京都曇華院《どんげいん》の飛鳥井慈孝《あすかいじこう》、大阪藤井寺《ふじいでら》市の道明寺《どうみょうじ》・六条照瑞《しょうずい》など、直日は多くの尼僧と交流をもっていた。

王仁三郎、モンゴルへ

大正十三年（一九二四）二月、王仁三郎は責付出獄中でありながらモンゴルに理想郷を建設すべく秘密裡《ひみつり》に日本を脱出する。

綾部出発前、王仁三郎は直日に、それを知らせにきた。その時の王仁三郎は、まっすぐに直日の顔を見ることもできず、そこにあったシデ紐《ひも》を手にとり、指にまつわらせたり、手にまるめたりしながら、やっとモンゴル行きを伝えた。

「どうしても、今ゆかねばならぬから、行ってくるで、心配せんと留守しててくれよ」

直日は、その少年のような父・王仁三郎の姿が忘れられず、去った後に残っていたシデ紐のまるめたものを、そっと大事にしまっておいた。

王仁三郎は蒙古（モンゴル自治区）で生死の境に遭遇しながらも奇跡的に一命をとりとめ、護衛監視のなか再び日本に送還された。直日は教団役員とともに門司港で迎えた。四カ月ぶりの再会であった。

門司の港ひさかた振《ぶり》にあひ見たる面《おも》のやつれに泪《なみだ》おぼゆる

その時の王仁三郎と直日の写真が新聞に残されている。その直日の顔から涙のあとはうかがえない。そこには父親が日本に安着したことの安堵《あんど》からか、おだやかで美しい表情の直日がいる。王仁三郎は、大阪まで護送され、再び大阪刑務所北区支所に収監される。親子の対面はつかの間の喜びであった。

虫かごの虫をばこよひはなちたりひとやの父をおもふにたへず

下関で王仁三郎を迎える直日（T.13.7.25）

裁判は大審院まで続いたが、最終的に大正天皇崩御により、昭和二年（一九二七）五月十七日、大赦令により原審破棄となり終結した。

三段目の立役者、高見元男

直日には早くから許嫁《いいなずけ》がおり、大正三年（一九一四）には出口家に養子として入籍していた。しかし、当事者である直日には知らされていなかった。大正十二年（一九二三）、直日の意に添わないまま、形だけの縁組をするが、間もなく直日の意志により相手を離籍している。形式だけでまったく実体のない不思議な縁組であった。王仁三郎、すみこは「お前の好きなようにしとったらよい」と直日の意志をそのまま受け入れた。

ちょうどそのころ、「天《あま》の岩戸《いわと》」と題し「花子」の名前で次の短歌が機関誌に掲載されている。

天の岩戸　　　　　　　　　花子

久方の天の岩戸は開かれぬいざ矢面《やおもて》にわれは立つべし
矢面にわれ立つからはしこいくさ百千万を吹きとばすべし
吹けや吹け天津《あまつ》神風《かみかぜ》科戸辺《しなどべ》の風よ今吹け西に東に
年々に春てふ春は多けれど今年の春にまさる春なし

花子。それは高見元男のペンネームの一つだった。自らの使命を予見しての雄たけびとも、宣言とも思える勇壮な歌である。

高見は、大正八年（一九一九）の初参綾以後、京都帝国大学文学部に籍を置いたまま京都市内に下宿をして、もっぱら綾部に通い神苑整備など作業に汗を流した。やがて学籍を残し綾部に移り住み、大本で機関誌編集の手伝いをするようになる。

編集室には王仁三郎もときおり顔をだした。その時期、高見とも度々会っている。高見の日誌の中には、つぎのように王仁三郎からのことばが残されている。

「よい役者ほどおそく出る。三段目の立役者じゃからな」

「あせってはしくじる。やるだけやらしておいて最後に出る。信長や秀吉じゃいかぬ。家康でなくちゃ」

高見のすべてを見越した王仁三郎らしい〝予見〟と言えるであろう。

高見は王仁三郎を生涯の師と定め、絶対の信頼を寄せていた。当時のノートに書かれた歌である。

生まれきてかかる親しくなつかしき人に夢にも会はでありけり
いざさらば汝がみ心のままにこそ吾は行くべし吾は死ぬべし
師の君の行《ゆ》きます限りわが魂《たま》は右に左に添ひて守るも

触れ合う二つの魂

気になる存在

大正十三年（一九二四）の機関誌に、すこし気になる直日の歌が三首続く。

人のむれそれとはなしに目をやりぬ君いまさぬがいとかなしかり
人を思ふはよこしまなるや罪なるや花をめづるは神にそむくや
水晶のたまなるがゆゑみ教のあるじなるゆゑ罪としいふや

一首目の歌は、特定の「君」にむけられたもの。続く二首は、生まれながらに「水晶のみたま」「教主」と位置づけられている自分が「人を思う」ことは神意に反するのか、罪になるのかという問いかけである。天与の自然な感情をも抑えなければならないのか、という憤りさえうかがえる。

この時、直日二十二歳。教団の後継者と定められた女性が、前記短歌を教団機関誌に掲載することは勇気と覚悟を要することであったであろう。

王仁三郎、すみこ、そして直日、いずれも自らを偽ることなく心のまま、ありのままに生きるその姿は生来の性《さが》であろう。しかし三者に神から与えられた個性は、三人三様で、湧水《ゆうすい》のごとく自然のままに直感的にことばを発する王仁三郎、すみこ。対して直日のそれは沈思黙考、吟味しつくされて発せられたものである。とりわけ短歌は、突き詰め、さらに突き詰められた〝こころの発露〟であると言えよう。

十代なかばの烈々たる憂国の歌も、二十代になって人をおもう歌も、内奥の心情がほとばしり出たものにほかならない。

○

当時、直日は、一生夫はもたないと言い、王仁三郎、すみこを心配させていた。その直日に少しずつ変化が生じていた。それは高見の存在による。

出口日出麿（旧名・高見元男）

最初、高見と近かったのは、直日の妹(三女)一二三《ひふみ》であった。

ある日、一二三は直日に声をかけた。

「お姉さん、高見元男さんって、面白い人やなア。うちとこへよく見舞いに来てくれてやで。こんど見えたとき、一ペンいうたげるさかい遊びに来なよ」

この後、病がちの一二三を見舞った高見と直日は、顔を合わせ、ことばを交わす。高見が京都で学業に励んでいたころ、高見から直日に万葉集が送られたことがあった。その中には相聞に近い歌が書き込まれており、それが記憶にあった直日は、高見に良い印象をもっていなかった。

しかし、その印象は、会うごとに次第に変わっていった。

直日から「わたしのところへも遊びにきてくださいな」と声をかけ、その後、高見は直日のところにも出入りするようになった。

「父は初めから元男（日出麿）が好きで、ある時、教主殿へゆくと、父と元男がいて、父はさも楽しそうに『この男は、いやになるとすぐにアクビをして、どこかへ行ってしまうんじゃ、今度はここで泊まれよ』と言っていたことがありました」（直日）

直日を訪れるようになった高見は、歴史や国文学、さらに東洋史なども教えるようになっていく。

当時の高見は、風采《ふうさい》などいっこうに構わず〝変わり者〟と見られていた。

「つき合っているうちに、わたしの感心させられたのは、非常にこまやかな神経をもった、人の気持ちの分かる方であると気づいたことです。皆は阿呆《あほう》だとか、変わっているとか言っていたようでしたが、ジーッと見ていますと、いっぱんの人よりもはるかに円満な、深い常識をもっている人であることに驚かされるのでした。それに、無欲な超然としたところがありました。……

超然とした態度の中に、礼儀正しい人がらが感ぜられ、それが、あたたかい心遣いからであり、そこに、信頼すべき高潔なものを感じ、しだいにわたしの心は尊敬の念《おも》いをよせるようになりました」

こうして直日、高見の二つの魂は次第に深く触れあっていく。

そのころの二人を知る四方芳子《しかたよしこ》(内事係)の話である。当時、直日の住まい掬水荘《きくすいそう》の裏には桜があった。

「その桜の花びらを、小さな葉っぱにのせて、それを日出麿先生が教主(直日)さまのところへ持って行かれました。ままごとみたいに。私ら子どもの時でしたが、へへーッいうて感心して、なごやかなお姿やなーと思って見た事をおぼえています」

高見は間もなく三十歳、直日も二十代なかばであった。

ある時は、子どもを集め、二人も一緒に鬼ゴッコに夢中になることもあった。そこへ王仁三郎と出口家の親戚《しんせき》の一人が通りかかった。

「どういう人ですか。なんだか変わっていますね」

王仁三郎は笑みを浮かべながら、

「あれか、あれがなかなかみんなに分からないんだ」

と応じている。

高見のすべてを見越し、その使命の特別なることを知りつつ、語らず、静かに「時」をまっていた。

開教以来の謎《なぞ》、日《ひ》の出神《でのかみ》

開教からほぼ三十年、教団には一つの大きな謎《なぞ》があり、すみこをはじめ多くの信徒を悩ませていた。昭和二年(一九二七・直日25)末、その疑問に終止符《しゅうしふ》が打たれる時がきた。

その謎とは「日の出神」についてである。同神については『大本神諭《おおもとしんゆ》』の中でも触れられている。

「此《こ》の出口直《でぐちなお》が在《あ》りたらこそ、今迄《いままで》世に落ちて、路頭に立ちて居《お》れた神、改心次第で出世が出来て、喜び勇む世になりたので在《あ》るぞよ。此《こ》の御方と日の出の神を土台と致して、

天の岩戸を開いて、世界を神国の世に改めるのじゃぞよ」（『大本神諭』明治三十二年旧七月）

筆先を通し、「日の出神」の役はなおの次男・清吉《せいきち》（明治五年〈一八七二〉生まれ）であると神示されていた。しかし清吉は開教翌年の明治二十六年（一八九三）に近衛兵《このえへい》として服役、同二十八年（一八九五）に台湾へ出征した。

しかし艮《うしとら》の金神《こんじん》はこう示した。

『直よ、心配すなよ、出口清吉は日の出の神となりてピチピチいたして帰りて来るぞよ』

しかし、さすがのなおもそれには承服しかねた。なおの娘よねの夫・大槻鹿造《おおつきしかぞう》が役場に問い合わせ、死亡通知が届いていたからである。

「このとおり国替えした通知も来ましたし、生きているはずありません。私は神様のためなら八人の子を皆取られてもよろしいが、これでは貴神のおことばが違いはしませぬか」

しかし神は最初と変わらず、

『ピチピチとして戻りて来るぞよ。ご安心をなされよ』

と繰り返すのであった。

『言うに言われぬ隠れみの日の出となりて現れるぞよ』と答えるのだった。

また、

『清吉は死んでおらんぞよ』

と、生きているとも死んでいるとも解釈できる意味深い神示もでて、いっそう皆を迷わせた。

やがて清吉の手帳と遺骨が戻ってきた。しかし、なおは最終的に神示を受けいれた。

「帰るか帰らぬか知らぬが、神様が『帰る』とおっしゃったのだからキッと帰るものと信ずる」

結局、なおの存命中に、その謎が解かれることはなかった。

ある時、高見はすみこの元をおとずれ尋ねる。

高見「私のご用はどういう役でありますか」

すみこ「貴方《あなた》は彦火々出見命様《ひこほほでみのみことさま》である」

ところが、すみこ自身の口を通して出た神示であるが、すみこには彦火々出見命が、いかなる神なのか分からなかった。

すみこは、その後、たとえ十日、二十日は寝ずとも彦火々出見命の因縁を知らせてほしいと神に直接談判をした。祈りつづけ、ついに神示が下りた。

「私が神様に『彦火々出見命様はどなたでありますか』とお尋ねしましたら、同じ日の出神であると言われました。それでは、私は『三代（直日）が日の出となるのではありませぬか』と尋ねましたら、『同じ霊でありて二人が夫婦になりて揃《そろ》うたところが天晴《あっぱれ》日の出と現はれるのである』と言われました」

直日と高見、二人が揃い、「一体となって日の出神」となるという神示であった。日の出神に関し、直日は七、八歳のころに不思議な霊夢をみている。直日が、日の出の因縁を知りたいと思っているころ、和知川《わちがわ》に日の出神が現れたとおもうと、それがやがて自分の体になったという夢である。

すみこに下った一連の神示は台湾に出向中の王仁三郎の元にただちに届けられた。高見のすべてを知りながら、言うに言われず、ひとり苦しんできた王仁三郎にとって、この神示は特別な意味を持っていた。昭和二年十二月二十五日に詠まれた王仁三郎の短歌である。

金勝《きんかつ》哉《や》要《かなめ》の神（※）の筆先を聞けば吾胸晴れ初めにけり
大本の神の経綸《しぐみ》も明けの空澄み渡りけり要《かなめ》のことばに

台湾に渡る前、王仁三郎は、「二代（すみこ）に『大もう』（重要な神示）が下る」とことば

※【金勝要の神】きんかつかねのかみ。大地を守護する神で二代すみこの神霊とされる

を残していた。そのことばどおり、大きな謎がここに解けた。

昔よりかくしおかれし神の謎とけてうれしき今日の初雪　すみこ

日出麿と結婚

すみこが、清吉の生まれかわりが高見であると、神示を受けた後、再確認させられたのは高見自身が大正十年（一九二二）に見た夢の記憶であった。

すみこが残したその時の夢の記録である。

「大正十年の夢、学生（元男）の時代、学校に行っておられる時代の夢です。元男さんは兵隊さんであった。（略）元男さんは胸元を撃たれて沢山に血が流れて死んだと思うたら、ある二階屋の小さい家に担ぎ込まれており、医者が来て『麻酔剤をかけて三針四針縫ったら癒《なお》る』と言っていました。再び気がつくと病院に担ぎこまれ、二十歳位な綺麗《きれい》な看護婦さんが息を吹きかけてくれていました。『ああ、いい気持ちであるなあ』と思うていたら今度は場面が変わりまして、元男さんは赤ん坊になって仁科《にしな》家で生みのお母さんに抱かれていた夢を見たと話されました。

私はビックリしまして出口清吉の生まれ変わり、日の出の神は高見元男であることを確認したのであります」

ちなみに元男の実父の名は清吉、実兄もまた清吉を襲名していた。筆先で「日の出神」と神示された開祖なおの次男清吉と同名である。すみこに下りた神示は王仁三郎の了解のもと機関誌に掲載された。

正式に結婚のことが高見に伝えられたのは昭和二年（一九二七）秋、亀岡・天恩郷にある高天閣《こうてんかく》（王仁三郎居宅・客室）の王仁三郎の書斎である。すみこが綾部からやってきたその日の午後、高見が部屋に呼ばれる。近くで仕える女性職員は、何事かと聞き耳を立てたが、その様子は分からなかった。

話が終わり、笑いながら、いつものように高見はひょうひょうとした姿で部屋をあとにする。

終わって居間に戻ったすみこは王仁三郎にこう言った。

「やっぱり、本当に変わり者やな、先生」

高見の人となりについて、あれこれと話題が続いた後、オナラの話題で一段と盛り上がった。

出口家の養子になるか、どうかという意思を確かめた時、高見は、

「ならんでもありません」

と答え、大きく放屁《ほうひ》した。「鳴《な》る」との意思表示、洒落《しゃれ》でもあった。さすがの王仁三郎、すみこも、それには面食らった。普通、信徒で王仁三郎、すみこの前で放屁できる者はいない。

正式な婚約発表は昭和二年（一九二七）十一月一日、綾部の五六七殿《みろくでん》での夕拝後、すみこが公にした。

高見元男の名が発表された時、殿内はどよめきが起こった。この大ニュースは一斉に全国に伝えられる。意外の感を抱く者が大多数であったが、高見との親交を持ち、その人間性、さらに霊性に触れた者は、手放しで喜んだ。

昭和三年（一九二八）二月一日、直日と高見の結婚式が、中野茗水と高木鉄男の仲人のもと、なおの居間であった綾部の統務閣《とうむかく》で挙げられる。同夜、内祝いの宴が教主殿《きょうしゅでん》で催され、その席で王仁三郎は高見を日出麿と命名、六日には教主補に任命した。

直日二十六歳、日出麿三十一歳。二人の喜びは短歌として残る。

満三十年　　　　　　出口日出麿

ちちと呼びははと呼びつつ若くさのつまと云《い》ひつつ歓ぎてゆかな
まれに見るやさしき人よまれに見る美しき人よわぎも子汝《こなれ》は

わが背

出口直日

昭和三年の春のはじめにさちはひを山とつまして君きましたり
寂《さびし》さの極まりに居て呼びし名は神の御名と君の名なりし
男《を》の子の中のをのことひそかにも吾が仰ぎ居しは君なりし哉（返歌）
何ものを得しにもまさるよろこびと君の宣《の》らすに吾はづかしき
百花の咲き匂ふごと君と共に吾ゆく道の耀《かがや》けるかも
けふよりは君をわが背とあふぐ也いく年かけし願《ねがひ》なりしか

「一生、夫は持たない」と言っていた直日。その前途を気遣っていた王仁三郎、すみこにとっても、二人の結婚は大きな喜びであった。

大本の教もいよいよ辰の春花や咲かせん実を結ばせむ　王仁三郎

空は晴れ地上は清く銀世界妹背《いもせ》を契《ちぎ》る今日ぞめでたき　　すみこ

王仁三郎は、直日と高見との結婚を望んでいたが、それを具体的に進めたのはすみこだった。初めは、ただの変わり者くらいに思っていたすみこも、やがて高見がただの人物ではないことに気づき、結婚を喜んだ。しかし、生涯の伴侶《はんりょ》として最終的に高見を選択したのは直日自身であり、自らの決断であった。

当時、教団で起こるいろいろな問題は、直日の耳にも入った。行く先への不安が湧《わ》くとき、直日が思い浮かぶのは、いつも同じ顔だった。王仁三郎でもなく、すみこでもなく、いつも高見の顔が浮かぶのであった。

「かなわん時には、どうしても高見元男はどうしているだろうと思われてくる。これは、どう考えてみても人間の感情ではなく、超人間的ないわゆる因縁がそうするんだろうと思います」

直日の元で奉仕していた石原綾羽《いしはらあやは》は結婚前のことを記憶している。

「困ったら、すぐ、高見さんを呼んできてえな、と言うんです」

そして、使いとして高見の元へ走ったという。

二人の結婚に関し、高見は早くから口にしていた。初参綾後、大本が入手した本宮山の整備に汗を流していたころのことである。高見をモッコの担ぎ相手としていた神奈川の信徒・新島秀吉の話である。

作業中突然、高見が、「新島はん」と声をかけてきた。新島は高見がくたびれたのかと思い、「休みましょうか」と聞くと、思いもしないことばが返ってきた。

「いや、そうじゃない、新島はん、俺は大本の後継者なんだがなあ…」

「何ですって、あんたはんが三代さまのお婿さまだとおっしゃるのですかい」

「そうなんや。はじめからそう決まっとるのや」

目の前に立っているのは風采などおかまいなしの学生、高見である。新島は「そんなこと、到底本当にはできませんわい」とことばを返し、こう言い切ってしまう。

「万一、本当にあんたはんの言うたとおりになったら、豆腐の下駄をはいて綾部の市中を踊り歩いて見せましょう」

それを聞いた高見は、「そんなもんかな、ハッハハハハ」と一笑し、会話は終わった。時が流れ、そんな出来事の記憶もすっかり消えてしまったころに聞かされた直日、高見の結婚発表であった。律義な新島は、わざわざ二人の新居・掬水荘までおわびに出かけている。日出麿の対応は記録に残っていないが、きっと一場の思い出話として花咲いたことであろう。

五六七殿で祝宴

直日と日出麿の結婚式が挙げられた昭和三年二月一日から三日後の二月四日、節分大祭を迎え、日出麿は斎主をつとめた。前年の同大祭での役は「直会係」であった。祭典後、すみこは演壇にのぼり、透徹した力強い声で日の出神の神縁について語った。全員、静寂の中で身を引き締めて耳を傾けた。

翌五日には「結婚披露宴」（初日）が行われ千六百人が祝宴に列し、多彩な出しものが続き、最後にすみこが、「世界の横綱」と名乗り踊りを披露する。その様子を伝える記事には次のように記されている。

「感嘆、歓呼、拍手、場内一髪の隙《すき》なきまでに満悦の情を現し……」

即興でこのようなことができるのは、すみこならではの芸当である。娘であっても恥ずかしがり屋の直日にはできないことであった。

すべての式典・行事も終え、二人の生活は綾部の掬水荘で始まった。

すこし落ち着いた二月八日、二人は最初になおの奥都城《おくつき》（墓所）に参拝。存命中のなおが、その帰りをこころ待ちにしていた清吉の生まれかわりである日出麿が直日とともに墓前に額《ぬか》ずいた。水晶の種と神示された直日が、やはり神示の伴侶・日出麿と共に新たな道を歩んでいく第一歩を印した墓前奉告であった。

住居の掬水荘は、直日が自身の住居として自ら設計した初めての建物で昭和二年（一九二七）に完成している。茅葺《かやぶ》きの純粋な和風建築で、懸樋《かけひ》を使い谷水をひき、夜は、当時ではもうめずらしくなった行燈《あんどん》の火影《ほかげ》が窓にゆらぐような清雅な住居であった。屋敷のまわりには直日が好む秋の七草、ハギ、キキョウなどが植えられていた。

「掬水荘は『日本昔ばなし』に出てくるような（小さな）おうちでした」

当時を知る出口操《みさお》（直日の姪《めい》）のことばである。

結婚翌月の三月三日には王仁三郎は五十六歳七カ月を迎え、盛大に「みろく大祭（※）」が執行された。

結婚してからの直日は、それまでと変わらずご神体など、神務に仕えながら日出麿を支える。子宝にも恵まれ、長女・直美《なおみ》（昭和四年〈一九二九〉七月三十日生）、次女・麻子《あさこ》（同七年〈一九三二〉二月十三日生）、三女・聖子《きよこ》（同十年〈一九三五〉二月十九日生。のちの四代教主）も生まれ充実した幸せな日々を送っていた。

日出麿は国内はもとより、上海、（南北）朝鮮、満州（中国東北部）、北支（中国北部）など、宣教の旅に多くの日々を送り、王仁三郎同様、行く先々で大歓迎を受けた。

※【みろく大祭】王仁三郎が、「みろく菩薩」として下生したことを祝う祭典

幸せな一家
子供は大きい順に直美、麻子、聖子（S.10）

ひとり歩むこの草土手の青薄穂に出
ぬひまに帰れ吾が夫（旅なる夫へ）

わが庭のすすき穂にいでさやけども
夫かへりこむ日はまだ遠き

夜毎よごと虫なきて秋もととのへり
長き旅より夫かへりこし

留守がちの日出麿との団らんは多くはなかった。それだけに許されたわずかな時間を互いにいとおしみながら過ごした。神からの命を受けた大事な〝ご用〟と納得しつつも、留守を守り、夫を支えながらも直日のなかに一抹《いちまつ》のさびしさがあった。

雑念のおこる隙さへなき如《ごと》き君が忙《いそが》しき生活は淋《さび》し

のちになっての直日の回想である。

「わたしたちの夫婦のこれまでの思い出で、いちばん印象にのこっているのは、旅から帰った夫と神苑の松林を、直美と麻子をつれて歩いた日で、親子が松カサを拾って遊んだ一時の楽しさは、いつまでも心に深く刻まれています。その時、わたしはたしか、赤ん坊の聖子を抱いていたのを抱きとってもらって歩いたことがあります。そんなことも終生忘れえぬ楽しい思い出として、胸にのこっています」

家族での散歩も、直日にとっては〝特別なひととき〟であった。

夫はのんきでひょうきん

直日、日出麿が、夫婦互いのことを評した記事が残されている。

直日、夫を評す。

「背をかがめて、見得も気どりもない格好で歩いている元男(日出麿)をみると、なぜか梅の木にぶら下《さが》っている蓑虫《みのむし》が連想されてなりません。

彼はいたって呑気《のんき》で剽軽《ひょうきん》で、そして物臭《ものぐさ》です。その一面、かなり几帳面《きちょうめん》で、鋭敏すぎる程の神経を持っています。

人の非行をせめるとか、悪を憎むとかいう感情はもちあわせていないのかと思われるようなのです。

呑気《のんき》さ、ものぐさの一例を挙げると、自分の名を人の名と間違えて言ったり、私に妹のペンネームで手紙をくれたり、抱いて行った自分の子を置き忘れて帰って、しばらくして騒ぎ出したり、独身時代の事ですが、行李《こうり》にある着物を着替えるのが邪魔臭いといって、同じ着物を一冬も着て、膝頭が破けていても平気でいるといった風なのです。

野菜や果物が好きなせいか、ねばり気が少しもありません、そのため歌にもねばり気や迫力がなく、もう一息といったもどかしさがあります。でも彼の歌を通じての感じは早春の田圃《たんぼ》の落水のひびきのようにおだやかであり、しめった雑木のようにしたしくて好きです。これから、も少し真面目に熱心に歌の道に精進してほしいと思っています」

日出麿、妻を評す。

「ザックバランに言えば、中川窕子《ちょうこ》（直日のペンネーム）は落ちついた好きな女である。好きな筈《はず》である。女房である。わるく言えば蟹《かに》が屁をひり損なったような格好《かっこう》だが、よく言えば紅蓮《べにはす》が蛙《かわず》を見つめている風情である。……世界改造業者出口王仁三郎氏の長女として、そして一九三二（昭和七）年の女性としては、彼女はあまりにはにかみ屋であり、謙遜《けんそん》であり、畏縮《いしゅく》家である。わるく言えば自信が無いのであり、よく言えば浮薄なモダニズムと相容《あいい》れぬのである。彼女は本質においてクラシックな枯淡さをも多分に持っている。つい先年まで部屋に行燈を愛用していた人である。

彼女には騒々しさがなく、誇張がなく、トリックがない。黙々として見凝《みつ》め、黙々としてよじ登る質《たち》である。『創作』当時以来の歌をみても彼女に一貫しているのは純真である。タッチの鮮《あざ》やかさも色彩の華やかさもないが線に素朴さと潤いとがある。一面思想に飛躍がなく高揚がない、描写に裁断的な快味がない。それは彼女としては致しかたない。

背なの子のつぶらにみはった眼を感じながらホギホギ筍《たけのこ》を折ってゐる

ぴったり閉まった障子のしとやかな気分に秋の深さを感じてゐる

等、最近の彼女をよくあらわした作である。何はともあれ、歌はその時の、その人の魂を打ち出したものでなくてはならぬとすれば、窕子の歌はよい歌である。で、いよいよお芽出度《めでた》いわけである。もうこれで御免《ごめん》下さい」

次は同じころの日出暦の日誌の一節で、結婚からほぼ四年の歳月が経過した時点での回想である。

「無論その時分は痩《や》せこけた青白い名もない青年でした。その私を特に見込んだというのは一つには前生の因縁でもあろうが彼女の目のつけ所が世間普通でなかったからでしょう。

何らの望みもなく、頼りもなく、心身ともに疲弊しきった私を認めてくれた、知っていてくれたというだけでも、私にとっては終生忘れることのできぬ恩義である。いわんや一生の夫として一教の後継者たるべき彼女が、私を見いだしたということにおいておやである。

形に囚われ背景に衒《げん》じやすいのが、人間の常である。かかるものを真に度外視してよくその人を視《み》、その霊を知るということは至難である」

日出麿を夫として自ら選択したことは直日にとって密《ひそ》かな誇りであった。

直日の友人・波田野千枝《はたのちえ》の手記には、次のようにある。

「何事にも誇られたことのない三代様がただひとつ誇られることがあります―それも冗談半分にですが―それはご自身の永遠の伴侶として日出麿様を見つけ出されたことです」

日出麿を選んだ自分の眼識については臆《おく》することなく語っている。

「私が常に努力して物を見る目を養わなかったら、ただ表面だけしか見ることが出来ないで、偉い男と今の幸福な結婚生活をすることが出来なかったろうと思います」

日出麿は自慢の夫であった。この記事は結婚後七年以上を経過してのものである。共に過ごした歳月は「偉い男」日出麿への尊敬、信頼をいっそう確かなものとさせた。

芸術は宗教の母なり

歌人・前田夕暮《まえだゆうぐれ》との交友

直日は、神務に仕えながら、日本の伝統文化の研さんを深めていった。

短歌は大正十四年（一九二五）に入会した若山牧水主宰の「創作」を昭和に入っても継続していた。橘雪《たちばなゆき》のペンネームで投稿している。昭和四年（一九二九）、若山牧水《わかやまぼくすい》昇天により、その翌年、「創作」を離れ歌人・前田夕暮《まえだゆうぐれ》が創刊した「詩歌」に中川窕子の名で投稿。その時期、前田が提唱する自由律の作歌に励んでいる。

前田は、何度となく亀岡を訪れ、直日、日出麿とも親しく交流が持たれ、また前田宅にも直日は複数回訪ねている。前田を中心とする亀岡での歌会には五十人が参加するなど短歌への精進を重ねる者は大本にも徐々に増えてきた。その背景には、直日もさることながら王仁三郎の奨励があった。

前田は直日の印象を次のように語っている。

「窕子女史ほど素直であり、まことであり、漉《す》きたての紙の清らかさを感じさせる人は少ない、漉きたての紙！　少しのよごれのない純白な、おっとりとして柔《やわ》らかな光と手触《てざわ》りのある日本紙のような感じです。窕子女史からくる書簡は、いつも純白のぽっとりした日本紙である。それに濃い墨色でかざりけのない素朴な文字が丁寧に書かれてある。女史の手紙は実に特色がある。ことばも甚だ簡素であるが人を惹《ひ》きつける力がある」

短歌への評はつづく。

「女史の短歌は一層その純真さをもって貫いています。そして人間味ともいうべき香気がありますす」

○

前田と共に「詩歌」創刊に加わった歌人・楠田《くすだ》敏郎《としろう》も作歌指導のため大本に来訪している。

楠田の手記「中川窕子（直日）氏の人と作品」には次のようにある。

「中川窕子氏の実生活を知らないものにとって、あの歌を通じてだけでは、中川窕子氏の生活と位置とは解《わか》るまい。と同時に、中川窕子氏の生活を知るものにとって、あの歌は、あの歌に示された心のうごき、物の考え方は驚きに値する」

またこうも言う。

「市井に育って、苦労も知りつくし、人の心の虚実をうかがい得た人のみが歌いうる世界」

楠田が直日を前にして講義しようとした時のことである。

「私はその席へ、勿論《もちろん》『お話をする』つもりで出席した。が、私は窕子氏にお目にかかっただけで、『お話をする』という気持ちをかなぐり棄《す》てねばならなかった。これは、かつて私にはない経験だった。いったい、芸術にたずさわるものは自負心が強い、話をしろと言われれば、大いに説くつもりを持つ、その気持ちで相手はえらまない。しかるに私は窕子氏及び、蓉子、燦子、朗子の諸氏を前にして、みごとにはにかんでしまった。それはなぜか、窕子氏の人がらに、完全にまけたからである。

その時おもったのだが、初対面の人間に、無言で向かって、いささかも自己を発表しないままに、相手を降参させてしまう人が、世の中に何人あるだろうかと。しかも窕子氏はほのぼのと、手を膝に置いて、遠慮がちに座っていられるだけだった」

当時の歌（自由律）から、後に一教団を背おって立つ直日の真の姿は見えてこない。

よごれ物の小皿ひっそりと洗ひながら厨《くりや》の仕事は楽しとおもふ
洗面器で児のよだれ掛洗ひをりいとしさが胸をつき上げてくる
うれた桜んぼがほたほた落ちてゐる寺の垣外道をお針に通ふ

久々に家族等が集まり夜天の下に夕飯をたべてゐる楽しさ

この後、短歌は定型律に復し、昭和九年（一九三四）には中河幹子《なかがわみきこ》の「ごぎやう」に投稿するようになる。

家元・淡々斎《たんたんさい》から茶名「宗日《そうひ》」を

直日は結婚後も茶道は長谷川宗美について稽古を重ねていた。昭和四年（一九二九）春、直日（27）・日出麿（31）は住居を掬水荘から教主殿へと移した。直日は入居後、教主殿のいくつかの部屋を茶室として使えるように改造している。参拝者があれば茶室で薄茶を出し、機会あるごとに、「茶は年がいっても楽しめるから、常日ごろから心がけておきなさいよ」と稽古を勧めた。

昭和六年（一九三一）六月、「行台子《ぎょうだいす》」の免状を受けに裏千家《うらせんけ》を訪ね、そこで初めて今日庵《こんにちあん》と又隠《ゆういん》（※）の席を目にする。淡々斎《たんたんさい》家元自らの点前《てまえ》によるお茶を服し、家元自らの運びで懐石をいただいた。

その日、家元から茶名を授けられ、「直日さんやから宗日にしましょう。けど、あなたは女の子さんですから、宗日《そうじつ》では強いので宗日《そうひ》とおよみやす」と言われた。

はじめて正式な茶室に入席し、それも家元からお点前、懐石まで受けたことは生涯忘れ得ない感動として胸に深く刻まれた。真台子《しんだいす》の許状を受けたときも家元から、同様のお茶事を受けた。

次の一文は昭和八年（一九三三）の日出麿の日誌から。

「親子四人綾部をたち亀岡へ。瑞子（直日）はすぐまた長岡の絵更紗《えさらさ》の先生の所へゆく。稽古事の熱心なのには驚く」

多くの稽古ごとの中には大正年間から京都で始められた染色・絵更紗もあった。それら稽古ごととは別に手機織りもすみこから学んでいた。機織りについては、開祖なおに端を発す。神の経綸を経糸《たて》緯糸《よこ》で織りなされる機織りにたとえ「機《はた》のご用」として、今も教主の重要な神事の一つとして継承されている。

「明光社《めいこうしゃ》」設立

王仁三郎は大本の芸術部門を担う明光社《めいこうしゃ》を昭和二年（一九二七）に組織し、機関誌「明《めい》光《こう》」を発刊した。翌年には亀岡にその拠点・明光殿《めいこうでん》を建設して広く芸術活動を提唱する。

※【今日庵・又隠】いずれも裏千家を代表する茶室。「今日庵」は裏千家の別称となっている

「芸術は宗教の母なりと提唱して来た自分は、これまで、子なる宗教の育成に力を注いで来たが、子の宗教はどうにか独り歩きが出来るところまで成長した。皆は信仰には熱心であるが、芸術に寄せるこころは浅い。今後は母なる芸術の育成に力を注ぎたい」

当時の日本は、昭和四年（一九二九）のニューヨークの株式市場大暴落に始まる大恐慌の影響で会社、商店の倒産、銀行の取付《とりつけ》さわぎまで発生。失業者が増加し、社会不安は深刻であった。

そういった状況で王仁三郎は「芸術は宗教の母」との信念に基づき、宣教の寸暇を惜しんで書画・短歌・陶芸・演劇などに力を注いだ。同年夏、亀岡に楽焼のために工房・蓮《れん》月亭《げってい》を新築、亀楽窯《きらくがま》を築き本格的な作陶を始めた。

作品展は、昭和七年（一九三二）までに二百七十三会場で延べ六百四十一日間開催し、約六十六万人の参観者を集めた。大本の芸術宣教のさきがけとなるものであった。こうして王仁三郎によってまかれた種は、やがて直日によって大きく花開かれてゆくことになる。

王仁三郎の大号令

「昭和神聖会」発会

大本は王仁三郎の指示のもと大きく動いていた。

第一次大本弾圧後の神苑建設の中心舞台は亀岡に移され、王仁三郎は、大正十四年（一九二五）二月、亀岡の城跡を「天恩郷《てんおんきょう》」と命名。大祥殿《たいしょうでん》（神殿兼講堂）、光照殿《こうしょうでん》（人類《じんるい》愛善会《あいぜんかい》〈※〉本部）、高天閣についで、昭和三年（一九二八）十月には中心神殿の月宮殿《げっきゅうでん》が完成した。それと並行して王仁三郎、すみこ、日出麿は国内・海外宣教を精力的に行い、昭和四年（一九二九）には大本の地方支部は七百七十二を数えるにいたった。昭和六年（一九三一）秋、活動組織として信徒男子の昭和青年会を、同七年（一九三二）秋、婦人組織・昭和坤生会《こんせいかい》を結成した。

さらに同九年（一九三四）夏には昭和神聖会《しんせいかい》を結成。王仁三郎が描く救世と理想世界実現のため他団体との連携も見据えていた。発会式は東京九段《くだん》の軍人会館でとりおこなわ

※【人類愛善会】民族、人種、宗教の枠を超え、全人類の融和と幸福実現を目指して王仁三郎が結成した組織

れ、内務大臣・後藤文夫《ごとうふみお》、衆議院議長・秋田清《あきたきよし》、陸軍中将・貴志弥次郎《きしやじろう》、頭山満《とうやまみつる》、内田良平《うちだりょうへい》、松岡洋右《まつおかようすけ》ほか多数が壇上であいさつした。会場には三千人以上が参集。王仁三郎は統監として会を代表した。

満州事変以降、行き詰まった内政・外交、経済への不信・不満は国内にわき起こり、これを改革してくれる組織・人物の出現に多くの国民は期待を寄せていた。それに呼応するかのように結成された昭和神聖会は、燎原《りょうげん》の火のように、予想をはるかに超える勢いで全国に拡《ひろ》がっていった。

会員は軍服と見まがうような制服を着し、現役の憲兵隊長指揮のもと団体訓練や査閲が行われ、会旗を先頭に市中行進が繰り広げられた。そして一年後には地方本部二十五、支部四百十四、会員・賛同者八百万人（概数）という巨大な組織となった。昭和十年（一九三五）の日本の人口六千九百二十五万人（総務省統計局）を考えると国民の一割以上が会員・賛同者となったのである。

「神聖運動は決して今日のいわゆる政治運動ではないのである」

王仁三郎がそう否定しても新聞を中心とするマスコミは、愛国団体の統合を目指した政治運動とみなし、その論調が各紙面を賑《にぎ》わせ、国民はもとより当局の注視するところとなっていく。

昭和六年（一九三一）、大本に昭和青年会が発会し訓練が始まった翌年の直日の短歌（自由律）である。

　私の思想とはあまりに遠くゐる父母その父母のあとにいまはついてゆかうとおもふよ

明治神宮に参拝する昭和青年会員（S.8）

　開教当初、開祖なおのことばと行いが絶対であったように、開祖の亡きあと王仁三郎の指導は次第に絶対的な重みを持つようになっていた。その王仁三郎、すみこに対し、「私の思想とはあまりに遠くゐる父母」と、詠む直日であった。

　そのころ日出麿は、「窕子（直日）は、青年会の号令をかけての敬礼や、信者の宣伝歌《せんでんか》合唱を嫌がること甚だしく、みんなに声を加減するように注意」したと記しているが、両親についていこうという意思が下の句では示されている。

　やがて昭和神聖会の運動が展開されると直日は、

はっきりと「反対」を意思表示した。発会後、宣教に東奔西走し多忙な日出麿に対し「けっして昭和神聖会のような政治的運動に参画しないようにして下さい」と書簡が送られている。

この思いは直日だけではなく、日出麿も全面的に同調していたわけではなく、昭和神聖会の役職からはずれていた。

そのころ会の先頭に立って活動していた教団幹部の回想である。

「直日先生や日出麿先生は（神聖会活動に対し）非常に批判的で、私は日出麿先生とは友だちだったので、個人的には非常に忠告していただき、それで訓練を緩和するようにした」

後年、直日は次のように記している。

「私たちの、お道には、かつて昭和神聖会というのがありました。これは政治運動ではなく、当時における日本国家を対象とした精神運動でありましたが、私はこの運動に真っ向から反対しました。というのは、それが、精神運動であるといっても、政治運動のような形をおびる勢いをもっていたからです。私の危惧《きぐ》したように、社会の目は昭和神聖会を、政治運動のような形でとらえました」

会の結成から一年余が経過した昭和十年（一九三五）八月の夏の大祭の折、王仁三郎の指示で昭和神聖会活動の実質的な休止が命じられた。

しかし時はすでに遅かった。直日が抱いていた危惧は現実の形となって現れていく。

「地の上になげきは影もあらすなと力なき吾たゞ祈るなり

（昭和九年）」

第三章

昭和十年——昭和十七年

暗転

カット・出口直日

第二次大本弾圧

聖地急襲

「火事だっ！　火事だっ！」

昭和十年（一九三五）十二月八日（直日《なおひ》33）、午前四時、異様な声が綾部《あやべ》の神苑《しんえん》に一斉に響いた。第二次大本《おおもと》弾圧の瞬間である。

この声に起こされた直日は、部屋の電灯のヒモを引こうとした。その瞬間、警官が直日の体を前後左右から押さえ動きを止めた。何が起きたか分からぬまま、直日は静かに言った。

「部屋のすみに、電灯《でんとう》のスイッチがあるのです。引っぱってください」

部屋を襲った警官たちは、懸命に日出麿《ひでまる》の所在を探った。

「日出麿はどこへ行った！　日出麿はどこへ行った！」

何十人もの警官が一斉にそう言いながら探し回っていた。

玉とこそわがいつくしめる夫《つま》の名をこの警官ら呼びすてにいふ

その日、日出麿は亀岡泊で、部屋にいたのは直日と子どもたちだけであった。この時、直日のおなかには新たな命が宿されていた。

夜が明けたが直日は一室に軟禁され監視がつけられた。その日のうちに本部職員は、当局の命令で姿を消した。直日の元に残されたのは三女・聖子《きよこ》(当時十カ月)の世話をしていた者と別に一人、いずれも女性職員だけであった。

同夜、直日と子どもたちはライトを消した車に乗せられ、移動させられた。真っ暗な夜道を照明もつけずに進む車に子どもたちは、不安におびえていた。

「灯火管制《とうかかんせい》よ、灯火管制よ」

そう言って直日は子どもたちの気持ちをやわらげようとした。着いたのは本部からすぐ近く地元綾部の上野にある桜井同仁《どうじん》(本名同吉)宅である。桜井はすでに連行されていた。食事の時も、手洗いに行く時も、就寝の際も、三人の刑事が直日を監視した。

大本歌祭《おおもとうたまつり》(二一四頁参照)のために松江の島根別院にいた王仁三郎《おにさぶろう》も事件当日、同地で検挙され京都の中立売署《なかだちうりしょ》に勾留《こうりゅう》された。歌祭は当局の判断で実施され、すみこを中心として立派に終えることができた。日出麿は同日、天恩郷《てんおんきょう》で検挙され、京都の五条署に送られた。この日から十年、事件解決までの間、想像を絶する苦難が直日の行く手に待ち受けていた。

○

弾圧発生当日、両聖地に動員された警察官は五百人を超える。国民を巻き込んで展開された昭和神聖会運動への危機感、また大本教理のなかに国体変革の意図や不敬罪にあたる記述があるというのが、嫌疑内容であり弾圧の理由となっていた。いずれも根拠のないものばかりであった。

弾圧前年十二月下旬、当局は「秘《ひそ》かに係員の陣容」を整え、京都市内の拠点を中心とし昭和十年(一九三五)三月には「約三百冊に亘《わた》る霊界物語《れいかいものがたり》、王仁全集、大本日記、其《そ》の他の単行本……雑誌、新聞類全く入手を了し、之《これ》が検討に着手」している。

その後、内務省警保局の係官も加え、綿密な準備のもとに行われたのが第二次大本弾圧である。近代史における宗教弾圧の中でも規模、その残忍さは類をみない。弾圧は最終的に岡田啓介《おかだけいすけ》内閣のもと、昭和十年(一九三五)十一月下旬の閣議で、「治安維持法(※)違反の嫌疑は充分、検挙して真相をたしかめあうという方針」が決定される。同法は最高「死刑又は無期懲役」の重罪である。

大本を地上から抹殺

十二月八日、松江での歌祭を終えたすみこも直日の元に帰ってきた。十九日に直日は桜井宅から、本部職員の住居として使用されていた月光閣《げっこうかく》の二階に軟禁された。ついていた女性職員の一人は、直日の元から離れるように再三強要され、郷里に帰った。

幼稚園児だった長女・直美《なおみ》は、「早く幼稚園に行きたい」と直日にせがんだ。しかしそれはかなわず、二階から園に通う近所の子どもたちの様子を見せるのが精一杯であった。

ある日、警察から呼ばれ、直日が係官の小川貢警部補から取り調べを受けた。

「お前は、こんなひどい目にあって、何か思い当たることはないか」

何度も促され、新聞に掲載されていた大本関連の記事を思い出して言った。

「なんでも一厘組とかいって、みろくの世になれば、出口王仁三郎が天皇の位にのぼるので、そのことを一厘の仕組《しぐみ》というのであるなどといっているそうで、その人たちの思想を、大本全部の思想と間違えられたのではないかと思います」

いくら考えてみても、それくらいのことしか直日には思い浮かばなかった。小川はそれを聞くと、自分の湯飲み茶碗《ちゃわん》を直日の前に出して、こう言った。

「たとえば、この茶碗が大本とすればなァ、その一厘の仕組は、あなたたちの知らぬよう

※【治安維持法】当初の目的は共産主義者の取締りのための法であったが、のちに反政府活動や言論抑圧の手段として利用された。1945年に廃止

な微々たる、あるいは、新しい信者であっても、その責任は、ここへ及ぼすで」

それは湯飲みの中心をさしてのことばだった。

「わたしは、心の中で――ヤッパリこれだった、こんな無茶なことってあるものだろうか――と、憤激にたえませんでした」

昭和十一年(一九三六)三月十日、すみこが綾部警察に呼ばれ、留置される。

その日、獄中で自ら命を絶った教団幹部・栗原白嶺《くりはらはくれい》(本名七蔵)の遺体が帰ってきた。弔問に行ったばかりの直日にとってすみこの件は脅迫感と絶望感に追い打ちをかけた。その夜遅く、すみこは帰宅したが、三月十四日には検挙され、それ以降、長い獄中生活を余儀なくされる。

ちょうどそのころ、大本検挙に来た警察官のなかに綾部近在出身者がいたが、休暇で帰省したときの母親へのことばが残っている。

「お母《かあ》、わしは長いこと警官はせんつもりや、こんな悪い所はないで」

また王仁三郎の住居の監視をしていた警官の一人は、直日の近くの者に手紙を書いてよこした。

「わたしは、こんどの当局の処置について、憤慨にたえぬものをおぼえます。長くそばにいてあげて、あなた方にわたしの力だけの便宜をはかってあげたいと思うが、命令で京都へ帰ったので、それがしてあげられなくなった。皆さん、からだを大切にしてください」
敵方にある警官からの思いも寄らぬ手紙は、直日たちの心に一灯を点じた。しかし「読後は火中に」とあり、発信者への迷惑を思い、手紙は仕方なく焼きすてられた。

みろく殿大屋根　両聖地の建物は全て破壊された（S.11）

昭和十一年（一九三六）三月十三日、起訴決定と団体解散命令が下された後、内務省は本部および地方をふくむ教団全建造物の強制破却処分を発令した。即日京都府に、同十五日には全国に示達された。まだ起訴されたばかりで裁判も始まっていない時点でのことである。それは当時としても違法な行為であった。しかも破却にともなう費用も大本に課せられた。この一点だけを見てもなりふり構わぬ手法と大本抹殺の意図が読み取れる。

新聞各社も当局に追従し「邪教大本」「王仁三郎悪人説」を一斉に書きたて、その名を全国に広めた。

四月から建物の破壊が開始され、売却できるものはすべて捨て値同然の価格で処分された。

「かくて明治二十五年一月から今日まで四十五ケ年間といふ永い間、地上に姿を現してゐた大本も根こそぎ地上から消された」（昭和11・5・24「大阪毎日新聞」）。それは徹底した破壊であった。

「謹慎中の身なれば」と題された、同年の直日の短歌である。


はじめての学芸会にもゆきがたき悲しき母を児よゆるせかし

あばかれた開祖の奥都城《おくつき》

昭和十一年（一九三六）五月、直日にとって耐え難い出来事が起こる。

それは開祖の奥都城《おくつき》（墓所）の移動である。当局は直日に立ち会いを命じ、直日の目前で開祖の奥都城が掘りおこされた。その柩《ひつぎ》を近くの共同墓地の片隅へ移し、ささやかな墓標だけが立てられた。その時の悲痛な思いを詠んだ直日の短歌である。


死して猶《なほ》安からぬ祖母ふたたびも逆賊の名に墓あばかれつ

吾《わ》が心臓石の如《ごと》くに脈うたずあばかれむとすも祖母の墳墓は
厳《げん》として微動だになきおほははの一生《ひとよ》の信念われにあらしめ

「衆人に頭を踏まさねば成仏出来ぬ大罪人極悪人なりとて……特高（特別高等警察）課長のさしずにて、腹部と思ふあたりに墓標は建てられしなり」。前記の歌に付記された直日の一文である。

王仁三郎、すみこ、日出麿、その他出口家の男性、教団幹部は全員囚《とら》われの身となり、教団大本のすべてが三十四歳の直日の双肩にかかってきた。

○

ある時、出口家の世話係として公認され、出入り自由の近松光二郎《ちかまつこうじろう》が、直日を訪ね、ちまたに流れる噂《うわさ》を伝えた。

「三代さん、死刑は一人や二人やないそうですすで。幹部みなや、と特高が来て言いましたがエ。そして大本の信者はみな船に乗せられて、どこかの海に沈められるそうですで」

餅屋《もちや》をしている近松の家にはしじゅう警察官が遊びにきて話しこんでいた。そこでの話である。それを聞いた直日は取り調べの時の小川警部補のことばが浮かんできた。

「昔であったら一家一門さかはりつけや」。取り調べと重なる世間の噂が直日の気持ちをさらに暗くした。

直日、留置される

昭和十一年(一九三六)六月二十九日、妊娠中にもかかわらず直日は、綾部署に留置された。ちょうどそのとき、家では三人の子どもたちがそろってはしかにかかり容態は厳しく、直日の心痛はひとかたならぬものであった。幸い医師のはからいにより九日目、留置が解かれ自宅に帰ることが許されたが、その折、取り調べにあたった小川警部補から、胸をえぐられるようなことばを投げつけられた。

「お前の父母および主人亡き後は、子どもらを日本国民として恥ずかしくないように育てよ」

身体拘束からは免《まぬか》れたが、その後も起訴されるのではないかという不安におびえなければならなかった。

とらはれの父帰らぬにこの母もあやふくなりぬ児等を如何《いか》にせむ
これが別れとなるやもしれず身に染めて子等の遊びをみまもりて居《を》り

その年の八月二日、直日に長男・梓《あずさ》(京太郎《きょうたろう》の幼名)が生まれた。古来、梓の木を庭に一本植えておくと、雷よけになり、一家を災難から守ると言い伝えられていた。生まれてきた長男を犠牲にしてでも、両親、夫、そして全被告を助けたいという切実な思いが、その命名には込められていた。

梓誕生の翌月、直日に対しては正式に起訴猶予処分が決定し、その知らせに胸をなでおろした。

そのころ住んでいた月光閣は、その名が不敬であるからと改名を命じられ、直日は「雑《ざっ》草居《そうきょ》」と名づける。そこには「神わざをなすのが原の玉草は踏まれにじられながら花さく」(王仁三郎詠)の歌にも似た不屈の心情が込められていた。

雑草居には「葛原《くずはら》けい」の表札が掛けられた。これは事件中に直日が使った名前である。その名は武田信玄《たけだしんげん》の嫡男・勝頼《かつより》が、その子・信勝《のぶかつ》とともに織田信長《おだのぶなが》に追われ非業の最期を遂げた後、武田一族のひとり・理慶尼《りけいに》が荒廃した墓所をたずねた時の歌からの引用である。

誰《た》れ行きて訪《と》はぬ御墓の秋風に恨みや深き田野の葛原

悲しい終焉《しゅうえん》を迎えた武田家と出口家が重なったのであろう。

獄中での拷問と信徒への差別

突如大本を襲った国家による弾圧は、まるで巨人が無抵抗の赤子の手をひねるような暴挙であった。直日の憤り、無念さはいかばかりであっただろう。獄中に囚われている王仁三郎をはじめ、多数の被告人、獄外の信徒たちもまた、直日と思いは同じであった。

取調室での調書は意図的に作成され、人権などということばはいっさい通用しない獄中で、激しい拷問が行われた。それにより獄死する者もあった。

むちうたばわが身破《みやぶ》れん破れなばやまとをのこの血のいろをみよ

幹部の一人・岩田鳴球《いわためいきゅう》(本名久太郎《きゅうたろう》)は壮絶な辞世の歌を残し、六十二歳で京都の中京区刑務支所で獄中死した。当局の死亡診断の所見は「脚気衝心《かっけしょうしん》のため病死」であった。しかし残された歌が、その死因を正直に物語っている。また信徒・宮川剛も同刑務所から重症のため京都の日赤病院にうつされたが、間もなく死亡している。引き取った遺体は、拷問のあとが顕著であったという。最終的には起訴された六十一人のうち十六人が死亡している。そのほとんどは過酷な拷問が原因であった。

取調官の意に反した言動の先には「死」につながる拷問が待っていた。たとえ事実に反した調書であっても認める以外に生き延びる道はなかった。

岩田の死を悼む思いは、生涯直日のなかから消えることはなかった。「水欲《ほ》りて」と題された直日晩年の短歌である。

水欲《ほ》りて獄舎に消えし岩田鳴球我がなく涙地軸にとどけ

岩田の死から八十年近くが経過しようとしているが、直日のねがいにより墓前には今も毎日、水が供えられている。

昭和十一年末までに検挙された信徒は九百八十七人にものぼる。投獄された被告人たちの悲惨さはもとより、獄外にある信徒も平穏ではいられなかった。新聞各社は一斉に「逆賊」「邪教」「反逆者」と攻撃した。信徒はまるで罪人あつかいにされ、悪罵《あくば》、嘲笑《ちょうしょう》、嫌がらせの限りを受けた。名前のかわりに「大本教！」などとよばれたり、村八分にされたり、耐えきれず住みなれた土地を離れる者もあった。

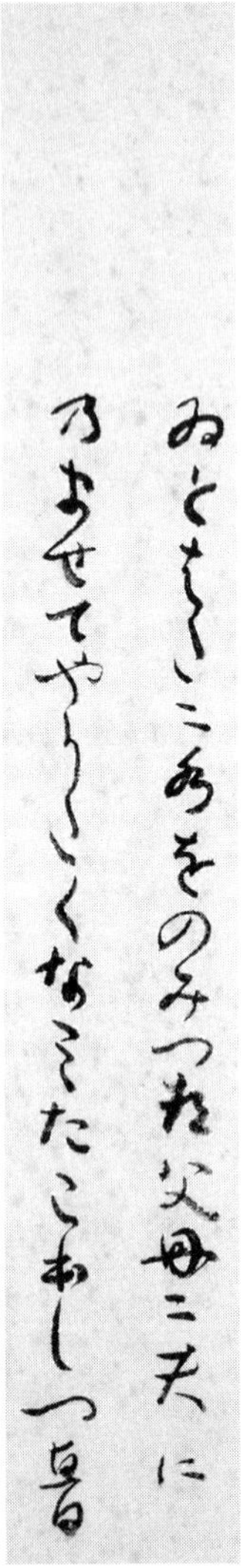

「井戸端に水をのみつつ父母に夫に　のませてやりたく涙こぼしつ　直日」

まとまっていた縁談が破談となったり、どちらかだけの信仰の場合、離縁させられたりした者もいた。大本信徒という理由だけで親族から絶交となった者など、弾圧がもたらした影響は計り知れなかった。

弾圧の余波は信徒子弟にも及んだ。学校に行けば友達から罵《ののし》られ、のけものにされ、教師からも露骨な嫌がらせを受けた。家に帰ってからも同様、近所の子どもたちからつまはじきにされるなど、心に大きな傷を負わされた。

日出麿、神仙の世界へ

王仁三郎についで当局が重視したのは直日の夫・日出麿であった。三十八歳という年齢、教団の次代をになう中心的な存在として信徒の信望もあつく、王仁三郎からも特別な信頼が寄せられていた。

それゆえ当局は、日出麿を重要な標的とした。勾留後から無抵抗の日出麿に対し情け容赦のない激しい拷問が加えられた。痩身《そうしん》だが芯《しん》の強い体はそれに耐えた。

日出麿と同じ京都の五条署に移送された王仁三郎の耳にも、拷問による悲鳴が聞こえた。

日出麿は竹刀で打たれ断末魔の悲鳴あげ居るを聞く辛さかな　王仁三郎

以下は日出麿の伝記『神仙の人』（講談社刊）の一節である。

「この五条署でのことである。深夜、森閑《しんかん》とした署内の独房から突然、日出麿の声が署内にながれた。

『できません』

しばらくしじまがあって、

『いや、わたしにはとてもできません』

その声に起きた近くの房の者は、息をひそめた。何がおこったのかと、いぶかった。その後、おなじような意味のことばが幾日もつづいた。看守も、最初のうちはやめるように注意したが、二、三日してやめないと分かると何も言わなくなった。日出麿の声を聞く者は、神がかりで問答をしていると判断した。それは、鎮魂帰神《ちんこんきしん》（※）の際の神主の問答に似ていたからである。

そして、一週間ほどたって、

『やります』

という声を聞いた。内容は判《わか》らないが、日出麿は応じたのである。神の〝黙契《もっけい》〟が成立したのであろうか。この直後、日出麿は祝詞を声高らかに奏上した。看守がとんできて幾度も怒鳴る。祝詞は終わった。同時に、神との問答は止《や》んだ。そして、そのときからわけの分からぬことを叫び、狂乱状態となった。

その〝やります〟とは何だったのか――。後日の経過から考えれば、神の命令ならばどんなことも絶対とする日出麿もさすがに、はじめはこれを峻拒《しゅんきょ》したと思われる。一週間の問答がそれを物語る。その葛藤《かっとう》がいかなるものであったのか、うかがうすべもないが、神は、日出麿が『やる』というまで押し通した。その瞬間、余人の介入を許さない『契約』が結ばれたのであろう。後述するように、断崖絶壁《だんがいぜっぺき》を跳《と》びこえるような人生の大転換の一瞬。自らの存在を賭《と》し、これ以上はない過酷な境界に身を投じたのである。

以来、妻や子供との団欒《だんらん》、知人・信徒との交流、つまり人間的な生活のすべてとの訣《けつ》別《べつ》がおこなわれた」

日出麿が現実世界を離れ「神仙の世界」へと入ったときの様子がそこに記されている。以後、その言動は常軌を逸するものとなり、意思の疎通さえできない状態になった。
一週間にわたる神との問答が何を意味し、最後に「やります」と受け容《い》れたのは何だったのか。神と日出麿だけの「神約」であり、常人には理解不可能な特別な世界での出来事としか言えない。日出麿以外に果たすことのできない「特別な使命」を命を賭して遂行するための人間社会との断絶だったのであろう。

骨はさけ肉は飛ぶともすめ神のみたてとなりて尽くさざらめや

若き日の日出麿の歌である。弾圧を境として、この歌のままの世界に日出麿は身を置いた。
第二次大本弾圧発生のちょうど十年前の大正十四年(一九二五)、日出麿は「花園よし子」の名前で不思議な短歌を残している。日出麿にとって絶対の師である王仁三郎に捧《ささ》げた短歌である。

百千年生きておはせよかにかくにわれは十年を君にささぐる

※【鎮魂帰神】終極の目標を主神との合一におく神法

この短歌からちょうど十年後、大本弾圧が開始された。自身の運命を予知するかのような一首である。

獄外で留守を守っていた直日には、獄中の日出麿に何が起こっているのか知るよしもなかった。しかし、その様子は風の便りに少しずつ伝えられてきた。

「獄中に日出麿先生病みたまふとや」と題された直日の短歌である。

たはやすく泣けぬわれかも帰り来て一人となれば涙にじみ来《く》

夢の如奇蹟《ごときせき》まちゐる人々にわが苦しみは語るべくもなき

大弁護団結成

法には法をもって

直日は「いずれ死刑」の噂が聞こえてくるなか、理不尽な国を相手にして「法廷闘争」を決断する。もう一刻の猶予もなかった。直日を中心として昭和十一年(一九三六)春には弁護活動への準備が開始される。何より必要なものは優秀な弁護士と弁護費用であった。

たとえ被告人たちが死刑になるようなことがあっても、一流の弁護士のもと、法廷で黒白をつけたい、「法には法をもってやらねばならない」、直日は、そう考えた。

なにも方策をとらず一方的な取り調べによってねつ造された調書で裁判が行われ、汚名を着せられたまま死刑、無期懲役などに処せられることになったら、神の名を汚し、獄内、獄外にいるすべての大本関係者に無限の悔いを残すことになる。いかなる結果になるとも被告人全員の口から真実を語らせてやりたい。それは直日の心底からの切実な願いであった。

しかし信徒の中には法廷での争いに対し否定的な声もあった。当局の弾圧も神の仕組んだものであり、時を待てばいい。やがて神の守護のもと問題は解決する。そう信じる信徒は、直日の方針に真っ向から反対したが、直日はそれには耳を貸さなかった。

「人間には人間のつとめがあるものと信じて行動いたしました」

直日の意を受け、信徒の弁護士、富沢効・三木善建・小山昇・根上信などが弁護団結成に向けて準備を進めていく。しかし皆、信徒としていつ検挙されるか分からないなかでの準備であった。

やがて東京では清瀬一郎（戦後、東京裁判の弁護団副団長、衆議院議長など歴任）、林逸郎（東京裁判弁護人、日本弁護士会長などを歴任）、京都からは赤塚源二郎・前田亀千代・竹川兼栄・鍋島徳太郎が、大阪・神戸からは足立進三郎・川崎斉一郎・高山義三（のち京都市長）・今井嘉幸が参加した。信徒の弁護士は前記四人以外に小山美登四・竹山三郎・高橋喜又が加わり、予審結審のころには弁護団は、総計十八人で構成された。

弁護団としての質、人数ともに昭和の裁判の中でも特筆される体制が整い、国を相手としての闘いが開始されることとなった。社会の猛烈な逆風の中、国家権力という圧倒的な力と組織に対峙《たいじ》する直日、弁護人各自の胸の内には、常人では推し量ることのできない覚悟が秘められていた。

直日にはじめて会った時、清瀬はこう言い切った。

「この事件は死刑にされるか、無罪になるかという事件です。自分は予審調書を見て無理な点のあるのを感じた。無罪を確信します」

このことばは、直日に自信と勇気を与えた。

また清瀬は裁判を引き受けるに際し、直接、京都山科《やましな》刑務所で王仁三郎に面会した。『古事記』『日本書紀』にあかるく、諸学に通じ、「教養のある」「正直で素直」な人柄であることに感銘を受けている。

昭和十三年（一九三八）五月二日、予審調書の真偽を確かめるため弁護人は全員そろって勾留中の王仁三郎ほか被告人数人と面談した。そこで異口同音に不当な取り調べの実態が伝えられた。弁護人は一様に義憤を覚え、事件の真相を白日のもとにさらすことを決意する。

この後、林逸郎は弁護人全員に向かい、「この事件を無罪とおもわない者は弁護を辞退してもらいたい」と裁判に向けての覚悟と意思を問うた。しかし、一人として身を引く者はなく、弁護人全員、無罪を確信して法廷に立つことが確認された。

弁護費用調達の苦労

諸施設の徹底した破壊、ただ同然での綾部・亀岡の境内地売却など、教団再建への道を完全に断つことを狙《ねら》った当局は、弁護費用に関しても調達を阻止するという方針をとる。十八人という大弁護団を抱え、法廷闘争を続けるには弁護費用はもとより弁護人の交通費、滞在費、諸経費など、一回の公判に三千円余りの大金を必要とした。当時、一軒の立派な家が建つ額であった。弁護費用だけでなく獄中にいる多くの信徒への差し入れの費用も要った。

当時、信徒三人が集まれば検挙という徹底した警戒が続き、本部組織はもとより地方組織も破壊され、連絡網は寸断されていた。そういった状況下での費用調達は、困難を極めた。

のどのかわきに水欲《ほ》る如《ごと》く金ほしき思ひ一途《いちず》なり路あるく間も
—弁護費なければ—

当時の直日の歌である。

誰も頼れる者がいないなか、計り知れない困難は直日ひとりの肩にかかっていた。直日は、ただ一心に神に祈り、可能な限りの方策を全力で講じていった。直日の意を受け、検挙をまぬがれた者らが有力信徒を訪ね弁護費用調達のために潜行した。

全国の主要な駅には警察の目が光っていた。弁護費用を受け取りに行くときは、主要駅を避けて小さな駅でおり、墓所などで受け渡しをした。資金提供者はもとより、命を受けて費用を調達に行った者、また直日に届けに行った者のなかにも検挙・勾留される者もあった。

北海道から度々亀岡に献金を届けていた信徒・宮本惇一郎も検挙された。宮本には激しい拷問が連日続けられ、自白を迫られた。

もし拷問に耐えきれず自白してしまったら迷惑をかけてしまう——

そんな不安にかられた宮本は、旭川の独房で自ら命を絶つ。いかなるときも信徒の幸せを願い続ける直日がどれほどこころを痛めたか、その苦しみは想像を絶する。

しかし監視下にあるなかでも、多くの信徒は隠密裡《おんみつり》に連絡を取り合い、身の危険をもかえりみず弁護費用の捻出《ねんしゅつ》に力を尽くした。献金は時を経るにしたがい全国に広がり、有力信徒だけでなく、個人や、五人から十人の小さなグループをつくってお金を出し合うなど、さまざまな形で行われた。献金のなかには、五十銭、一円など貧しい家計からのものも少なくなかった。内職のお金を積み立て、献金を続けた信徒もあった。こうしたまごころが、裁判闘争を支えた。

しかし費用が十分にあったことはなく、公判を前にして直日の手元に三十円のお金さえないこともあった。

ゆるぎない信仰

激しい弾圧にもかかわらず、大多数の信徒は、変わらぬ信仰を持ち、形の消えた〝教団〟を懸命に支え続けた。その一人、九州福岡の信徒・桜井たねの回想である。

「大本事件は、心のよりどころとなる方を奪われ、そして、三代さまのお暮らし振りなど拝するとき、まことに暗い寂しいものがありました。こうしたいい知れない心の寂寞《せきばく》が、また一方では、信仰的に私をもえあがらせたのでしょうか、こういうご苦難なときこそと……それからというものは、何というご因縁かと思うほど、道を歩いていても、どこにいても、絶えず教主（直日）さまのお顔が私のまなかいにあり、自分ながら不思議なくらいに、お慕い申し上げる気持ちが深くなっていました」

なかには、夏、わざわざ岡山からスイカを綾部まで持参し、直日宅に置き、黙って帰る青年の姿もあった。

第一次大本弾圧の折、破壊された本宮山神殿《ほんぐうやましんでん》を詠んだ直日の短歌、

よしやこの神のみやゐをこはすとも胸にいつける宮はこはれじ

この心は、直日だけでなく信徒一人ひとりも同様、極限の試練のなかにあっても〝形無き殿堂〟が消えることはなかった。

当局のスパイ網がクモの巣のように張られ、根拠のないデマにおびえていたころ、突然に直日をたずねた年老いた信徒がいた。

特高ではとの不安を抱きながら会うと、それは播州《ばんしゅう》の上郡《かみごおり》から訪ねてきた信徒・福本永太郎であった。若いころから大本一筋で歩んできた自分のため、直日に墓標を書いてほしいとはるばる訪ねてきたのであった。いずれ死を迎えた時、直日の書いた墓標の下で眠りたいと、危険をも顧みず訪ねて来たのである。確固とした信仰を持ち訪ねて来た福本のため、直日はただちに、生まれてはじめて墓標を書いた。

「福本永太郎之墓」。その裏に一首を書いた。

この後、平和な時代に入ってから、直日は、綾部・信徒奥都城で自らが筆を染めた墓標の前に立っていた。郷里にも建つ福本の墓石の裏には、直日の次の短歌が刻まれている。

この道を只《ただ》ひとすじにあがめきぬまどふことなくなほもゆかむと

日出麿との悲痛な面会

昭和十二年（一九三七）五月。弾圧前夜に別れてから一年五カ月振り、直日（35）に日出麿（39）との面会許可がおりた。すでに日出麿の病状は直日の耳には届いていた。しかし直日のなかには一縷《いちる》の望みがあった。

「噂が事実でなければよいが……」と。

面会室で十カ月の長男・梓（京太郎）を抱き、日出麿に成長した姿を見せた。

「元男さん、男の子ができました」

「知らんなア、覚えがないなア」

直日はことばを失った。

かすかな期待が音をたてて崩れ去った。そこにいる日出麿の目はうつろで、直日が「玉とこそ」と慈しんだ夫の変わり果てた姿があった。女の子が三人続き、夫婦は男の子を願っていた。その長男との対面。さぞかし喜んでくれるだろうとの期待は粉々に打ち砕かれ、目の前が真っ暗になった。

面会を終え、帰りの車中、保津川を眼下にしたとき、「死」が直日の脳裏をよぎった。幼い子を抱きデッキに出るが、汽車が揺れて直日の体がまた戻される。そんな場面が何度かつづき、気がつくと汽車はトンネルを抜け、春の緑に包まれた南桑平野を走っていた。

「あのときぐらい淋《さみ》しいときはなかった。山科から亀岡へ、どないして帰ったかわからん」

「私は天地が真闇《まっくら》になった思いで帰りました」

のちに語ったことばである。当時の直日の短歌である。

哀《あは》れみて人皆よまむ一家心中の新聞記事よ吾に羨《とも》しき

死にたしと吐息もらせばをさな子は死ぬなといひて膝《ひざ》によりくる

次の短歌はアルバムに貼《は》られた梓の写真の下に書かれている一首である。

長男・梓(京太郎)を抱く直日
写真の下に書かれた自筆の短歌

牡《おす》なくも卵うむてふめんどりのその卵よりかへりつる児か

○

しかし悲しみに身を委《ゆだ》ねることすら直日には許されなかった。

被告人として囚われている者のみならず、すべての信徒も直日に救いを求めていた。やがて直日の悲しみ、憤りは、当局の許し難い非道行為の事実を証すべく裁判へと突入していく。

その決意、意志を形としてあらわしたものがある。それは直日の付けた紋である。本来、出口の家紋は「十曜《とよう》の神紋《しんもん》」である。しかし、その紋は、すべて焼かれ、削られ、捨てられ、どこにも姿を留めていなかった。

今も亀岡天恩郷にある朝陽館《ちょうようかん》（教主公館）の直日の部屋には、一体の人形が置かれている。

その名は「木の花太郎《このはなたろう》」。「受難の人形」として大切に保管されている。直日が、十六歳の時に京都で購入して以来、いちばん大切にしてきた人形である。弾圧により、その人形に着せられていた着物の紋までも、当局によって切り取られた。

十曜の紋が許されなかった当時、直日がつけていたのは、「獅子《しし》と牡丹《ぼたん》」の紋。牡丹は古来中国で「花王」「花神」とも称され権力を象徴し、獅子は福を招き邪を払う力を持つとされた。

「せめて紋の上だけでもと、美しい花の権威を自分の紋にしたのです。私はあの時のああいう力に敗《ま》けておれないという気持から、牡丹と獅子の紋を使っていたのです」(直日)

紋には直日の強い決意が込められていたのである。

昭和十二年(一九三七)九月、弁護活動でのさまざまな打ち合わせ、準備などもあり、直日は綾部の雑草居(旧月光閣)から亀岡の中矢田農園《なかやだのうえん》に転居する。弾圧後、両聖地とともに強制売却されることになっていたが、一族にとって死活問題であるとし、弁護士らの尽力によってかろうじて残されたのである。同農園は弾圧中、出口家一族にとって、命をつなぐ大切な土地となった。

検事総長宛に告発

昭和十三年（一九三八）一二月、予審の終結が近づいてきたので弁護団は、事務所を京都市中京区高倉通丸太町下ルの赤塚源二郎弁護士宅に設置し、公判のための作業にとりかかった。

予審での取り調べは弁護人の介在は許されない。被告人の主張は一切入れられず予審判事の意のままにすすめられた。警察、検事の聴取書に基づき、当局の思いどおりに作文されていった。事実に反して捏造《ねつぞう》された予審調書は、裁判を戦う上で大きな障害となった。

その後、公判準備で被告人は検挙後、はじめて弁護人立ち会いのもと真実を自由に述べることができるようになり、前途に光明《こうみょう》が見いだされた。昭和十四年（一九三九）一月三十日、日出麿（出口元男）を最後に、すべての公判準備が終了した。

公判調書は「一万二千九百三十八頁におよび、事件の記録は合計十九万九千四十八頁という裁判史上での新記録」（「大阪毎日新聞」昭和14・3・18）という裁判となった。

○

昭和十四年（一九三九）三月十三日、突然、社会の耳目を集める告発が大本側弁護人・林逸郎からなされた。検事総長・木村尚達《きむらしょうたつ》宛の文書偽造行使の嫌疑という異例の告発であった。

調書を作成する時点において日出麿は取り調べができる正常な状態ではなかった。にもかかわらず、調書は理路整然としており、当局による捏造との判断に基づく告発であった。告発前年夏、林弁護人は三人の弁護人とともに獄中の日出麿に接見している。林は弾圧前から日出麿との面識はあり、六高の先輩でもあった。しかし日出麿は面接した林を判別することはできなかった。

その事実に基づき弁護人は、日出麿の精神鑑定の申し立てをし、刑務所の看守長、保健技師からも事情を聴取。裁判長は京都帝大医学部精神病学主任教授・三浦百重《みうらももしげ》に精神鑑定を命じた。その結果、次のような診断がくだされた。

「出口元男ハ現在真実ノ精神病ニ罹《かか》リ病名トシテハ精神分裂症が最モ疑ハシキモノナリ」

「現在異常ノ程度ヨリスレバ知性ノ完全ナル運用ハ全ク望ムベカラズ」

その発症の時期は昭和十二年(一九三七)三月ごろと推定されたが、昭和十一年(一九三六)二月には京都の日赤病院に入院させられており、実際の発症はそのころと推定される。

この三浦教授の正式な診断は、それまで「佯狂《ようきょう》(いつわりの精神病)」としていた警察側の主張を、完全に退けた。告発は「日出麿事件」としてマスコミも注目し、紙面で一斉に取り上げた。大阪控訴院で告発内容を調べ、日出麿の病床日記を取り寄せ、林弁護人からも聴取するなどの手を尽くしたが、最終的には不起訴処分とし真実はもみ消された。

しかしこの告発を契機として弁護団は、受け身から攻勢に転じていく。

「白妙の男の子となりて我は帰らな」

入院中の日出麿(41)は、昭和十四年(一九三九)十月、自宅療養の許可がおり、三年十カ月ぶりに一家が待つ亀岡の中矢田農園に帰宅した。痩身の身は、さらにやつれ、疲れ果てていた。帰ったのは現在、むめ乃(王仁三郎・すみこの次女)の長女・出口操《みさお》が住む家である。日出麿は帰ると、そのまま二階へあがり西北、綾部の方角に向かい端座した。そこには小さな窓があり、外が見える。よどみなく天津《あまつ》祝詞《のりと》、神言《かみごと》を奏上した。その声は、以前と変わらない力強いものであった。

帰宅して三日目のこと。筆をとり三首を短冊に染筆した。

わが父の御すがたなれや玉つしまいとむつましき御声するかも　　日出麿

かむながらたまちはへませ玉つ島かけて祈りし人に会ひたる　　元男

なに事のおはしますかは白妙の男の子となりて我は帰らな　五郎

玉津島《たまつしま》は、和歌山県の和歌浦《わかのうら》にある玉津島神社を指すのだろう。同神社の祭神は開祖なおとゆかりの深い「稚日女尊《わかひるめのみこと》（稚姫岐美命《わかひめぎみのみこと》）」。五郎は弾圧まえに使われていたペンネームの一つである。肉体は傷つき破れ、かつての日出麿ではなかった。しかし当局の拷問に屈することなく、見事「男《お》の子」として帰還した誇り、自負が詠みこまれている。

一連の様子を見て、このまま病状は回復するのではと期待をする者もいたが、この後、様子は元にもどり、とりとめもない言動が続いた。

ある日散歩から帰った日出麿が玄関に立ち、独語した。

「ここの家はどなたの家ですか、門札がありませんなあ」

「ここは先生のお家です。すぐに門札を作ります」

側近は、そう言って、ほどなく門札を作り、日出麿に渡すと、自らの名を書くことはなく、「有悲閣《ゆうひかく》」と書き、玄関に掛けるように指示した。まさに日出麿が、そして直日が置かれている状況を言い表したものであった。

わが夫の声音は昔にかはらねど瞳の色のとりとめもなき

こなごなにうち砕かれしわがこころもとにかへらむすべはなきかな
夫の名を呼びておもひきり揺すぶりなば或《ある》いは正気に帰りまさむか
君なくて一日をだにも生きがたきおのれの心いまぞしりたり

日出麿の不可解な言動は続き、直日の心痛はひとかたならぬものがあった。そんな直日に一条の光が射してくる出来事が起こった。昭和十五年（一九四〇）初夏のある日。それは後の出口宇知麿宅でのことである。

奥の間にいた日出麿が突然手に硯《すずり》と筆をとり、小走りに神前の間に進み、そこに立ててあった梨地の屏風《びょうぶ》に、スラスラと筆を染めた。それは弾圧以前と変わらぬ鮮やかな筆さばきであった。その様子を次の間から直日はジッと見つめていた。

はるかぜの吹きのはげしきうつそ身をみそなはすらむおからすの神

書き終えると日出麿は再び奥の部屋に戻っていった。

天にます「おからすの神」は激しいすさびの中にいる自分の姿を見守っておられる、との意であろう。すべては神意のままに運ばれていることを直日に伝えるためのものなのか。

おからすの神とは三重県津市にある香良洲《からす》神社の祭神・稚日女尊《わかひるめのみこと》（稚日女君命《わかひめぎみのみこと》）のことであり、それは開祖なおの神霊と言われている。書を前に直日は、「よい歌だこと」と讃美したのち、「私もこの返歌をかかせて貰う」と言って、二日が経過した。

「なかなかこの歌によせる返歌は出ない」

そう独語しながら、筆をとり、日出麿の歌の少し下に返歌を書いた。

吹きつくる風のはげしきわが夫《つま》をあはれみたまへおからすの神

日出麿からの一首は悲しみの深淵《しんえん》に沈む直日に大きな光となった。しかし、もし当局にこの書が見つかったら、再び「偽りの病気」と疑われるかもしれないと恐れた直日は、ひそかに和歌山の信徒・大谷瑞渕《おおたにずいえん》に屏風を託した。後に王仁三郎、すみこらも同屏風に筆を入れ、大本にとっては貴重な「神明屏風《しんめいびょうぶ》」として今も大切に保管されている。

神明屏風の件は直日の気持ちを癒《い》やし力づけたが、直面する裁判費用の調達、差し入れの手配、夫の看護、幼い子どもたちの世話など多忙を極め、心も体も真に安らげる時はなかった。

時として抑えきれない悲しみ、いら立ちは子どもたちに向けられ、自らのことばに心を傷めることもあった。しかし極限状態にあって直日の支えになったのもまた四人の子どもたちであった。

夫のそぶりおちつかぬ日は声高にものいふ子等を叱《しか》りつつあはれ
父のことといふなと言へば幼心に聞きわけたらむいはずなりぬる
時にわれ死を願ひつる心もて幼らの為《ため》いのち欲りする
追はれゐる獣の如きくらしにも笑ふことあり幼児とゐて

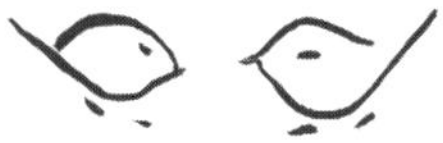

カット・出口直日

判決下る

砕かれた望み

弾圧から四年三ヵ月の時が流れた昭和十五年（一九四〇）二月二十九日、京都地方裁判所で一審の判決の日を迎えた。弁護人たちは尽くすべきを尽くし、無罪を信じて法廷に臨み、多くの信徒は無罪を真剣に祈っていた。

法廷に列した被告人は王仁三郎、すみこら、計五十五人。全員が入廷後、直ちに判決理由書が読まれた。その時間、三時間五十分。裁判所始まって以来の最長記録となった。そして被告人が起立させられた後、判決が言い渡された。

「出口王仁三郎無期懲役」

すみこは懲役十年。被告人全員が有罪とされた。被告はもとより、血がにじむような努力を重ねてきた直日らにとって、望みを打ち砕く判決であった。判決が言い終わると、林弁護人は立ち上がり、控訴を申し立てた。

公判では予審訊問《じんもん》調書が事実と相違する点を強調し、弁護人もそれを立証する弁論を行い、多くの証人も大本に有利な証言をした。しかし判決ではほとんどが予審訊問調書を証拠として採用。大本側の主張は無視され、あくまでも「大本抹殺」に向け、押し進められた。判決は一斉に全国紙、地方紙で報道された。地元京都の「京都日出新聞」（昭和15・3・1）は社説で次のように報じた。

「我等は犯罪の性質を社会通念的に判断し、一審の判決をもつて当然とするものである。恐らく控訴上告を重ねても之《これ》以上の減刑は望まれないであらう」

この主張は当時の国民の声を代表していたと言っても過言ではない。非公開での公判のため真実を知ることのできない一般市民は、弾圧当初の「邪教」「妖教」など徹底的に批判した報道をそのまま鵜《う》呑《の》みにし、それが根強く焼き付けられていた。

被告人には受け入れられない判決であった。

「弁護人や被告の主張を全然容れず、拷問と誘導訊問に依《よ》り作成された調書に基《もと》づき濡《ぬ》れ衣を着せてしまった」「第二審では必ず無罪になる」

有罪の判決を受けた後も被告人らは、大本信徒としての誇りを失うことなく二審に向けての決意を新たにした。

中矢田農園に響く「バンザイ」の声

第一審判決後、被告人全員が控訴し、法廷は京都地方裁判所から大阪控訴院に移る。新たに高野綱雄《たかのつねお》裁判長のもと、弁護人は第一審と同じ態勢で二審にのぞんだ。

法廷での高野裁判長の取り調べは終始慎重で厳しいものであった。各弁護人は調査・研究をすすめ、それぞれ核心をつく迫力ある弁論を行い、予審調書の虚構を突き、検察の主張を次々と崩していった。

また高野裁判長は、事実確認のため自ら京都中立売警察署まで出向き、大きな争点となっている収監以来の日出麿の状況を看守長、保健技師から詳細にわたって聞き取り、病気の経過と症状を調べた。その結果、高野は、日出麿の病気が偽りのものではないとの心証を得た。また当初から持たれていた疑惑、被告人の調書がすべて同じ内容であることへの疑義から、その任意性が検討された。

すでに弾圧から六年八カ月の歳月が流れる中、昭和十七年(一九四二)七月三十一日、「世紀の大事件」の二審の裁断がくだされた。信徒も早朝から大阪控訴院につめかけ、傍聴券を求めた。第三号法廷は開廷を前に二百人を超える傍聴者で満席となっていた。裁判所の外にも多くの信徒が駆けつけていた。

高野裁判長、二人の陪席判事、検事、弁護人が着席した後、裁判長は二時間半にわたる判決文を読み上げ、最後に主文が法廷内に響いた。

治安維持法違反、全員無罪

一審判決が完全に覆された。一審で「王仁三郎、無期懲役」の根拠となる罪名は治安維持法違反。しかし、治安維持法違反の被告人には、同罪に関しては、全員無罪が言い渡された。

不敬罪と新聞紙法違反(王仁三郎・懲役五年)だけが残ったが一審の判決から見れば、大本側にとっては勝訴にも等しい判決である。治安維持法無罪の判決に法廷にはどよめきが起こった。外にかけだしそれを伝えた弁護士の報を聞いた信徒は泣きながら肩をたたきあってその判決を喜んだ。受難忍苦の末に勝ちとった判決であった。

判決当日、直日をはじめ出口家は、中矢田農園の宇知麿《うちまる》宅に全員が集まり、固唾《かたず》をのみながら連絡を待っていた。張りつめた空気のなか、一本の電話が入り、治安維持法無罪の知らせが届いた。その瞬間、それまで座っていた大人も子どもも、全員が一斉に立ち上がった。部屋中に「バンザイ！」の声が何度も何度も響きわたり、子どもたちは、跳びはね、踊りながら、喜んだ。それまで「国賊」と言われ、息を殺すようにして生きてきた出口家の人らにとって、その「吉報」は筆舌に尽くせぬ喜びであった。

　信徒の弁護人・小山昇の回想である。

「あのときほど感激したことは、生涯のなかでありません。出口なお開祖が夢にあらわれたり、いろいろとふしぎがありました。神に使われているという実感もありましたので、勝訴だとは信じていましたが、しかしやはり不安でした。裁判の判決を聞いたときは、本当にうれしくて泣きました」

○

　治安維持法無罪について高野裁判長から、

「大本ノ根本目的タルみろく神政成就カ公訴事実摘記ノ如キ不逞《ふてい》ノ思想ヲ包含スルヤ否ヤ即チみろく神政成就ノ真意義ヲ把握スルニハ先ツ大本思想ノ基調ヲ成ス大本ノ宇宙観神霊観人生観即チ教理ヲ明ニセサルヘカラス」

　と前置きし、教義の中から、神と人の関係、祭神、立替え立直しなど細かく検証。いずれの教えも「理路整然」たるものとし、それらが公訴事実と異なると結論づけた。

第一審において重要な証拠とされた「予審調書」に関しては、

「予審ノ供述モ亦真実ニ非サルモノト断セサルヲ得ス」

と、証拠としての採用を認めなかった。

第二次大戦のさなか戦局の悪化で敗色が濃くなり、国が戦時統制を強化していくなかで下された「治安維持法無罪」。大本弾劾への圧倒的な世論、社会風潮を背にして治安維持法無罪の判決を下した高野裁判長の勇気は後々まで伝えられ、「裁判史上、特筆にあたいする」とまで言われた。

高野の姿を見てきた判事、書記官たちは、権力におもねることなく公正な判断を下すその姿に対し「あんな方はちょっとないでしょう。あれだけ世間でやかましかった事件を無罪にしたのには、勇気がいります」（書記・豊田真三）と信頼を寄せていた。

公平なる裁判はなきか今の世に大岡越前守《おおおかえちぜんのかみ》はまさずやと思ふ
死の刑もゑみてぞ受けむ黒白のけじめ正しくわかちたまはば

法廷闘争が進められるなか、直日が詠んだ短歌である。祈りに祈り、尽くすべきを尽くした末に「大岡越前守」は、直日の前に高野綱雄となって現れた。

当時、新聞は厳しい検閲下にあり、各紙とも判決の記事は目にも入らないような小さな扱いであった。弾圧発生時、大きく紙面を割き、事実無根の誹謗《ひぼう》中傷の記事が連日のように掲載されたことと比べると雲泥の差であった。

しかも見出しは「大本教の判決――不敬罪で処断」など、不敬罪有罪を印象づけるものがほとんどで、無期懲役の根拠となった治安維持法無罪に関する一般市民への周知にはほど遠い報道であった。したがって、「邪教大本」のイメージは、その後も長く払拭《ふっしょく》されることはなかった。

第二審判決後、原告、被告人、互いに上告し大審院に論戦の場が移される。

裁判費用の詳細は残されていないが約九年間にわたり、一流の大弁護団十八人を率い、第一審で百五回、第二審で百二十回の公判を維持するためには莫大《ばくだい》な経費を要した。これらの費用はすべて信徒の自発的な献金によるものであった。

報いうる日はいつのことか尽したまふ人をし見ればあせりて思ほゆ

王仁三郎、すみこらの保釈

第二審判決が下されてから五日後の昭和十七年(一九四二)八月五日、王仁三郎、すみこ、宇知麿、最後まで勾留された三人が、保釈され帰宅すると知らされていた当日のことである。

帰宅準備の手伝いに信徒の東尾如衣《ひがしおゆきえ》が訪れると、直日は、たすきがけに白鉢巻姿で働いていた。

七年近い歳月を経て王仁三郎、すみこが帰宅する。その間、想像を絶する困難を乗り越え、重圧と闘い、命がけで歩み続けてきた直日の姿を見てきた東尾は、うれし泣きに泣いた。

しかし異例の検事抗告により、この日の保釈は許されなかった。

その二日後の八月七日。保釈が実現し、直日も妹たちと大阪の拘置所に出迎えに行った。

「アア嬉《うれ》しいなア、こんな嬉しいことはない」

拘置所を出るすみこの顔は満面の笑みに包まれていた。王仁三郎らが大阪を発《た》ち亀岡駅に着いたのは午後六時過ぎ。夏の太陽は、まだ高かった。王仁三郎は、帰宅したあとも近くの娘たちの家に行ったり来たり、じっとしてはいられなかった。

王仁三郎にとっては昭和十年(一九三五)十二月八日以来、実に六年八カ月ぶりの帰宅。

平穏な日を取り戻した出口家一族（亀岡 中矢田）

このとき、王仁三郎七十一歳、すみこ五十九歳、直日四十歳、日出麿四十四歳であった。

その夜は、久しぶりの家族対面で王仁三郎、すみこのまわりには人が絶えることなく、夜おそくまで賑《にぎ》やかな談笑が続いた。もし直日が裁判闘争を決断せず成り行きに任せていたら、当局の意のままに処断され、この日を迎えることはできなかったであろう。

一つの大きな峠を越えた直日は、翌十八年（一九四三）六月、日出麿の看護に専念するため、亀岡から兵庫県朝来《あさ》郡《ごぐん》竹田町（現・朝来市和田山町竹田）に移り住むこととなる。

「

哀《かな》しめるわがまなかひに紅《くれなゐ》の梅の花びらゆれつつちりぬ

（昭和十六年）

」

第四章

昭和十八年―昭和二十六年

ひとすじの道

カット・出口直日

直日、日出麿と但馬竹田へ

王仁三郎《おにさぶろう》の涙

直日《なおひ》(41)が竹田に向かう前日、昭和十八年(一九四三)六月十六日、身内だけのささやかな送別の宴が持たれた。一夜あけ、亀岡を発つ朝、直日と子らは王仁三郎《おにさぶろう》、すみこら見送りの人たちにあいさつし、人力車で駅へと向かった。その姿が見えなくなると王仁三郎は二階に上がって、直日の姿を目で追った。

直日の姿が見えなくなるまで、部屋をあちこちと動きまわり、直日が見えなくなると王仁三郎は泣いていた。その様子は直日の妹たちの目に焼きついている。未決勾留《こうりゅう》からもどって直日との生活はわずか十カ月。直日は生誕以来、王仁三郎にとって特別な存在だったのだろう。「巨人」と呼ばれる王仁三郎の繊細な一面である。

同じ月の三十日、日出麿《ひでまる》も王仁三郎の郷里、亀岡穴太《あなお》の長久館《ちょうきゅうかん》から竹田別院に入った。竹田への転居に際し、直日は次のように記している。

「祖母の墳墓は暴かれ、財産は押さえられ、捕らえられた父、母、夫、その他の同志は、治安維持法違反と不敬罪に無理矢理当てはめる、はげしい拷問に遭い、あるものは自決し、私の夫は極度に脳神経を傷つき、虚ろになって帰ってきました。故郷綾部《あやべ》を離れ亀岡に移っていた私の心は、粉々に砕かれましたが、なんとしても子らを育て、夫を看護しつつ生き抜かねばと、山ふかく但馬《たじま》竹田に越し、百姓をすることにしました」

大本竹田別院

竹田別院の建物は昭和七年(一九三二)、王仁三郎の指示により購入された。母屋と離れからなり、土蔵も別棟であった。但馬の田舎では珍しい見事な邸宅で、直日一家が住むには十分な広さであった。

昭和十年(一九三五)の弾圧発生後、大本《おおもと》所有の建造物は取り壊されたが、竹田別院だけは破却をまぬがれた。そこには、町が警察当局に対して保存を働きかけたこと、もう一つは、王仁三郎が「竹田別院は普通の人家だし、宮さんのお泊まりになった家だから」と、処分申し出に同意しなかったことも破壊を免《まぬか》れた一因となったと言われている。

当時の竹田別院には電話、電気は通じていたが、水道はなく、井戸水を手押しのポンプで汲《く》み上げ、炊事は薪でかまどを焚《た》くという毎日であった。交通機関は播但線《ばんたんせん》しかなく本数も少なかった。車も遠く和田山から呼ぶしかなかった。

○

王仁三郎、すみこが六年数カ月ぶりに亀岡に帰ったその年（昭和十七年）、三千六百人を超える信徒が面会に訪れている。昭和十九年（一九四四）、保釈後二度目の正月は出口家二十人でにぎやかに迎えた。とりわけ正月は次々に面会を求める信徒があとをたたなかった。

同じ年の正月、直日は竹田別院で日出麿と子女四人、台所手伝いの福田小夜子《ふくださよこ》、桶田《おけた》さよ、諸事をとりしきる日向良広《ひゅうがよしひろ》らと静かに元旦を迎えている。その生活は寂しいものだった。

特に冬季は、その感をいっそう深くした。転居した翌年（昭和十九年）冬、直日が亀岡の波田野千枝《はたのちえ》に送った書簡である。

「但馬はききしにまさる雪ふかいところです。一日は冴《さ》えまさり、その夜から降雪、あくる日のひるごろから雪どけの音がにぎはしく、またそのあくる日は雪と、もうおそろしいやうです。人がいとはしくてのがれて来た但馬ですけれど、毎日毎日おなじ人の顔ばかり竹田に移って五年目（昭和二十二年）の短歌である。

年賀に来る人もなし元日をこたつに入りて居ねむりてをり

弾圧前、多くの信徒、親族とともに過ごした正月とはうってかわった静かな元旦《がんたん》であった。

ひたに百姓の道を

まだ事件が解決していたわけではなく、不敬罪有罪の汚名はそのまま残されていた。その状況下では竹田も安らげる場所ではなかった。

弾圧により頼れるものすべてを失い、荒海に一人投げ出された直日が農業を始めたのは、綾部から亀岡に転居して三年後の昭和十五年（一九四〇）春、ちょうど第一審の有罪判決後のころであった。

その前年、昭和十四年（一九三九）の夏、直日の胸に鮮明に焼き付いた農民の姿があった。その夏は干天続きで、稲の多くが枯れていった。直日の田も例外ではなかった。

そのころ、直日は同じ亀岡の穴太に住む妹のむめ乃を訪ねた。その道すがらのことである。田は白く乾き、ひび割れていたが、どの田でも農家の老若男女がバケツや桶《おけ》を手に懸命に水を運んでは田に注いでいた。その作業がどれだけの収穫につながるのか、知るよしもなかった。しかし、真剣な農民の姿は、直日の気持ちを大きく動かした。

中矢田に帰るとすぐに農事を担当している者に、農園にある井戸水をみんなで運び、田にまいてはどうか、と提案する。しかし担当者は、「こんな日照りにそれくらいは焼け石に水ですよ、もう稲には見切りをつけて、第二段の方策を立てようと思います」とにべもなかった。

しかし、その日以来、直日は洗面の水や、普通なら流してしまう水を一滴といえども無駄にせず、四人の子どもたちと一緒に田に注いだ。

その秋、農園の二町（二ヘクタール）余りの田からは米が二俵収穫できた。通常の収穫量とは比べものにならない量であったが、できる限りの手だてを尽くして得た、かけがえのない米である。それは直日ら家族がせっせと水を注いだところから収穫されたものであった。

この体験は、直日にとって農民として生きていく一つの原点になったものと言えるかもしれない。また直日の生涯変わらぬ姿勢、――いかなる困難に突き当たっても、人として、その時の最善を尽くす――を象徴するものであった。

「兵庫県朝来郡《あさごぐん》竹田町に移るにあたりて」と書かれた直日の短歌である。

　百姓の道にひたすらはげみゆかむ寂かなる生《いのち》をただ願ひつつ

直日は絣《かすり》の着物にモンペ、地下足袋をはき、手拭いに菅笠《すげがさ》をかぶり、まったくの百姓姿で、朝早くから、四キロも離れた山畑へ弁当を持って通った。田植えや稲刈りはもちろん、草刈り、薪取り、肥汲《こえく》みまで、皆の先頭に立って働いた。

農に取り組む覚悟で向かった竹田だが、当時、そこに田畑を所有しているわけではなかった。最初は一反三畝（十三アール）の畑を購入し、次第に増やしていき、昭和二十一年（一九四六）ごろには、田約一町八反（百八十アール）、畑約四反（四十アール）になっていた。しかしいちばん近くの田でも歩いて十五分、遠いところでは一時間を要し、耕作地は各所に点在していた。

慣れない土地で様子も分からないなかでの農作業は楽ではなかった。やせ地が多く不作がつづいた。戦時中、肥料の配給も少なく十分な収量を得ることができず、山中の耕地はイノシシに荒らされるなど予期せぬ苦労も多かった。

寸土を惜しみて山の斜面にも桑畑拓き麦を植ゑたり
畑仕事にひびきれて痛む手の甲《こう》を撫《な》でつつ夜半も此《この》夜半も覚む

荒れ地で木の根を掘りおこす開墾は、屈強な男でもたいへんな作業だったが、直日も鍬《くわ》を手に共に働いた。毎日一生懸命に働いても作業は遅々として進まず、やっと畑になっても収穫はほんのわずかしかなかった。

朝は四時過ぎに起き、夜の八時ごろ家路につくこともたびたびで、朝に夕に月を仰ぐ毎日が続いた。しかしそこまで働いても、畑も田も他の農家には追いつかなかった。

村人に笑はれながらこの夏も一番おそくまで田植してをり

当時、全国的に食糧が不足し、耕地面積に応じての供出が義務づけられ、収量の少ない田では、それさえまかなえず蓄えている米まで供出にまわさざるを得なかった。白いご飯が食卓にのぼるのは、正月やお祭りなどの特別の日にかぎられ、普段は切り干し馬鈴薯《ばれいしょ》のまざった食事だった。

「百姓をしながらお米が食べられないとは、なさけないなア」。そのころの直日のことばで戦局の推移にともない、食の状態はさらに悪化していく。しかし直日は、訪ねて来る信徒には乏しい生活のなかからも食事、おやつを用意し、さなぶりなどにはごちそうを作り、労をねぎらった。

日々の農作業に追われる中で直日は、子どもたちにも役割を与え、田植え、稲刈り、昼の弁当やおやつを田畑に運ぶ仕事、家畜への餌《えさ》やりなどをさせている。また肥汲みさえもさせた。

慣れない農事も年とともに、次第に地についていった。

農は日本文化の母体

次の一文は、後年、直日が記したものである。

「わたしの経験では、農の楽しみは、ものを産み出していく喜びではないかと思います。種を播《ま》く、芽を出す、こちらが力をそそいだだけの結果を、正直に、如実に示してくれ、そして実りを与えてくれます。土を耕す苦しみも、真夏の草とりの苦しみも、日々に育ち実っていく喜びが、はっきりと裏づけられているので、苦しみの中から喜びが流れてきます。それが疲れも忘れさせ、苦しみもいやしてくれます。こうした苦中の楽が、人の気持

亀岡の中矢田農園で田植えをする直日（S.27.6.17）

ちをやさしくしてくれ、かつ強靱《きょうじん》にしてくれ、豊かにしてくれます」

大本の教えの中で大きな柱となるものは「月日と土の恩」「天地のご恩」である。神の恵みにより与えられた火、水、土により万物は生かされ、はぐくまれ、そして浄化されており、それらへの報恩感謝を決して忘れてはならないとされている。開教以来、今も変わらず大切にされている教えである。

また直日は、日本の立て直しについて、また農民の地位についても言及している。

「日本の立て直しは、どうしても——農民を大切にすること——から始まらなければと思います……。

〈食〉というものが、私たちの人生にとって、人間社会にとって、どれだけ重要な地位にあるかは、誰でもがチョット考えてみれば分かることでありながら、実際には〈食〉について根本的なことがらが、あまり考えられていないのではないでしょうか。ことに食物をつくる〈農〉というものは、この現実において、何に先行さしても考えるべきことがらでありましょう。

政治は、百姓を大切にしてこそ、ほんとうの正しい政治が行われるのです。農を中心にしてこそ、国の経済も文化も、本当に立て直るものであることを、わたしはかたく信じます」

これは、農を通して、直日のなかで育《はぐく》まれた信念であった。

空襲警報下、決死の直日

竹田へ転居した翌昭和十九年（一九四四）十一月、東京への空襲が開始された。以後、大都市から地方都市へも大型爆撃機Ｂ29による無差別の爆撃が行われるようになり、各地が戦火に包まれた。

昭和二十年（一九四五）になると空襲はさらに激しさを増し、被害は広がっていった。そのような中、直日に救いを求めてくる信徒も少なくなかった。自らのことで精いっぱいの厳しい環境ではあったが、願いがあれば直日は、すべて受け容《い》れ、信徒のための住居も用意した。

和歌山の信徒・津田良則《つだよしのり》・順子《ゆきこ》夫妻が、同年一月四日、竹田別院で直日（42）に面会したとき、夫妻が聞かされたことばである。

「なんぼ神様のご守護があるというても、危ない所に居らんでもよいわ。うちらでも、もし敵が上陸して来たら竹槍《たけやり》とって防ぐし、山奥へ防空壕《ぼうくうごう》掘って逃げる。人間界の出来事は、人間で解決する」

津田夫妻とともに西野登美三、中村対介一家、三家族計二十二人が、そろって竹田へ疎開して来た。その後も戦況の悪化にともない、直日を頼り竹田に逃れてくる信徒が続いた。経済的に余裕のある者は家、田地を購入し、できない者には直日の耕地を貸し与えている。

信徒の安否を常に気にかけ、危険な地域に住む者に対しては繰り返し疎開をすすめている。

同年(一九四五)三月二十五日、姫路に空襲警報が発令された日のことである。防空群長の信徒・中野《なかの》高秋《たかあき》は防空頭巾《ずきん》に鉄カブト姿で、家の軒下で待機していた。その時、分厚い防空頭巾にモンペ姿で中野の家に懸命に走ってくる婦人の姿があった。よく見るとそれは直日だった。驚いて指揮を副群長に依頼し、直日を自宅内に招き入れた。緊迫した状況下、直日は中野に言った。

「このままでは市街地はとても危険だから、竹田別院へ疎開して来なさい」

それまでに何度も直日は中野に疎開を促していたが、中野は「郷土の人と苦楽をともにしたい」と誘いを断っていた。しかし空襲下、身の危険をもかえりみず信徒宅を訪ねた直日の気持ちを思うと、もうそれ以上抗することはできず、素直に従った。

疎開した中野に別院の一室を与え、さらに五枚の段々畑をもとめ、その二枚半を貸し与えた。しかし、それだけでは一家が食べていくには足りないと心配した直日は、地元のお寺が所有する土地の開墾を願いでて、それで生活できる環境を整えた。

中野につづき、姫路、飾磨《しかま》から坂本利弥一家、酒井英太郎一家、浜谷しげ母子、入江実次一家と疎開者は続いた。それらに先立ち昭和十九年(一九四四)には強制疎開で大阪の樅木《もみき》喬成《たかなり》・多年子夫妻が直日の勧めにより竹田に家を借り疎開していた。空襲の危険にさらされていた和歌山市の出口亭《でぐちとおる》・寿代夫妻も直日のすすめで、一家で別院に疎開してきた。

その後、姫路も大阪も和歌山も爆撃機による激しい空襲に見舞われた。

別院に、あるいは近くに疎開し転居してきた者は日ましに増えて、十二家族四十三人になっていた。転居当初、別院の台所にあった二升炊きの釜《かま》では間に合わなくなり、五升炊きの釜になっていた。竹田にきて初めて農作業をする信徒も少なくなかった。上り坂が延々とつづく山の上の田、歩いて一時間以上もかかる田での作業は重労働であった。

しかし直日、日出麿を慕って集まってきた信徒にとって、共に生活できるということが大きな喜びであった。大地に向き合い、黙々と農作業に取り組み、寸暇を惜しんで短歌、茶道、謡曲、仕舞に精進する直日の姿が、何よりの大きな励ましであり、心の支えとなった。直日、日出麿を中心として織りなされる和合の姿、それは、まさに大本が理想とし、目指す「神聖大家族」の具現とも言えるものであった。

虫ケラまでも助ける使命

直日が転居したのは、夫・日出麿の療養看護のためであった。当初、日出麿は離れ（南棟）の上段の間を居間とした。しかし、やがてその隣室に、それからさらに下の部屋に、翌年の昭和十九年（一九四四）春には別棟の土蔵部屋に移った。そこが竹田を離れるまで約七年間の仮住居となった。

土蔵部屋は階下に窓をつけ、六畳と三畳の二間に改造したものである。日出麿は、部屋にあるものを一つずつ取り払い、残ったのは布団だけとなった。

服装は木綿の袷《あわせ》の着物を着、厳寒のおりも火鉢、こたつなど使用せず、ズボン下も、足袋も身につけることはなかった。側近が、「寒中に毎晩こんなご状態で一体どうなることだろう」と心配すると、すかさず「これも行《ぎょう》だから」とことばが返ってきた。

「とにかく、こちらが心に思ったことに対して先生が鏡に写したように間髪を入れないで

ご返事をなさるのには、いつも驚きであり、おそろしいことでした」（石原綾羽《いしはらあやは》）

日出麿の状態を多くの信徒はこころを痛めて見守っていた。王仁三郎の元を訪れ、日出麿のことを尋ねる信徒も少なくなかった。どんなことでも回答を与える王仁三郎も日出麿のことについては口が重かった。しかしごく一部の信徒に対しては真意を伝えている。

亀岡の信徒・成瀬言彦が中矢田に王仁三郎を訪ねた時のことである。

成瀬　「日出麿さまのご近況はいかがでいらっしゃいますか」

王仁三郎「あれはご苦労なご用をしとるんやぜ。すこぶる力のある霊が邪魔ばかりするので、神さまがこれを改心させいと言わはるんや。こいつを改心させるには、誰かの身体に懸からせて修行させせんならんが、誰にでもというわけにはいかん。まァ、わしか日出麿しかあらへんが、わしの代わりに日出麿の身体に懸からせてあるんや。たいへんなご用やな」

ところが一カ月後、成瀬が同じ質問をすると先のことばとはまったく違い、否定的な答えが返ってきた。成瀬は納得できず、その後、三たび、同じことを王仁三郎の目をジッと見ながら尋ねた。

「ウム、おんなじこっちゃ」

しかし成瀬は引かなかった。その思いが通じたのだろうか、王仁三郎は成瀬を手招きして近くに引き寄せ、低く、力のこもった声で、こう伝えた。

「いまにな。もう一度、上げもおろしも、行きも戻りもでけんときが来るんやぜ……。そのときがきたら、誰が出てもアカヘンのや。日出麿だけじゃ。日出麿が神の威勢を出すのや。ほかには誰が出てもアカン」

王仁三郎のことばに、成瀬は涙を流した。

日出麿の側近の石原雍久《いしはらやすひさ》は王仁三郎からこうも聞いている。いちばん病状が厳しかった竹田への転居前、亀岡穴太の長久館時代のことばだけに石原には強く印象づけられた。

「いまは日出麿が六分、わしが三分、全国の宣伝使《せんでんし》信者が一分やっているのだ」

神が押し進めている神業、「みろくの世」建設の役割分担、また救済・救霊の比率と考えられる。王仁三郎が数字をもって示したことは、かつて昭和三年にもあった。この話は第二次大本弾圧で被告人の一人となった波田野義之から津田良則が聞いた話である。

直日と日出麿が結婚した昭和三年(一九二八)のこと。日出麿は、真っ青な顔で王仁三郎に嘆願した。

日出麿　「聖師さん、私の命を取り上げてください。とてもとても苦しくてたまりません。こんなことなら霊界へ行ってご用をするほうがましです」

王仁三郎「何を言っておる。わしはずっと毎日毎日そういう苦しみを続けて来たのじゃ。何もしないでいては耐えられないから、休まず神さまのご用をしておる。その間だけでも、救いを求めて来る霊や祈りの声が聞こえなくて済むのじゃ。わしのそうした苦しさの四分をお前に分けた。あと六分はまだわしが引き受けているのじゃ。今からへこたれてどうなる。しっかりせい」

約十五年の歳月を経《へ》て王仁三郎と日出麿の救霊の比率は逆転していた。

次のことばはいずれも王仁三郎から昭和十七年(一九四二)の保釈出所以降、信徒それぞれが聞かされたものである。

「お筆先《ふでさき》に〝餓鬼や虫ケラまでも助ける〟とあるが、日出麿はいま、蛙《かえる》や蛇の霊までも救っているのだ。この世で、まだ迷っている幽霊も救っている。あらゆる霊を天国へ運び上げるのが、あれの使命なのだ」(日向良広)

「大本の神業を妨害する悪魔が、わしを八つ裂きにして釜に入れ、殺そうとしたのがこんどの大本事件や。その悪霊がこれ以上、暴れないように日出麿の肉体に憑《つ》けてやったんじゃ。そのおかげで、わしは無事に刑務所から出所することができた。

お前らに憑けようものなら半時も体がもたぬ。狂い死にしてしまう。日出麿だからああ

して保っておるのじゃ」（南豊子《みなみとよこ》）
「日出麿は、わしより大きい仕事をするのやで」（植田朝成《うえだともなり》）
竹田に移ってからの日出麿は、直日の専心看護により、亀岡・穴太の長久館にいたころに比べ、少しずつ落ち着いてきた。

日出麿、敗戦を予告

側近の一人、樅木喬成《もみきたかなり》が見た直日と日出麿のやりとりである。連日のように戦勝が新聞で伝えられていた昭和十八年（一九四三）ごろのこと、直日が別院の離れにいるとき、日出麿がそこに入ってきた。直日が、

「先生、今度の戦争はどうでしょうか」と問うと、

「負けですな、アッハッハハ」

そのころ日本の勝利を確信していた樅木は、「先生のおっしゃることはいつも間違いないのだが、はて、おかしなことだ。日本は勝った勝ったと喜んでいるのに」と、首をひねっていた。

その後、戦局は悪化の一途《いっと》をたどり、太平洋上の日本の拠点は次々と占領され、サイパ

ンの日本軍も玉砕し、本土の制空権を失っていた。

○

激しく荒れる時もあったが、おだやかな時の日出麿は、弾圧前と同様、対面する者をさながら天国にいるような空気で包み込んだ。弾圧以来、途絶えていた俳句も竹田時代から再び詠みはじめている。そこからはかつてと変わりない日出麿のもつ静かですみきった世界が伝わってくる。

さききって朝静かなり桜花
枝垂桜《しだれざくら》に春告鳥《はるつげとり》や宵よろし
葦《あし》の穂に日溜《ひだま》りてけさの閑《のど》けさよ

また短歌も残している。

惟神《かむながら》たまちはへませ大本の不動の信《しん》にわれふるひたつ

そこには全身からあふれでる神業遂行への信念と決意がうかがえる。

戦時下のたゆみない精進

伝統文化の研さん

竹田時代の直日を語るとき、欠かせないものがある。それは、短歌、茶道、能楽、書道など、日本伝統文化への真剣な取り組みである。

王仁三郎は、真の芸術について、こう説いている。

「美の理想を実現するには、まず美の源泉を探らねばならぬ。その源泉に到着し、之と共に活《い》き、之と共に動くのでなければ実現するものでは無い。しかして其《そ》の実現たるや、現代人のいわゆる芸術のごとく、形体の上に現るる一時的の悦楽に非ず、内面的にその人格の上に、その生活の上に活現せなくてはならないのである。真の芸術なるものは生命であり、活力であり、永遠無窮《むきゅう》の悦楽あるものでなくてはならぬ」

直日は、この王仁三郎の精神を日々の厳しい精進により体現し、さらに深めていった。そして稽古《けいこ》事に没入することにより、身に降りかかってくる苦衷《くちゅう》をやわらげた。

稽古事に励みてをれば故郷の一日一日は早く過ぎ行く
何にかまぎらして生きむわが命歌つくる事もその一つなる

日出麿の看護、子どもたちの養育、日々の農作業に明け暮れる直日であった。しかしそのような生活の中で稽古事には、寸暇を惜しみ励んだ。のちに大きく開花・結実してゆく大本の芸術活動の起点となるのが、竹田時代にあるといっても決して過言ではない。

長年、直日の姿を見てきた次女の麻子《あさこ》は「私が母を偉いなあといつも感心するのは努力家であることです。努力することにおいては、決して人に負けません」と評している。さまざまな稽古事に取り組んでいるが、いずれも中途半端ではなく、相当なレベルに達している。王仁三郎、すみこの子として、生まれもった資質もあったであろうが、やはり直日自身の懸命な努力の積み重ねがあったからこそと言えるであろう。

夏山茂樹との出会い

作歌への精進は、直日の芸術文化への取り組みの中、もっとも太い柱と言える。

「直日先生は多芸多才にわたらせられるが、やはり短歌の作者であることを、第一にさしていただくべきとおもう。それは言霊《ことたま》が宇宙の生命であり、短歌は、その生命に直結していることもあるが、もっとも躍如たる先生のお姿を、先生の短歌にみることができる」

これは『出口直日作品集』の編集者の一人・山本荻江《やまもとおぎえ》のことばである。

少女・青年期、直日が置かれた環境も作歌するためには恵まれていた。

「父が歌を好きでしたので、歌の本が全部集めてあったのです。私は、少女雑誌などもあったのでしょうが、一冊も買ってもらったことがありませんので、自然父の書物を見ることが多かったのです」

恵まれた環境と自身の好みとが相まって、深く短歌に関《かか》わってゆくことになる。

直日が、長年学び深めてきた古典、歴史への造詣《ぞうけい》を、より深く感じさせるのも短歌であろう。直日は、万葉人の飾り気のない、素朴で率直な力強い歌風を好んだ。その一方で古今集、新古今集、山家集など、落花の散るにも似た歌の調べに哀愁をいだき、都人の洗練された優美さに魅せられた。また和泉式部の燃えるような情熱にも酔わされるのであった。

時代を超え、その背景を異にしても、作風にかかわりなく、その時どきに織りなされた人々の「こころ模様」と「日本の美しい情景」に、直日は共感と感銘を覚えずにはいられ作歌を始めたのは大正五年春、十四歳の時。維新の志士の歌にこころひかれ、自分の思いをそのまま歌にした。大正十一年七月、二十歳のころ、加賀の白山への旅の途中、岩田《いわた》鳴球《めいきゅう》から「アララギ」を手渡される。これが直日と現代歌壇との出合いであった。

「アララギだけは私の初恋のようなもので心の中にありました」

しかし「アララギ」にひかれながら、その選者・土屋文明《つちやぶんめい》と王仁三郎の対立のために入門をあきらめる。若山牧水《わかやまぼくすい》の「創作」、前田夕暮《まえだゆうぐれ》の「詩歌」（自由律）、中河幹子《なかがわみきこ》の「ごぎやう」といくつかの歌壇に属し指導を受けている。弾圧中、「ごぎやう」には「葛原《くずはら》けい」の名前で、当局の不当に対する抗議が込められた短歌も投稿されている。もし当局の目に触れれば追求・訊問《じんもん》される危険もあったが、直日は意に介さずこころのままを詠んで投稿した。

戦時下、昭和十七年（一九四二）には、日本文学報国会と大日本言論報国会が結成された。高名な文筆家、作家もペンを持つ戦士となり、活字も戦意高揚の役割を担わされた。それは短歌の世界にも及び、名の通った歌人までが体制に迎合していった。

時世の衣手ばやくきかへき歌人のそのさかしさにあきれてわれは
このごろは国粋主義がはやるとよきそひてつくれ世の染物師　汝歌人よ
われとわが心ぬくめて世の隅にひとりひそかに歌つくらんを

世の底にひとりなりともわれは吾のまことの心うたはんものを

国策に乗せられてゆく歌人への直日の厳しい視線が向けられ、二首目には「汝歌人よ」と付記されている。そこには時代の色に染まることなく歌人として〝自らの信念を貫け〟という怒りにも似た直日の思いが込められている。弾圧中、機関誌発刊が許されないなか、「ごぎやう」を通して直日の生活、心情を知ることのできる信徒は、さらに短歌を通して歌人としてあるべき姿を教えられることにもなった。また直日も歌誌を通して信徒の生活に気を配っていた。しかし、やがて直日は「ごぎやう」からも身をひいた。

そんな直日が竹田時代に短歌で大きな転機を迎える。

昭和二十年（一九四五）、直日が招いたお茶事の客で、田中という謡《うたい》の先生でお茶の好きな知人からある歌会のことを聞かされる。

「夏山（夏山茂樹《なつやましげき》）さんというて、上川口《かみかわぐち》（京都府福知山市内）にいまして〈丹波路《たんばじ》〉という雑誌を出していますわ」

そのひと言がきっかけで直日は上川口・教念寺《きょうねんじ》での歌会《うたかい》に参加した。歌の評も直日の気持ちに合い、夏山の人柄にも好感を持つことができた。当時、夏山は京都新聞歌壇の選と添削指導をしていた。終戦前後の不安定な時期ではあったが、夏山は毎月京都から欠かさず同寺に通っていた。

こうして翌二十一年、直日は「丹波路」に入会し夏山の門下に入る。直日の歌集『雲《う》珠櫻《ずざくら》』の後記で、その指導についてこう書いている。

「社交的ななまぬるさがなくて気持ちよく、といって必要以上にきびしくなく、作歌を志すものを育てようとの、手をとって頂くような懇切さで、あくまで研究的な真摯《しんし》なところに、こころを魅かれました。そしてこん日まで、先生の淡々とした、あきのこない人がら、誇張のない、品のある人がらにながく接するに及んで、私はこの師につくことのできたことを、有り難く思っています」

短歌の師・夏山茂樹と（昭和30年代後半）

「わたしに短歌のよしあしを教えてくれたのが日出麿先生で、最後に夏山茂樹先生です」

幾多の変遷後、たどりついた生涯の短歌の師、それが夏山であった。

直日にとって歌は自らの生きざまであり、真に生きるためのよすがでもあった。

後年、歌友にもらしたことばである。

「人は何かに自分の記録ぐらい残すことですね。それには、歌に残すのが一番よろしいね。私など、何もかも歌にうったえることにしています」

直日の短歌には、直日の「何もかも」が残されているのである。

生活と不離の茶道

短歌とならび、ひとすじに精進してきたのが茶道である。竹田時代は、より集中して茶道に取り組んだ時期と言える。

昭和十四年(一九三九)、十七歳から師事してきた長谷川宗美《はせがわそうび》が昇天した。身よりのなかった師のため直日は、親しい橋本瑞孝《はしもとずいこう》が庵主《あんじゅ》をつとめる京都の清泰庵《せいたいあん》に墓を建て、師への礼を尽くしている。その後は当時、裏千家《うらせんけ》の〝四天王〟の一人ともいわれた川那辺宗貴(昭和二十七年〈一九五二〉没)を師とした。

戦時中であったが直日は、毎月、宗貴を京都から竹田に迎え、夢中になって稽古を続けた。事件未解決中、寒村で過ごす寂しさを、戦時の耐えられないほどの重い気持ちを、直日は茶道に精進することにより和らげてきた。

「茶を一筋にならってきたことには、祖母との環境から、心の奥に享《う》けていた影響が、もっとも大きな力になっているようです。

いえば、祖母への慕情が、わたくしの胸の奥ふかくで、茶の真実を求める心情となって働いていたようです。

祖母は、食事をあがっている時も、その姿は、まことにしずかな、清い、高いものを感じさせる空間の中にいました。それでいて近よると、おだやかに、親しみぶかいものが漂うていました。

祖母との暮らしを懐古すれば、祖母の生活は、あれが、ほんとうの和、敬、静、寂そのものではなかったかとおもうのです。

神さまにたいしても、人にたいしても、わけへだてのない、敬けんなこころで、清潔そのものの日々を、つつましく歩まれていた祖母は、ほんとうの茶人であった、とおもっています」

開祖なおは、茶道の稽古とは無縁であった。しかし、その日常には、茶道の神髄である「和敬清寂」があり、直日が求めてやまない真の姿があった。

そのころ竹田別院で直日から茶道の手ほどきを受けた者は多い。

町の処女に茶道を教へ一日二日甲斐あるごとく勢ひてをり
此の町の四人のをとめ親しみを吾にもちゐて茶を習ひに来る

多いときは十人をこえる人に教えている。月謝はとらず反対に、ふくさ、なつめ、茶盌《ちゃわん》などを与えてはげました。

直日は、会合や行事のあとには必ず薄茶でもてなしたり、茶会に招待したり、終戦前後の荒《すさ》みがちな世相のなかにあって、すぐれた伝統文化・茶道に親しむ機会をつくった。こうして信徒のみでなく地元に茶人を育てた。その影響は、現在にまでおよんでいる。

農作業を終えた夜、雨の日にも手伝いにきている信徒や町の人にも丁寧に、ふくささばきから略盆点前《りゃくぼんでまえ》と順に教えていった。茶道は特別なものではなく生活に密着したものであった。

疎開で竹田に来ていた信徒・西野美佐子《にしのみさこ》も別院で直日に教えられた一人である。

「教主さま(直日)からお呼びいただきまして、お自らお茶の手ほどきをして、お薄を点《た》てられるまでお教えいただき、一点前ができるようになりますと主人をお招き下さり、私の点前を披露して下さいました」

別院で起居をともにしていた碓井香《うすいこう》(当時・桶田冨美子《おけたふみこ》)、また亀岡から毎月一度竹田まで通って教えを受けていた東尾如衣《ひがしおゆきえ》など、いずれものちに茶道を教え、生計を立てるまでに育てあげた。

碓井の竹田時代の回想である。

「そのころの私は何も分からぬまま、ただもくもくと略盆点前、小習事《こならいごと》、四ケ伝《しかでん》……とお教えいただきました。お部屋には教主さまと私の二人だけで、時のたつのも忘れてしまうほど、静かなお稽古であったことを覚えております」

ある日、日出麿が稽古中に茶室に来たことがあった。これは終戦の昭和二十年（一九四五）から直日の教えを受けた信徒・上坂豊子《うえさかとよこ》の思い出である。

稽古をしているとき、上坂が、ふと〝教主さま、日出麿先生ご一緒に召し上がっていただけたらなあ〟とこころのなかでつぶやいた。その思いは瞬時に日出麿に届いていた。間もなく日出麿が茶室に入ってきて、「お茶をもらおう」と、直日の横に座った。突然の出来事に慌て、「教主さま、どういたしましょう」と聞くと、直日はうれしそうに、「点ててあげなさい。ご神前にある聖師さまのお茶盌のなかで、あなたのいちばん気に入ったお茶盌で点ててあげなさい」と応じた。

急いでご神前に行き、上坂の目に入った濃い紫の一盌を運び、無心になって点てた。お茶は、きめ細かにやわらかに泡立った。日出麿は、美味《おい》しそうに二口ほど飲み、「さあ、どうぞ、奥さま」と直日にお茶を渡した。直日は、ほほ笑みながら、それを飲んだ。その仲むつまじい二人の姿は、上坂にとって生涯消えることはなかった。またそれは直日にとっても、うれしい出来事であった。

当時、多忙ななか、茶事をたびたび催している。のちに淡交会《たんこうかい》両丹支部幹事をつとめる山本宗貞（本名貞治）も客の一人だった。昭和二十二年（一九四七）の秋に招かれた夜咄《よばなし》茶事の記憶は晩年まで鮮明に残った。

「外が暗くなって席入りの案内をいただきました。一歩露地に出ると朝来川の川霧が一面に立ちこめており、露地《ろじ》行燈《あんどん》が優美な光を放っていて、とても素晴らしい。その素晴らしさには感激しましたね。その素晴らしさは今でも、同席した方々の間でお話に出ます」

これは茶事に招かれてから三十余年後の回想である。竹田時代、直日から茶事、茶席に招かれ、それを契機として茶道のけいこを始めた者は少なくない。

大本初の茶室建設

竹田時代の大きな出来事として茶室の建設がある。

それは直日にとって長年の願いであり、夢でもあった。茶道の師・川那辺の紹介により裏千家に出入りをしていた中村為七《なかむらためしち》（為斉《いさい》）が茶室建設の任にあたった。

中村は明治三十三年（一九〇〇）生まれ、郷里の福井県美方郡若狭《みかたぐんわかさ》から十八歳で京都に出て、町屋大工の修行後、裏千家御用匠の数寄屋棟梁《すきやとうりょう》・岡田永斉《えいさい》に弟子入り。岡田のもとで手がけた茶室は嵯峨野《さがの》の厭離庵《えんりあん》「時雨亭《しぐれてい》」をはじめ、大徳寺、天竜寺、寂光院《じゃっこういん》など名刹《めいさつ》の茶席など百を超える。国宝の改築・修理も多い。

中村が竹田に来たのは昭和十九年（一九四四）春。戦争も末期で「欲しがりません勝つまでは」「贅沢《ぜいたく》は敵だ」の戦時色が色濃くなってきた時代、茶室を建てようにも物資は少なく、一民間人が茶室を建設するなど、想像もできない時代であった。しかし、戦時という殺伐とした時代だからこそ、こころ安らげる静かな空間を必要としていた。

中村は、京都の知人をたのみまわってくぎや金具を手に入れ、昭和二十年（一九四五）の初めから建設にかかった。

その年の秋、猛烈な台風で近くの俵米神社《ひょうまいじんじゃ》境内の松・桧《ひのき》・杉・樅《もみ》などが倒された。地元には神社の樹木は用材として使わない慣習があり別院に相談が持ち込まれ、予期せぬ出来事で良材が手に入った。

ある日、中村の言葉が直日の耳に入った。

「この長さより短い木だけ燃やして下さい。これより長いのは燃やさないで下さい。また何かに使うことがあるかもしれませんから」

よほど小さなものでなければ中村は風呂《ふろ》やかまどで燃やすことを許さなかった。

「大工が木を大切に扱うのは、当たり前のことです。でも、教主さまは、その小さな心構えをかわれたのかもしれません。以来『お茶室は中村さんにまかせます』と、言うて下さりました」

中村は三年を費やし、十二坪の茶室を一人で建てあげた。四畳半本勝手の本席「掬水《きくすい》庵《あん》」と二畳台目「直庵《じきあん》」の二席からなり、本席は裏千家今日庵《こんにちあん》の「又隠《ゆういん》」の茶室をうつした。席は直日が命名し、こうして大本初の正式な茶室が綾部、亀岡にではなく、竹田に建設された。

建設の費用は、王仁三郎から出してもらったもので、教団の歴史上記念すべき初めての正式な茶室であった。戦争中、裁判も未解決で神苑《しんえん》整備も始まったばかりの当時のこと、教団の幹部からは茶室建設に対し抗議の手紙が直接直日に届いたこともあった。文化・芸術への取り組みを理解し、協力してくれる者はほとんどいなかった。

「苦しめられた思い出は、今もあたまを去りません」

直日の回想である。こののちも長く、直日が進めていく神業《しんぎょう》の足を引くこととなる。

昭和二十二年(一九四七)六月八日、茶室の完成奉告祭《かんせいほうこくさい》が執行された。しかし、その完成の記録を残す教団機関誌に「茶席」という文字は見当たらない。ただ「簡素な別席」と記されているのは、当時の教団内の空気を反映したものであろう。

茶室を建てた中村は、信徒ではなかったが、日出麿から見せられた多くの不思議な体験により、間もなく大本に入信し、直日から受けた「為斉」の名で生涯を通した。

土蔵での稽古

大正十二年（一九二三・直日21）から中野茗水《なかのめいすい》について始めた謡曲、仕舞、そして小鼓《こつづみ》、太鼓《たいこ》は、弾圧により中野が東京に戻ったため中断した。しかし、昭和十九年（一九四四）春、中野が東京から亀岡に疎開して以来、竹田別院、亀岡中矢田の両方を稽古場として、謡・仕舞の稽古が本格的に再開された。

まだ戦時中で住民への気がねもあり、三女・聖子《きよこ》は、「母は土蔵に入っては謡曲をうたったり、十三絃《じゅうさんげん》を弾いたり、小鼓をうったりするのです。友達と外で遊んでいますと、小鼓や謡声が時々もれてきたりするのです。その度に友達に聞こえないかと、ひやひやしたものでした」と、その時の心境を回想している。

弾圧のため「国賊、非国民」のレッテルを貼《は》られた大本信徒である。大っぴらに稽古ができる環境ではなかった。和田山駅では、竹田に向かう信徒に警官が目を光らせていた。そのような状況下、直日は土蔵の中で稽古を続けた。

竹田時代の逸話として今も語り継がれている、直日の稽古ぶりがある。

それは、中野の稽古を受けていたある日のこと。直日は発心し、仕舞「高砂《たかさご》」を百回続けて舞うことを決めた。稽古場に大豆を置き、一回終わるたびに一粒ずつ移動させて、その数を数えていった。

「百回もつづけて舞いますと、私のようなものでも、おのずからそなわる何かがあると見え——腰がすわってきた——とよろこんでいただきました」

直日の性格からして、その一番、一番が真剣勝負であったに違いない。

衰へて冬は臥《ふ》しゐる先生が春来れば起き出でて仕舞教へ給ふ

直日の真剣な姿勢に教える中野も老齢をもかえりみず手ほどきするのであった。中野は直日の稽古を次のように評している。

「終始気を入れて、何回でも熱心に習われ、人の前でなさる場合には、自身が充分自信をお持ちになるまで、繰り返し練習をお積みになります。かりそめに舞い、謡いなどなさりません。お仕舞には人を圧する威厳と、強い迫力を持っておられます」

高齢の中野は無理もできないことから、弟子の西崎弘《ひろし》（当時は高橋）が毎月おさらいに通っていた。麻子、聖子、手伝いの福田つな、日向喜子らも直日と稽古をともにしている。

直日は中野について宝生流《ほうしょうりゅう》を学んでいたが、早くから金剛流《こんごうりゅう》の謡曲・能にもひかれ、戦後間もないころ大徳寺の立花大亀《たちばなだいき》の紹介で金剛能楽堂を訪ねている。それから間もなく、茶道を通しての知り合いであった京都の水野春子の紹介で、昭和二十一年、竹田に金剛流宗家・金剛巌《いわお》（初世）を招いている。家元が「海人《あま》」を舞い、すすめられるままに直日は「高砂」を舞っている。その時の様子を金剛宗家から能画家・松野奏風《まつのそうふう》が聞き、書きとめている。

「宝生流ですな。一つお舞いやすというてすすめたら、恥ずかしい、いわはる。地イうたいますがナというと、金剛先生の地で舞わしてもらうとは、えらい光栄やさかい、お笑い草に、たら言うて、立たはりました。どうして、しっかりしたもので、余程の稽古ですな。第一にその魄力《はくりょく》の強いのにちょっとびっくりしました。教えた中野という人も、あれは相当なもんですナ。

何一つ知らん田舎のおばはんのようにしてはりますけれどナ、どうして、なかなかそうやおへんエ」

さらに、松野は次のようにも記している。

「能楽道のことは容易に許さぬ金剛氏が、未知の中野茗水先生に対し、直日様の『高砂』を通じ、文句なしの敬意を抱かれたことが、言外によく感じられた」

直日と松野がはじめて顔を合わせたのは昭和二十三年（一九四八）秋。松野の個展会場である京都の百貨店「大丸」であった。その時のことを松野は書き残している。

「中野先生があらかじめ会場でお待ち受けであり、いろいろと直日様の御風格も承ってい た。金剛氏の言われた『何一つ知らん田舎のおばはん』にいかに見えようと、それに誤られてはという警戒を私は忘れなかった。今考えてもおかしい。……

やがて私は、会場の画の前に、誰が眼にも教養あるをうなずかせる一女性が、足を止めていられるのを見た。私にはスグと直感できた。なにが『何一つ知らん田舎のおばはん』であろう。ここ京都という都会にいささかの不自然もなき文化人ではないか」

〇

松野との出会いにより直日は能画への深い関心を寄せ、昭和二十五年（一九五〇）春、多くの能画を依頼し残している。別院の別製の襖《ふすま》に能画「老松《おいまつ》」「難波《なにわ》」「住吉詣《すみよしもうで》」「大《お》原御幸《はらごこう》」「玉の井《たまのい》」「江口《えぐち》」の大作が、一階の間の欄間に「四季の花」、二階座敷の違い棚戸袋に「御所車と牡丹《ぼたん》・桜」が、それぞれ描かれている。

松野の能画が完成したのち、招待者を前に松野自身が「難波」の解説をしていたときのことである。

　思わぬことばが隣室にいた直日の耳に届いた。次の一文は、同年の直日のことばである。

「その場面は、ツレの天女である木《こ》の花咲耶《はなさくや》姫《ひめ》が舞を舞っているのをシテ（能の主役）である王仁《わに》博士《はかせ》が眺めている図なのですが、王仁博士は千字文《せんじもん》や、そのころ朝鮮、中国の文化を携えて日本に渡来し、日本に外来文化をもたらした貢献者であるし、木の花咲耶姫は日

松野奏風能画「難波」
ツレ・木の花咲耶姫（右）とシテの王仁（左）

本伝来の文化の神さまだと言われたのです。それを聞いているとき、私はふと百済《くだら》の王仁博士という名から、お父さんの王仁という名を連想したのです。そうしてその絵を見ていると、私が最近一生懸命歌の選などをしているのを、お父さんが観ていられて喜んでおられるような気がしてきましたのです」

　それまで直日には一抹《いちまつ》のわだかまりがあった。祖母・なおは生涯筆先を書き続け、母・すみこも、神さまひと筋に仕えてきた。一方、直日はというと、少女時代から馬に乗り、剣道に夢中になり、長じては短歌、茶道、仕舞などに励んできた。そうした自分の歩みを、祖母や

母に対して申し訳なく思い、どこかで引け目を感じていた。

松野の説を聞いたとき直日は、「私の現在の責任に対して、何だかふッと気が軽くなってきました」と話している。

硯《すずり》と筆のある生活

竹田でも書道は欠かさなかった。京都武徳殿《ぶとくでん》時代、「木《こ》の花暁丸《はなさとまる》」を名乗っていたころからすでに独学で習字を始め、多くの短冊や半紙に作品を残している。筆法にもこだわることなくのびのびとした書からは、直日の純粋でまっすぐな世界が感じられる。

十四歳の折に染筆し、今も朝陽舘《ちょうようかん》の客間に掛けられることのある「天地和合」（口絵参照）の書は、雄渾《ゆうこん》な筆致で見る者を圧倒する。

弾圧すこし前に信徒の大山美子が習っていた能勢照郷（本名秀四郎）の仮名の手本を目にし、それにひかれ、竹田時代も京都に通い、またときに郵送などして能勢の手ほどきを受けている。

直日の書について、綾村坦園《あやむらたんえん》（本名勝次《かつじ》、日本書道美術院審査員）は次のように評す。

「あれほどまでに完璧《かんぺき》な、行成流《こうぜいりゅう》の和様書風を習い込んだあとに、ご自分の書風を築き上げられたのであるから、偏することなく、浮ついた軽さがなく、いきり立ったイヤ味が感じられず、ギスギスと骨張らず、みずみずしいウルオイのある書は、いつまでながめていても、見あきしないものである」

松野奏風も初めて直日の書を見た時の印象を次のように伝えている。まだ直日との面識がないころのことである。

「亀岡の中野先生のお室に掲げられてある『おきなさび云々《うんぬん》』の御歌の色紙にはじめて接した時、それを直日様と気付く前に、何よりその文字のうるわしさに目を奪われた。雅醇《がじゅん》という詞《ことば》があるが正にこれである。しかも仮名書には珍しい雄勁《ゆうけい》の筆力である。一瞬、それを古人の筆かと私は思った」

竹田時代、別院離れの二階の居間には、つねに硯《すずり》と筆がおかれており、いつでも稽古ができるようになっていた。紙が不足していた当時、包み紙一枚もむだにせず、稽古に使った。

直日の晩年、教団機関誌の記者が撮影のため直日を訪ねたおりのこと。習字の手本楷《かい》書《しょ》の「いろは」を横に置き、一枚の半紙が真っ黒になるまで何度も稽古を重ね、文鎮をはずし半紙を取り替えるのかと思っていたら、それを裏返し、何度も筆を運ぶという場面を記者は見て驚かされている。天地間にあるすべてのものは「神から与えられた」ものであり、それを生かすことは教えの基本であり、それは生涯変わらぬ直日の姿勢であった。

短歌、茶道、能楽、書道のほかにも水墨、スケッチにも取り組み、竹田時代にも多くの絵を描き残している。いったん始めたらとことんやり抜くという姿勢はすべての稽古事に共通していた。

○

直日は、後年、いちばん苛酷《かこく》な状況下にあった時代のことを次のように回想している。

「人間は真剣に生きること、真剣な気持ちで生活することが大切であります。これは真に人生を楽しみ、真剣に生活を味わって生きることであると、言いかえることが出来ると思います。私が農の暇《いとま》に歌を詠み、歌の道に精進しましたのも、大本事件解決のため生命《いのち》がけで弁護活動をしていましたころに、きょうだいと茶の湯に遊びましたのも、真に農に生き、農事そのものの中に生命を楽しむためでありまして、茶の湯の遊びも、また同じことであります。世に生命がけで絵を描くとか、生命を打ちこんで陶を作るというような言葉がありますが、生命がけで真に遊ぶことが、真剣に生きることにもなります。

私はそれぞれが真に生き、幸福になることが教《おしえ》の実践であり、みろくの世をきたらす法であると思っています」

直日にとって伝統文化への精進は、ただの習い事とは次元を異にした、「教えの実践」であり、「みろくの世」招来への足がかりでもあった。

弾圧下での子育て

優しさと厳しさをもって

直日が竹田時代のことを記したものである。

「特高刑事の監視がつづき、世人から鮸《にべ》もなく浴びせられる、好奇な冷たい視線に堪えねばなりませんでした。追われる獣のような暮らしに、夜は心が顫《ふる》え、とりとめない夢もみた私の吐息は、死を欲す思いさえこもっていたものを、つねに私を力づけてくれたのは、第一に幼子の、母なる私への無邪気な仕種《しぐさ》でした」

肉体的にも精神的にも追いつめられた思いの日々を送るなか、直日の気持ちを支え癒《い》やしたのは子どもたちであった。直日が、どれだけ子どもたちのことを気にかけていたかという一つの逸話が残っている。各種稽古、歌会、また昭和二十一年の大本再発足後は教団の用務で直日が竹田を留守にすることが多くなってきた。その都度、竹田の蔵の鍵《かぎ》を預かっていた桶田さよの回想である。戦後のどさくさのころ、但馬《たじま》の田舎でも、あちこちで強盗の被害が伝えられていた。

ある日、別院を離れるとき、直日は桶田にたずねた。

直日「私は、あなたに蔵の鍵をあずけておくけど、強盗が入ってきたらどうする？」

桶田「強盗が入ったら、この鍵を渡して『どうか子どもさんを傷つけないで下さい』と言います」

直日「私は安心して子どもをあなたにお預けしていきます」

弾圧中、直日の四人の子どもたちも言われのない中傷に傷つけられた。教師から露骨に「国賊の子」とののしられることもあり、大本の子、王仁三郎の孫であるがために辛《つら》い体験をさせられた。本来なら同級生たちと楽しく学べるはずの学校で、ひときわつらい思いをすることが多かった。

しかし理不尽な中傷に対して、直日は理《り》をわけてその非を子どもたちに教えた。

三女・聖子の回想である。

「事件中ですから、学校でいろんなことを言われるんです。『あんたとこの、おじいさんはなあ、天皇陛下の乗られる白馬に乗っとったから、警察に入れられたんや』。そうかなあとそんなこと言うんやったらな、今朝、表を馬車引きのおじさんが通ったやろ。白馬を引いておるやないか。あの馬車引きのおじさんはどないなるんや！」と言うのです。

確かにあのおじさんは白馬を引いて走ってる。今朝会ったなあ、こらおかしい―と思うんです。母は私が学校で言われてきたことに対して、いちいち反発して答えてくれますので、何も悪いことしたわけやない、というふうに、子ども心に安心するんです。このことは非常に幸せなことだったと思ってます」

右から直日、聖子、麻子　竹田別院の茶室で（S.19 元旦）

王仁三郎、すみこが獄中にあるとき、聖子も直日に連れられ、面会に行っている。

「子ども心に、牢屋《ろうや》は悪いことをした人が入るということは知ってました。ですが、聖師さま、二代さまがたが入っておられる刑務所に行っているくせに、悪いことをしたから面会に行っている、悪いことをされたから牢屋に入られた、という暗い気持ちは全然ありませんでした。それは親の態度であったと思います」

弾圧についての世評など気にせず、無罪を確信する直日の心意気が、子どもたちに不安や負い目を感じさせない楯《たて》となった。しかし、学校でどんないじめを受けようとも、病気以外には絶対に休ませなかった。

当時「戦勝」を誇示する国やマスコミに対する直日の批判は正しくきびしいものであった。

これも聖子の回想である。

「戦時中のことですが、新聞には、日本が勝ったと書いてあるんですが、朝、その新聞を読んでたら、母が『そんな新聞、嘘《うそ》ばっかり書いてある。読むな！　日本が勝っとるわけない。負けとるんや！』と言っておこるんです。

私らは学校で軍国主義の教育を受けているのに、家に帰ってきたら母がそんなことを言うので『うちのお母さんは非国民とちがうやろうか』と心配したことがあるんです。終戦のときでも、みんなシュンとしてるのに、母は『アーこれでよかった』と言って喜んでいました。私は〝そんなこと言ってもよいんやろか〟と心配したものです」

直日は、「政府の鼻先ばっかり窺《うか》ごうとるでなあ」と、毎日配達される新聞に目を通すことはほとんどなかった。弾圧中、「嘘ばっかり書かれた」という体験が、報道への不信を一層増幅させていた。

寝るときは、子どもたちをならべ「里見八犬伝《さとみはっけんでん》」や現代語訳された「今昔物語《こんじゃくものがたり》」などから本を読んで聞かせたことが、のちに「本好き」の子どもたちを育てた。

直日が、よく歌ったのが平家の悲話を歌う「青葉の笛」（明治三十九年〈一九〇六〉）、楠《くすの》木《き》正成《まさしげ》・正行《まさつら》父子決別の「桜井の別れ」（明治三十六年〈一九〇三〉）、西南戦争を歌材とした「孝女白菊《こうじょしらぎく》」（明治二十一年〈一八八八〉）など、哀調を帯びた大人の歌であった。幼い子どもによく分かる歌詞は「動物園のらくださん」だった。

動物園のラクダさんまんまるお月さん出た時は
遠いお国の母さんとおねんねした夜を思い出す

この歌を聞きながら、まだ幼い梓《あずさ》は、「ラクダさんがかわいそう」と言って泣いていた。麻子は、「母は、かわいらしい声をしていました。『音楽の成績はよかったんや』と自分で言っていましたが、高くてきれいな声でした」と回想している。

また植物を愛した直日は、子どもたちを連れ、季節の花を見によくでかけた。春の草摘みも、子どもたちの楽しい思い出である。花が目に入ると、それをいとおしむように万葉集の歌を口ずさみ、それをまだ小学生の子どもに教えた。「子供だから何を言っても分からないだろうから、ということはありませんでした。子供に対しても、子供に分かる範囲

の言葉で、丁寧に教えてくれました」（麻子）

細ごましたことを言ってしつけるということはあまりなく、放任に近い教育であった。しかし「嘘をついたり、ごまかしたりすることは絶対にいかん」と、この点については厳しく、晩年になっても「嘘つきは大きらい」とよく言っていた。食事の時は食器の持ち方、箸《はし》の持ち方、その作法は厳しくしつけた。

ことばづかいにも厳しかった。自分の置かれている立場、そして対者の立場、その関係を軽視した態度やことばは許さなかった。

他方、こんな一面もあった。聖子の回想である。

「私が小学校の三、四年のころには『こうこうやけど、どう思う』と相談を持ちかけてくれるんです。母は私を一人前扱いしてくれてるわけなんです。

一人前扱いをしてくれるとこっちもうれしいですからね。で『こやないのか、ああやないのか』と意見を言うと『ウーンそうか、あんたの言うとおりやな』と、子どものことだからと言ってバカにしないで、本気になってその意見をとりあげてくれるわけです。そういう面で、こっちの自尊心が非常に高められて、うれしかったもんです。……うちのお母さんは、こっちがまともなことを言えば、ちゃんととりあげてくれる……と、うれしく思いました」

耀盌《ようわん》顕現《けんげん》

王仁三郎の楽茶盌

竹田時代のことで特筆すべきは、のちに「耀盌《ようわん》」と呼ばれる王仁三郎作の楽茶盌にまつわる出来事である。この「点」はやがて「線」となり、のちに不思議な展開へとつながっていく。その端を開いたのは直日であった。

王仁三郎の茶盌づくりは大正十五年（一九二六）にさかのぼるが、弾圧で中止を余儀なくされた。再開したのは保釈出所翌々年、昭和十九年（一九四四）師走、近所に疎開してきた京都の陶工・佐々木松楽《ささきしょうらく》宅であった。

王仁三郎は、まるで地下のエネルギーが一気に大爆発したかのように全エネルギーを土塊に注いだ。長い獄中生活をへた老齢（当時73）の体を気づかい、すみこは無理をしないようにと言うが、王仁三郎はこっそりと自宅を抜けては松楽宅へ出かけていった。

その茶盌づくりを目にした王仁三郎・すみこの娘婿、出口虎雄《でぐちとらお》は次のように書き残している。

「一刀一礼の心を込め、おのが生命を吹きこむような茶盌造りである。……彼が茶盌の着色をするおり、いったん佳境にはいると、目にもとまらぬほどの早さで、絵の具の色の見さかいもないような筆さばきで、緑をぬり、紅をぬり、黄をぬってゆく。ぬるというより色をうばって叩《たた》きつけるような激しさである。見ていると、どうなるものかと案じられるが、焼きあがってみると、色それぞれは澄み切って少しの混濁もなく輝いていた」

分類すれば伝統的な楽焼だが、できあがったものは誰も見たことのないような鮮やかな色使いのものだった。こうして未知の茶盌ができあがる。

その数は一年余で三千個以上。茶盌以外の茶器も含むと五千を超えるとも言われている。

それを褒める者がいれば、王仁三郎は惜しげもなく与えた。だが、その真の価値を見いだす者はまだ無く、なかには灰皿として使っていた人さえいた。陰ながら王仁三郎の茶盌を評価していたのは、ほかならぬ直日であった。

「『朝野《あさの》（直日）が来るとかなわん。わしの一番良い茶碗《ちゃわん》を持っていってしまいよる』と父は言いながら焼き上がった中の一番良い茶盌をこれは朝野のや。――これもや――とウチにのけておいてくれるのです」

「もっとお茶に使える茶盌を作ってくれればよいものをと思いつつも、驚きというか、よく見ればみるほど、華麗なままにしっとりと眼に沁みてくる美しさに、思わず吐息をもらしたほどです」と茶盌を手にして直日は語る。

こうして竹田から亀岡に通っては、王仁三郎が焼き上げた茶盌を持ち帰っていた。しかし、茶盌がどれほどのものなのか、魅せられながらも直日自身にもつかみきれないでいた。これをいちばん最初に評価したのが金重陶陽《かねしげとうよう》（本名勇《いさむ》・備前焼作家・のち人間国宝）である。

昭和二十二年（一九四七）秋、直日は陶陽の家を訪ねた。ほどなく陶陽は自宅訪問の返礼のため竹田別院の直日を弟の素山《そざん》（本名七郎左衛門）と訪ねる。その折の茶室での様子を陶陽は、次のように述べている。

「五十点ばかりも耀盌をならべて見せて下さいまして、このうち一番よいと選ぶのを一点下さるとおっしゃいました。そうなりますとこちらは焼きもの作りですから、試験官の前に座らされたも同様です。じいっと見せていただきまして、四、五点別によけさしていただきました。けれど、どれということがなかなかきまりません。そうすると弟のかげになっていた一点がぱっと眼にとまった瞬間、ぴかりと脳底をうって腹の中を渦巻くようにそれが映じたのです。――ちょっと、おまえ（素山）の前のをとってみい――と弟に言いましたが、弟もそれと思っていたらしく、しぶしぶ取り出して渡してくれました」

陶陽、素山、二人は期せずして同じ茶盌を選んだ。

「手にしてみますと、気品のある絢爛《けんらん》たるもので、しいたけ高台にけずられた土の味わいと言い、これは大変なものです。直ちに――これにさしていただきます――と申し上げました。直日先生は――それがお気に入りましたか、私の一番よいと思っていたのを取られまして私も嬉《うれ》しいです――とおっしゃいました。このことばは相当な人でもちょっと、言えないことばなのですが、その時は、天にものぼる喜びで上ずっておりまして私の耳はそれが感じられない状態でした」

近代陶芸の巨匠の一人陶陽の眼識と直日のそれが一致したのである。そのときのことを当時、竹田に住んでいた津田良則に、直日は次のように話している。

「これをといわれて（陶陽が）取られたのが、自分でも一番良い茶盌でした。それで自分の目にくるいのなかった事が知れてホンマにうれしゅうおした」

その茶盌には王仁三郎の筆で「天国廿八《てんごくにじゅうはち》」と箱書きされていた。弟・素山は「御遊《ぎょゆう》」の一盌を選んだ。

直日から陶陽、素山に渡った二点の楽茶盌が、翌二十四年（一九四九）、岡山伊部《いんべ》の陶陽宅で、美術評論家の加藤義一郎《かとうぎいちろう》の目にとまる。加藤にとって衝撃的だった。

その茶盌評を加藤が主幹を務める「日本美術工芸」誌の三月号に掲載している。

「質はラクヤキである。形は十全具備の茶盌で、作は光悦《こうえつ》と宗全《そうぜん》に優《まさ》るとも劣らない。絵は南欧の、陽光の下に生まれた後期印象派の点描を偲《しの》ばせ、ルリ、緑青、黄土、エンジ等、みな日本離れした冴《さ》えにかがやく。殊に刷《は》き上げるエンジの色は妙に美しい。若《も》しこんな茶盌を見たといったら人は信ずるだろうか。（中略）私はこれこそ明日の茶盌だといった。若しもこんな茶盌が日本の陶工によって追随することが出来るとしたら、茶道は楽々と世界の舞台に上るに違いない筈《はず》である。

しかし、誰がこの大天才の大芸術に追随し得よう。誰がこの無我の芸域に入り得よう」

その茶盌の呼び名を加藤は考えた。

亀岡で作陶に励む王仁三郎
（第二次弾圧前）

「美盌・秀盌・麗盌ではあきたらない。もっと真底からの輝きが名にもほしい」

王仁三郎の茶盌を表現することばを夜おそくまで辞書と首っ引きで考えたのが「耀盌」である。「耀」とは星光、星の輝きを意味する。

夢にみた桜との出会い

直日が、竹田に転居して初めて迎えた昭和十九年の春のこと。

別院離れの二階から庭を眺めているとき、視界に映った桜に直日は目を見張った。その桜は綾部周辺の野山を馬に乗り駆けめぐっていたころから夢に見た桜の姿であった。それが一度だけでなく、「おおらかに爛漫《らんまん》と咲きしずもる夢の光景に、私はしじゅう置かれました」というほど、何度も夢のなかで見た憧《あこが》れの桜であった。

直日の歌集『雲珠櫻』には次のように記されている。

「春立てば、この美しい桜樹のもとに、誰がさそいかけるでもなく、近在のこころやさしい方々が、集いよって来られました。実利にのみ、こころ失われている人の多い世にも、風雅を知る人が、冬ながい但馬の郷に住んでいました。……

或《あ》る春の花の蔭《かげ》で、誰かが、このさくらは何でしょう、と言い出したのに対し、尾知山《おちやま》さんは『これは雲珠桜《うずざくら》ですよ』と応《こた》えられました。藤原さんはその場で、雲珠桜という題の書画帳をつくられ、みなでよせがきをいたしました」

雲珠桜は、謡曲「鞍馬天狗《くらまてんぐ》」にも出てくる桜である。

「ほんとうにそうであればと半ば悦《よろこ》び、半ばいぶかしみつつ、植物学者の竹内敬《たけうちけい》（亀岡中学教諭・初代花明山《かめやま》植物園長）先生に、その花の枝をお届けしてみていただきました。先生から『これは山桜の一種で雲珠桜といいます』と教えていただいたときの、喜びの極まった思いは、今も忘れることができません」

直日が長年にわたり夢に見た桜と現実世界のなかで出会ったのである。種でなのか、苗でなのかは不明であるが、直日の天恩郷《てんおんきょう》における最初の家・葉がくれ居のほとりに、また朝陽舘へと登る坂道沿いにも雲珠桜は植えられている。

現在、竹田別院にある雲珠桜は、直日が目にしたものではなく、そのひこばえ、子孫である。不思議なことに直日が竹田を離れた後、当時の雲珠桜は枯れ、代替わりをした。

事件解決から新生へ

治安維持法無罪に対する検察上告は、大審院において審理された結果、昭和二十年（一九四五）九月八日、二審判決に誤りはないとして棄却され、治安維持法は無罪が確定する。同年（一九四五）十月十七日に大赦令が公布され、不敬罪も解消した。

大本弾圧事件は解決した。弁護士たちは亀岡の中矢田に集まり、国への損害賠償請求を王仁三郎に進言しようとした。しかし、王仁三郎にその意思はなかった。

「こんどの事件は神さまの摂理だ。わしはありがたいと思っている。いまさら過ぎ去ったことをかれこれ言い、当局の不当をならしてみて何になる。賠償をもとめて敗戦後の国民の膏血《こうけつ》をしぼるようなことをしてはならぬ」

王仁三郎のことばに従って、賠償請求は一切しないことに決まった。事件中、タダ同然で綾部町、亀岡町に強制的に売却された境内地も、再び大本に返還され、晴れて大本の神苑が復活した。

昭和二十年(一九四五)十二月八日、事件発生からちょうど十年の歳月を経て、地元綾部から寄贈・移築された武徳殿(彰徳殿《しょうとくでん》)で、第二次事件解決奉告祭が王仁三郎、すみこ臨席のもと執り行われた。

かつての神苑は荒れ果て、昔日の面影はなかったが、グランドとなった場所に神木の榎《えのき》だけが変わらずその姿をとどめていた。

事件によって本部、地方機関すべての組織は消滅しており、連絡網もないなか、面会におとずれた信徒の口づて、また私信で祭典執行の旨が伝えられた。祭典当日は千五百人もの信徒が集まり、王仁三郎の先達《せんだつ》で万感胸に迫るなか、声高らかに天津祝詞《あまつのりと》が奏上された。

この後、すみこの先達で事件関係の物故者《ぶっこしゃ》や祖霊慰霊祭《それいいれいさい》が行われた。祭員も平服で仕える簡易な祭典であった。

祭典後、一同は本宮山《ほんぐうやま》に登り、破壊された長生殿《ちょうせいでん》礎石を前に感謝の祈りをささげた。国賊の汚名を着せられ隠忍の日々を送ってきた信徒は、それまで内に秘めてきた信仰心を一気に昇華させるかのように、大本再建に全力を注いだ。荒れ果てた聖地復興が最大の課題であった。

カット・出口直日

二代教主の時代へ

王仁三郎の昇天

昭和二十三年（一九四八）一月十九日、王仁三郎は波乱の生涯に幕を閉じ、天界へと帰っていった。

獄死せざりし父よと思ひ安らかに死にしなきがらに涙を流す

激しい世評にさらされながらも、屈することなく、神命のまにまに自ら信じる道をひたすら歩みつづけた七十六年六カ月の生涯であった。大本が「愛善苑」として再発足して二年、王仁三郎の葬儀の様子が報道され、大本が存在していたことを知った国民も多かった。王仁三郎亡きあと大本がどうなるのか、国民も注目していた。信徒の中にも行く先に不安を覚える者もいた。しかし道統は二代教主・すみこに継承され、毅然《きぜん》とした指導のもとに新しい時代へと入っていった。

王仁三郎の昇天後、直日もすみこを助けて、本部行事への臨席、また各地に出かけるなど、補佐役としての用務が増え、昭和二十五年（一九五〇）ごろには、月の半ばを亀岡で過ごすようになる。

綾部・亀岡、両聖地も信徒の懸命な奉仕作業によって荒れ果てた神苑も日を追って整備されてゆき、昭和二十四年（一九四九）十二月八日には亀岡の至聖所《しせいじょ》である月宮宝座《げっきゅうほうざ》が完成した。

直日の子どもたちも成長した。昭和二十年（一九四五）四月、長女・直美《なおみ》が家口栄二《やぐちえいじ》と結婚。栄二は出口家の養子となる。同二十三年（一九四八）、三女・聖子は京都の同志社中学に入学、長男・京太郎《きょうたろう》（梓）は亀岡小学校に転校し同二十四年（一九四九）、同志社中学に入学する。同二十五年（一九五〇）、二女・麻子は兵庫県立生野《いくの》高等学校を卒業した。いずれも竹田を離れていった。

晩年の王仁三郎

神事「歌祭《うたまつり》」の再開

直日を中心とした一部の信徒で短歌、茶道、謡曲・仕舞、書道が地道に取り組まれていたが、その輪をさらに広げてゆくため、昭和二十四年（一九四九）八月六日、夏の大祭当日、「楽天社《らくてんしゃ》」が結成された。昭和二年（一九二七）、王仁三郎により設立された「明光社《めいこうしゃ》」の後身となるもので文化・芸術全般にわたって実践と普及を図るための任意の芸術集団であった。

その背景には、直日（47）の強い後押しがあった。十六人の役員の筆頭に直日の名が掲げられ、代表には義弟・出口虎雄が就任した。

楽天社が果たした役割の一つに「歌祭《うたまつり》」の再開がある。歌祭は上代、神事として日本民族のなかに定着していたが、時代が下るにつれ、やがて途絶える。それを昭和十年（一九三五）、王仁三郎が復活させた。歌祭では、歌垣《うたがき》と呼ばれる壇の中央に、素盞嗚尊《すさのおのみこと》による日本最初の和歌と伝えられる八雲神歌《やくもしんか》、

八雲立《やくもた》つ出雲八重垣妻《いづもやへがきつま》ごみに八重垣つくるその八重垣を

の短冊が、ご神体としてかかげられる。三人の舞姫《まいひめ》による潔斎《けっさい》の舞に続き、弓太鼓《ゆみだいこ》に合わせて信徒の献詠歌《けんえいか》が朗詠《ろうえい》される。

大本では、八雲神歌には、世界の国々が、国家間の有形無形のさまざまな障壁を吹き払い、世界平和を実現したいとの願いが込められていると説かれている。

大本再発足後、初めての歌祭が催された場所は、天恩郷ではなく、大阪の住吉大社《すみよしたいしゃ》〈昭和二十五年〈一九五〇〉三月二十六日〉であった。主催は楽天社《らくてんしゃ》である。

直日の献詠歌

世界平和のさきがけとなれ住吉の宮居にひらくけふ（今日）のみまつり

すみこにとっては弾圧当日の昭和十年（一九三五）十二月八日、島根別院において執行された歌祭臨席以来の歌祭であり、その献詠歌には当時の回想と再開の喜びが詠まれていた。

天恩郷での歌祭再開は、昭和二十五年（一九五〇）、夏の大祭当日、透明殿《とうめいでん》跡で開催された。斎主《さいしゅ》は出口虎雄、舞姫は出口麻子、出口聖子、出口元子《もとこ》の三人であった。王仁三郎の復興した歌祭と舞台の設定に大きな違いはなかったが、舞姫は能衣装をつけ、舞も仕舞の動作を基本とする形へと変化していた。その振り付けは、中野茗水の後、宝生流の稽古指導をしていた西崎弘による。そこにも直日の意向が色濃く反映されている。

直日の献詠歌

なつみつつみちゆく吾をさやかにもみちびきたまへこよひてるつき

歌祭は、この年から夏の大祭の重要な神事として定着し、今日にいたっている。直日は、歌祭は大本の節分大祭の潔斎神事とならぶ大切な〝神事〟であると説いている。

直日初の陶芸、茶盌百個を

昭和二十五年（一九五〇）二月、再発足後、王仁三郎の意思を継承し、楽焼専用の「瑞月窯《ずいげつがま》」が築かれた。

瑞月窯ができた翌昭和二十六年（一九五一）、京都の陶芸家・宇野三吾《うのさんご》の好意により、京都清水に桃山時代から続く名窯「柏山窯《はくさんがま》」が大本に寄贈され、同年夏、亀岡に完成した。寄贈のきっかけは宇野が耀盌に魅せられたことによる。その年、花明山工房《かめやまこうぼう》も完成し、すみこによって「かめやまようげいどうじょう」と命名され、その名を大書した濡《ぬ》れ額《がく》が掲げられた。
窯場にも、同様にすみこの筆で自作の短歌が掛けられた。その歌。

ひのごおんみづのおめぐみつちのおんこれがてんちのかみのみすがた

なおに始まる大本信仰の柱を、そのまま短歌にしたもので、それを陶芸の生命として、直日のために掲げてくれた。直日の陶芸への興味を呼び覚ましたのは王仁三郎の耀盌であった。

「金重陶陽先生と加藤義一郎先生によって、はっきり茶わんへの眼を開かしてもらいました」（直日）。こうして、作陶への道を歩み始めることになる。最初のてほどきをしたのは金重陶陽であった。

陶陽は陶芸への導入として、直日にぐい呑《の》み百個をつくるように言った。王仁三郎が手ひねりで造ったように、直日もロクロを使わず、一つ一つを手ひねりで造っていった。陶陽の指示は百個であったが、直日は千個以上のぐい呑み、百個以上の茶盌を造った。これが直日にとって陶芸への出発点となった。

さらに同じころ、陶陽作の茶盌への絵付けもかなりの数をこなしている。こうして直日の作陶への取り組みは、次第に本格的なものとなっていく。登り窯が移設されて間もなく金重陶陽の弟・素山が、窯の管理などをするため単身、岡山から亀岡に移り住んだ。

窯出しの温み残る茶碗一つづつむしろの上に置きならべ行く
わがつくる壺の数ふえ村しぐれ日毎に庭の木の葉染めゆく

直日の姿を詠んだすみこの短歌も残る。

瑞霊《ずいれい》(王仁三郎)のあとがま継《つ》いで直日こ(子)が朝から晩まで土ひねりをるなり

陶陽に手ほどきを受けた翌昭和二十七年(一九五二)、嵯峨保二《さがやすじ》の紹介で石黒宗麿《いしぐろむねまろ》(陶芸家)が直日の指導に訪れている。石黒は人間国宝の制度ができ、陶芸の部門で最初に指定を受けた陶芸家である。荒川豊蔵《あらかわとよぞう》・金重陶陽・加藤唐九郎《かとうとうくろう》・宇野三吾らと日本工芸会の結成に加わっている。

名誉欲、金銭欲とは一切無縁の石黒。既成の組織、官展などとは一線を画し、晩年は京都八瀬《やせ》に窯を築き、作陶を続けた。その石黒が、直日の元をたびたび訪れ、ロクロ、釉《ゆう》薬《やく》の指導をした。石黒が他界するまで直日との親交は続き「師と弟子」の関係であった。

石黒は直日の陶芸を次のように評している。

「時どき訪ね、釉薬など作ったりして、直日さんの仕事ぶりも、その作品もみてきた。直日さんは私を先生と言って居られ、また先生と思っても居られるようだ。しかし私は反って多くのものを学ぶことができた。

それは、人間性が作品に現れ、宿命的にどうにもならない天から与えられたもの、如何《いか》にさからっても仕様のないものがあるということである。これには深い人間性と高邁《こうまい》な精神と教養、それに天賦の愛情が、如何なる技術をも超えて立派な作品になってくるということである。

現代の陶芸に欠けるもの即《すなわ》ちこれなのだ」

ロクロに向かう直日と金重陶陽

石黒が直日の指導を始めてわずか一年後の評である。石黒は直日への指導に際し、難しいことは言わなかった。ロクロの中心に、土の塊をおき、土の中心に、おや指を立てることのほかは、何も教えず、「思うままに作りなさい」と言った。直日は、その指導に素直に従い、安心してロクロに向かった。

「そのうち、『初心を忘れるな、手なれるな』と戒めてくださったのは、備前の金重陶陽先生です。なにげない優しさで『じょうずに作った茶わんより、その人らしい作がらがひきつけます』といわれ、それに力づけられて、素人は素人らしく、自分のものを作ることを心がけました」

直日は、書と短歌に関しては、常に師を持ち、その導きを大切にしてきた。師を持つ意味を「人間というものは、自己満足に陥りやすい悲しい半面を、もっていると思うからです」と自身で語っている。しかし、陶芸、絵画に関しては、最初から師をもたず、自らの思いのままに歩みを続けてきた。

「霊筆」すみこの書

直日が陶芸を始めたころ、大本にとって誰も予期しなかったうれしいことがおこった。それはすみこの書にたいする識者の評価である。最初にそれを見いだしたのは書道芸術院審査員・女流書道協会理事の稲垣黄鶴《いながきこうかく》であった。昭和二十四年（一九四九）十月、東京芝の美術倶楽部《びじゅつくらぶ》で開催された耀盌展会場でのこと。仕事がら、黄鶴は茶盌の横に置かれていた箱書きに目がいった。「てんごく」の文字が視界に飛び込んできた。それは衝撃的な出合いであった。稲垣は、晩年、すみこの書を次のように評している。

「既成の書法、理屈に当てはまらない書。あえてことばにするなら霊筆とでも言うほかない。普通の人間では絶対に書けるものではない」

毒舌家で知られた北大路魯山人《きたおおじろさんじん》も、その書を認めたひとりである。書、画、陶芸など万能芸術家として、また食通としても、その名は知れわたっていた。人間国宝の指定を拒否するほどの自信家であった。事実、それだけの実力を備え、高い評価も得ている。

その魯山人が客人として伊部《いんべ》の陶陽宅で備前焼に取り組んでいるときのことだった。尊大さが随所にあらわれ、その態度が目にあまってきたとき、ふと陶陽の脳裏にすみこの書が浮かび、いつも食事をする部屋の床に掛けておいた。

部屋に入るなり魯山人の目は床にくぎづけとなり、しばらく視線を離さなかった。その反応は陶陽にとって十分すぎるほどの手応《てごた》えであった。さっそく魯山人は亀岡を訪ね、すみこに会った。それからすみこと魯山人の親交が始まる。鎌倉の書斎にすみこからの手紙を飾り、来る人ごとに自慢しながら見せるほどの執心ぶりであった。

「斯《か》くの如《ごと》き、芸術的能書《のうしょ》が、今日もあることは、不思議なことのやうです。高野の大師も太閤《たいこう》様もあったものでありません。偉大なる能書として私は尊重します」

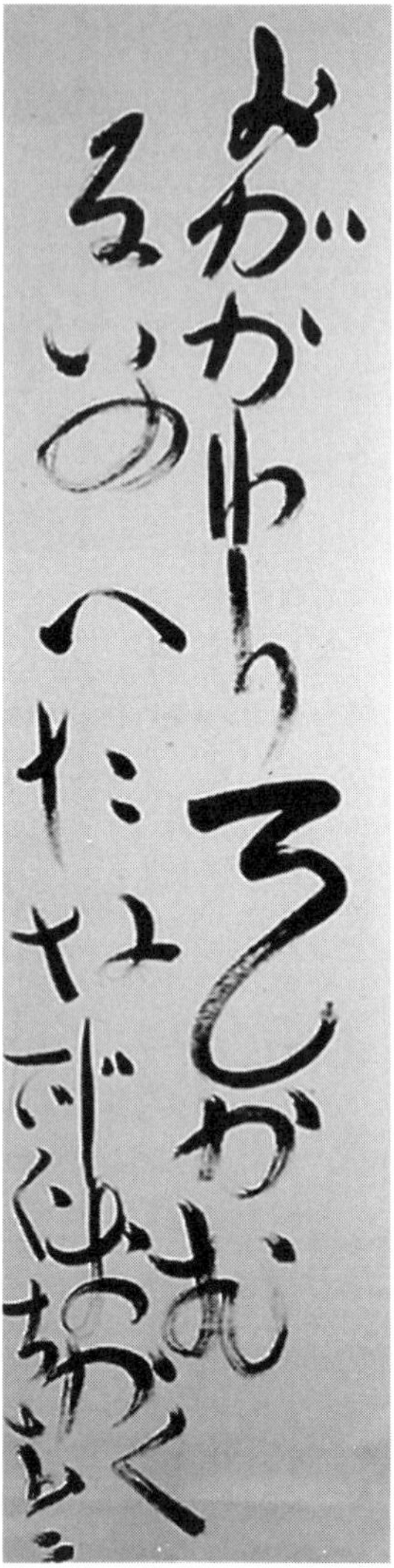

魯山人を驚かせたすみこの書
「よ（世）がかわりてんかむるい（天下無類）のへた（下手）なじ（字）をかく　すみこ」

これは魯山人からの手紙の一文である。また「本当の天才です」ということばも、毎回手紙に書かれていた。魯山人が陶陽宅で初見したのは、半切に書かれた次の短歌である。

よ（世）がかわりてんかむるい（天下無類）のへた（下手）なじをかく　すみこ

王仁三郎の耀盌が世に出て、ほどなく、すみこの書が認められた。これは大本にとっても、また直日にとっても、うれしい出来事であった。生前、王仁三郎は「書だけはおすみにかなわん」とよくもらしていた。当時、それを真に受ける者は少なく、多くの者が冗談だと思い聞き流していた。しかし思わぬことから識者の目にとまり、王仁三郎のことばが裏付けられることになった。

自然保護のモデル、花明山植物園

直日の生涯をたどるとき、わが国の自然保護に大きな足跡を残した事実を切り離して語ることはできない。直日が、いつもこころを留め、大切にしてきたもの、それは日本の美しい自然であった。

春夏秋冬、その姿を、その色を、その香りをかえゆく日本の山野。いにしえの昔から変わらず日々の生活と深くかかわり、人々のこころを癒《い》やし、なぐさめてきた自然。なかでも直日にとって、おさないころから慣れ親しんできた草花を慈しむ思いは深かった。

その思いを具現化したい、それが神苑内に「植物園を」という構想につながっていく。

昭和二十五年(一九五〇)末、「私の念願」なる一文を機関誌に発表し世人に訴えた。

「日本の国は気候、風土、人情いずれも、他国にない美しいものと聞かされています。人情はともかくとして、四季の風景、それを彩る野の草花、ことに秋の七草は、わたしの詩心を温めつちかってくれます。

穂薄《ほすすき》にまじって桔梗《ききょう》の紫、粟《あわ》を蒸したような女郎花《おみなえし》の黄色、少女《おとめ》の爪《つめ》に紅をはいたような萩の花など、楚々《そそ》とした風情に咲き乱れる村はずれの径《みち》や、松山の裾《すそ》を遠乗りの馬を駈《か》けつつ眺めた少女の日の感傷は、今も脳裏を摺箔《すりはく》のように彩色しています。

これは、わたしの思い出の世界のことであって、現実の日本の秋は、じつに味気ない乾いたものとなりつつあります。

かつて眺めた郷里の草丘、山野、田の畦《あぜ》に、あの縮み深い紫や紅の可憐《かれん》な姿を見ることは、まったくなくなってしまいました。そのかわりに、外来種の鉄道草《てつどうぐさ》や荒地野菊《あれちのぎく》、ヒメジョンなどが、梅雨季から初秋にかけての長い期間を、咲きかわり生い茂っています。都会に近い山村ほど。

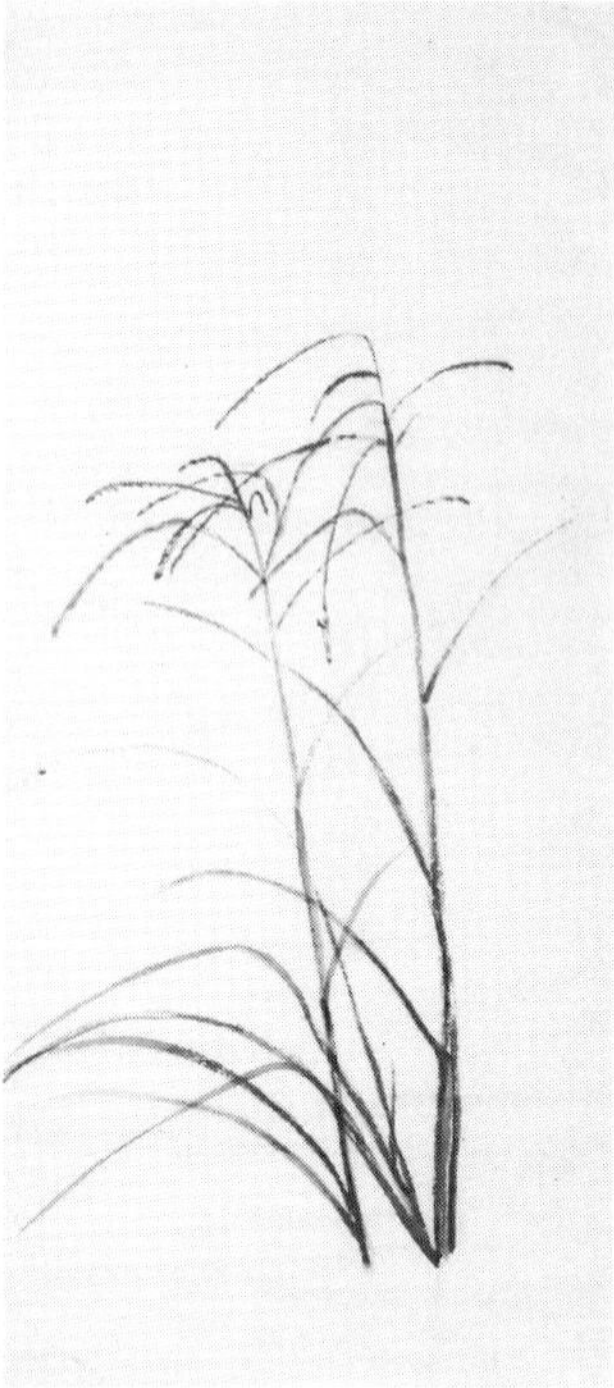

直日画　ススキ

これは、この山陰地方ばかりでなく、全国的に同じ傾向を辿《たど》っているようです。

人智の極みの機械文明は地球を短縮してしまって、アメリカに行くのも隣村に行くような気易いこのごろとて、外来種の繁殖するのもやむを得ないことでしょうが、どうかして、わたしたちの祖先が絵に文に親しみ懐かしんできた秋草の花を護《まも》り、日本の秋の景色を損《そこ》ないたくないものだとおもうのです。

わずか三十年の間に、どうしてこんなにも、手近の山野では見られなくなってしまったのでしょうか。……

わたしたちの子孫は、いまに、秋草を、絵で見るか、文で想像するよりかなくなってしまうでしょう。こんなことを思い歎《なげ》くものは、この広い世界にわたし一人なのでしょうか」

王仁三郎も同じ思いで神苑に花をたやすことなく大切に育てた。また外来種が目に入ると、自ら抜いた。

父のせしごと吾もぬきゆくヒメジョン園に去年よりことしは尽きず

直日の植物園構想の背景には、「父の意志をついでさせてもらいたい」という強い思いがあった。綾部、亀岡の神苑にいろいろな植物を移植、生育させ大本を花の天国とし、それを一つのモデルとして日本に、世界に広げていきたい。直日はそう願っていた。

植物園設置を現実のものにするために直日は地元亀岡中学校で教職にあり、植物研究家でもある竹内敬に相談した。竹内は牧野富太郎《まきのとみたろう》博士、小泉源一《こいずみげんいち》京大名誉教授などから直接の指導を受け、著書には「京都府草木誌」などがある。昭和四十一年（一九六六）には勲五等双光旭日章《くんごとうそうこうきょくじつしょう》を受章している。その道の専門家である。

二人は、竹田別院の雲珠桜などを通して関わりもあり交流が持たれていた。初対面は、昭和二十三年（一九四八）冬であった。竹内は、かたい宗教者をイメージし、不安を持ちながら直日を訪ねた。

しかし、会って話している間に、その不安は消えた。

「直日さんの植物に造詣深いこと。専門的な知識はもとより、何よりも自然を愛されていますから、草花には深く心をとめておられ、また文学・絵画等の方面にも、歌われ、画《えが》かれておられ、それは全く素人ばなれのした該博《がいはく》な知識をもって語られる直日さんのことばには、いたく心を打たれるものがあり、また私の話すことも解っていただき非常に楽しく話したようなわけでした」

一連の会話の中で、直日は古くからの文献・和歌を通して知りたいと思っていた「テイカカズラ」について尋ね、自宅前にあることをはじめて知る。長年あこがれのホトケノザも竹内敬から教えられた。初対面の翌年夏、直日は一首を短冊にして竹内に贈っている。

二十年しりたかりし定家《ていか》かづら仏《ほとけ》の座《ざ》竹内先生にまみえしこの幸

昭和二十六年（一九五二）四月、竹内を初代園長として花明山植物園開園が実現する。天恩郷の北側、旧萬祥殿《ばんしょうでん》跡の平地で南郷池に浮かぶ「中の島」も園の一部となる。まだ弾圧による瓦礫《がれき》が散乱している状態から、信徒の懸命な献労によって整備され、植樹できる状態にまでなった。竹内の尽力により京都大学農学部から数百本の得難い苗木が寄贈されるなどして、園は少しずつ充実していった。直日は竹内の案内で植物採集にもよくでかけた。竹内は当時、「既に直日さんは五、六百種の植物はご存じです」と書いている。

直日は時間をみつけては植物園に足を運び、ときに画帳を広げ写生もした。

若いころ、日本画家から「弟子にほしい」と言われたこともあった直日である。作家の松本清《まつもとせい》

直日画　キキョウ

張《ちょう》は陶器の絵付けの話題が出たとき、次のように評している。

「その絵付が面白い。着想は非凡で、筆さばきは枯淡である。しかし、絵はどこまでも水々しい。デッサンが出来ているからだ。私は直日さんの水墨画集を見せてもらったことがあるが、その中に挾《はさ》みこまれた数葉の写生画の、線の正確さに驚嘆した。水墨画家としても、立派に一家をなす人である」

また植物と茶道に関連し、直日はこんなことも調べていた。

「野原にある雑草等を調査され、お茶室用挿入花の適否を調査・整理された文献も五、六冊もあります」（竹内）

日出麿の帰苑《きえん》と発病

花明山植物園が開園された昭和二十六年（一九五一）、日出麿の動静に変化があった。

その年の一月十九日、王仁三郎の三年祭《さんねんさい》当日、前日まで食欲旺盛であった日出麿に体調の異変が見られた。激しい咳《せき》と微熱が続き、食欲も落ち、ミカン以外を口にすることができなくなり、衰弱がはげしくなってきた。そして療養・治療のためには亀岡転居が望まれることが医師で信徒の浅井昇から直日に伝えられた。

二月二日、使いとして浅井と愛知県からかけつけた豊田秀満《とよたひでまろ》(本名秀夫)は、竹田に向かい、翌三日夕刻、日出麿は亀岡・天恩郷の照明館《しょうめいかん》に帰ってきた。照明館は亀岡の酒蔵を移設・改築したものであった。

部屋に入ると日出麿は「扶桑遺児健」「剣潭寂假宮」の二点を染筆した。扶桑は日本の異名。日本国の遺児は健在であり、剣は仮の宮に寂しく鎮まっているとの意と解される。照明館時代、日出麿は部屋に「剣潭寂假宮」以外の軸を掛けることを許さなかった。

亀岡に帰ってきてからは熱もなく、食欲も少しずつ出てきた。しかし、六月十九日から二カ月以上にわたり発熱が続き、体重も子どもなみの「七貫《かん》(二六・二五キログラム)」まで落ちた。だが日出麿自身は元気で診断する医師は心臓、胃腸の強さに驚かされた。しかし、それを見ているすみこ、直日をはじめとする家族親族、全国の信徒はひとかたならぬ不安を抱いていた。三十九〜四十度の高熱のときも日中、日出麿は横になることなく正座での生活を続けた。

原因が不明のまま闘病が続くなか、愛知県の医師で信徒の高須令三《たかすれいぞう》に声がかかり日出麿を診察することになる。高須は亀岡に向かう途中、日出麿の主治医・京大医学部の深瀬《ふかせ》政市《まさいち》を訪ね症状を確認する。そこで日出麿の咯痰《かくたん》、尿を自ら確かめた。顕微鏡で見たものは、事前に高須が予想していたものと一致した。それまでの日出麿の病状から結核が疑われ、そう診断されていたが、高須の見立ては真菌が原因の肺疾患であった。

主治医の深瀬をはじめ高須ら六人の医師が天恩郷に集合し初診からの経過を確認し、治療方針を協議した。会合の後、日出麿を診察。高須は結核が誤診であることを確信し、治療を一任してほしいと願い出る。高須はすみこ、直日を前に、二点の報告をした。
一、肺結核ではない
一、必ず一、二カ月中に全治する
これを聞いたすみこ、直日の喜びは大きかった。すみこのことばである。

「神さんの水も洩《も》らさぬ仕組というのは、このこっちゃぜ、神さんはなア、日出麿はんの病気するのを、チャンと知ってなはって、あんたを準備しておきなはったんや」

この後、日出麿の治療は高須が当たることになった。高須以外に、もう一人、真菌によるものと疑っていた医師がいた。藤本哲雄《ふじもとてつお》（直日の姪・三千恵《みちえ》の夫）である。当時、米国から届く医学誌を見て、その症状が似ていることから疑っていたのである。しかし藤本が勤務する京大医学部をはじめ阪大医学部にも、それに詳しい学者、専門医はいなかった。場合によっては米国から医師の派遣もという話題があがったところでの高須の登場だった。

高須にとっては米国で問題の菌が話題になる二十数年前から、それについて研究を重ねてきた専門の分野であった。長年の研究が予期せぬ場面で生かされることになったのである。

昭和二十三年（一九四八）、高須が竹田で日出麿に面会したとき、思わぬことばが返されている。

「はるばる遠方からご苦労であった。今後あなたには、いろいろお世話になります」

当時、高須には何を意味するのか分からなかったが、三年後、そのことばの意味が理解できた。

日出麿の経過はその後も変わらず、咳き込むことも多く、発熱することもあった。帰苑《きえん》した年の八月二十五日、日出麿は激しく咳き込んだ。かけつけた直日は、日出麿の背中をさすりながら懸命に「かんながらたまちはえませ」（「神の守護のもと神意のままに」との祈りのことば）を唱え、神の守護を願い続けた。やがて日出麿は、大量のうみを口から排出した。それから病状は回復へと向かい、咳も、熱もひき、体重も順調に増え元の健康体に復していった。

日出麿の病気は、国内では第一例目の症例として高須令三、井野弘《いのひろし》により日本医科大学の学報一九五二年「第一九巻六号八一八」に詳細が記載されている。

「いくばくの大豆とりいれて背負ひ来る霧這《きりは》ひて冷ゆる夕山道

（昭和二十二年）」

第五章

神約の三代を継承

昭和二十七年—昭和四十六年

カット・出口直日

出口すみこの昇天

直日《なおひ》、三代教主に

昭和二十七年（一九五二）三月三十一日、王仁三郎《おにさぶろう》のあとを継承し、戦後の混乱した時代、教団を率いてきた直日《なおひ》の母すみこが昇天した。享年六十九歳二カ月。すべてを包みはぐくむ大地のような包容力と確固たる信仰を持ち、開祖なおを、結婚後は夫・王仁三郎を支えてきたすみこ。その生涯は常人の歩み得ない波乱に満ちたものであった。弾圧中の長い獄中生活のなかにあってもその天真らんまんさはいささかも失われることはなく、さらに磨かれ強靫《きょうじん》さを増していった。

気をつよくひろく大きくこまやかにあたたかみのある人になりたき　　すみこ

すみこ自身が、まさにこの歌のとおりの人物であった。大本弾圧の刑事の取り調べに際しても、裁判の法廷においても一切ひるむことなく自らの所信を堂々と述べ、検事に挑んだ。そんな強さを持ちながら、生活に困っている人がいれば信徒でなくても、誰にも知られぬようにお金、お米などを届けていた。その辛酸を自ら体験させられていたからこそ、手を差しのべずにはいられなかったのであろう。

再発足後、二代教主としての時代は短かったが、両聖地の再建をはじめ、今日の教団活動につながる農業振興のための愛善《あいぜん》みずほ会（社団法人）、世界連邦運動などの基礎をつくりあげた。

出口すみこ（広島主会河佐支部 S.25.9）

王仁三郎昇天から四年、「大地の母」と信徒から慕われたすみこの昇天は、教団が宗教法人として発足しようとする矢先の出来事であった。

教団は同年四月一日をもって、「大《おお》本《もと》愛善苑《あいぜんえん》」から名称をもとの「大本《おおもと》」とすること、「苑主《えんしゅ》」を「教主」とすることが「教団規則」で定められ三月二十八日に公布されていた。すみこの教主就任に際し、教団は、直日を教主補とする体制をとることとし、就任を直日に要望した。しかし、生誕より直日が神さまから聞かされていたのは「三代教主」であり「二代教主補」としての役割はなかった。しかし役員の強い懇望を受け不本意ではあったが、直日は教主補の就任を承諾する。

奇《く》しくも教主補就任前日三月三十一日、すみこが昇天して、四月一日から直日は神約のとおり三代教主として立つことになった。同時に、日出麿《ひでまる》は三代教主補に就任する。直日五十歳、日出麿五十四歳。

教主就任のいきさつについて聖子が直日から聞かされたことである。

「三代教主さまも『多くの人は、世間で言う〈霊的現象〉のみを神秘だと思っているが、本当の高い神秘は普通の人が〈偶然の出来事〉と片付ける中にあるのだ』とよくおっしゃいました」

○

教主就任への思いを直日は「母のあとをついで」という一文と短歌で発表した。

「一さいは天《かみ》から定められている事なので、むつかしい教ぎ（教義）の事は何もわかりませんが、きよ心になっていのれば、必ずお守りのある事は、体けんによって知らされています。私は只《ただ》一すじに、定められた此《こ》の道をあゆんで行くほかありません。

母の死は余りにもとつぜんであり、齢《よわい》も七十では、あの健康に恵まれた人が、と残念におもわれますが、天命であれば、これもしかたのない事です。

私はひたすらに、教祖たちの残された教《おしえ》と、母の念願の五六七殿《みろくでん》を、りっぱに再建したいとねんじてをります。

この道を継ぐべく生れ来し吾に神の守りのなかるべしやは
吾がいのち天知り給ふ残されし道一筋にふみゆかむのみ
天にます母にまみえん日のためにうつし世のわざはげみてなさん
示されし道はひろらに明らけしなに今更に迷ふ人らぞ
教団に不平もつ人去りたまへ清きがのこり道を護《まも》らむ」

最後の二首が詠まれるには、詠まざるをえない背景があったのであろう。王仁三郎、すみこの晩年、直日は「芸術は宗教の母なり」という王仁三郎の主張に基づき、懸命に文化芸術活動に取り組み、信徒にも奨励した。直日はそれを自らの魂の糧《かて》とするとともに信徒育成、また教団の教風確立への礎にしたいという思いを抱いていた。しかし信仰ひとすじに歩んできた教団役員、古くからの信徒のなかには、王仁三郎の時代とは異なる形の教団運営を理解し得ない者も少なくなかった。その後も直日の指導が教団全体に浸透していくまでには長い年月を要した。

柱となる教え、精神が揺るぎ変わることはないが、王仁三郎・すみこの時代とは、まったく違った形の教団運営を直日は描いていた。

二代すみこのことばである。

「わしのご用が済めば、その後は三代の水晶の時代になっているのです。……私のせんならんご用と三代のご用とは神界で決まっている」と神業《しんぎょう》も、それぞれに神から与えられた役割があると説いている。

三代の時代を迎え、それまでとの違いを直日は次のように記している。

「教団も、現在までは、父も母も善悪合わせ呑《の》むという態度で、進まれてきましたが、私は、良いものは良い、悪いものは悪いとして、是《ぜ》は是、非は非として明らかにしたいと思っています。この点は自分の短所かも知れませんが（これが短所だと判《わか》れば、私は直します）現在のところでは、この気持ちを正しいものと思っています。それで、教団の中に不平、不満のある人で、他の教団に行ったり、新しい教団を作ったりして出てゆくものがありますとも、そうなれば、そうなったで、小さくとも真剣なものだけで、正しい立派な道を立ててゆきたいと思います」

この直日の信念は終始変わることはなかった。大きな愛情と寛容の精神を持ちながらも

「是は是、非は非」に沿って、三代の時代は進められていく。

すみこの発意により建設途中だった綾部《あやべ》の神殿「みろく殿」は無事完成し、すみこ昇天の翌年昭和二十八年(一九五三)四月十六日(旧三月三日)、春の大祭にあわせて完成奉告祭《かんせいほうこくさい》が行われた。そのおりのあいさつを直日は次のように結んでいる。

「形のミロク殿は、でき上がりましたが、私たち、心のなかのミロク殿は、まだこれからだと思います。どうぞよろしくお願いいたします」

脚下照顧《きゃっかしょうこ》、言心行《げんしんこう》の一致

すみこの昇天からまだ二カ月も経過していない五月のある日のこと。直日が職員食堂の炊事場横を通ったとき、捨ててあるひときれのたくあんが目に留まった。それを拾いあげ、自ら水で洗ったのち、「お土からあがったものを粗末にしないように」と食堂の担当者に手渡したあと、教団役員を呼んだ。

「こんなことでは宗教団体とは言えない。大きなことを言うているより、出来ることから教えを行わせていただくことが大事です」

一滴の水、一つぶの米、野菜の一片をも絶対に粗末にしないという開教以来、なおに始まり先人が大事に守ってきた教えであり、神への報恩・感謝の実践の姿である。妹の家を訪ね、大根の葉が外に捨ててあったときも直日は、黙ってそれを持ち帰り、料理をして自分の食膳《しょくぜん》にあげている。

「口と心と行いと違わぬ者でないと、此《こ》の神の御用は聞けんぞよ」（『大本神諭』明治三十一年旧十一月五日）

生まれたときから筆先《ふでさき》を通し、開祖なお、両親の王仁三郎・すみこの姿を見て、またことばをもって教えられてきた直日にとって、「天地のご恩」は身に染みこんでいた。「言心《げんしん》行《こう》の一致」は、直日自身が肝に銘じ、黙々と実践してきたことであり、直日の時代のあるべき姿として、信徒育成の大事な柱とされた。

信徒桜井たねの回想である。

「直日先生が葛原《くずはら》けいと申されていたころのお手紙の一部です。なんとその用紙は京都の商店の包装紙でした。先生が実行のお方であることは、よく存じていても、紙の切れ端でも大切にされ、決して捨てられずすべてを生かしてお使いになることには、ただただ頭が下がるばかりでした」

長年にわたり直日の元で身の回りの世話をしていた側近・三上佐紀子《みかみさきこ》も、「タオルでも『切れるまで使いたい』とおっしゃっていました。また、お布団は、生地の残り布をついで作っておられます。普通の一枚のきれいな布団でお休みいただくのでなしに、懐かしい思い出のある布をついで作っておられるのですね。それがひとつのお楽しみであると同時に、物を大切にし、生かしておられるのです」と言う。直日はティッシュペーパーが普及してからは二枚重ねのものを一枚ずつ使っていた。

朝夕の礼拝に行く時、また神苑《しんえん》を歩いている時、松笠《まつかさ》や小枝があれば必ず持ち帰り台所、風呂《ふろ》の焚《た》き物にするなど、直日は生活万般にわたり「天与の神恵を活《い》かす」生活を自ら実践していた。

○

また直日は「脚下照顧《きゃっかしょうこ》」という禅語をたびたび引用し、信徒としてあるべき姿を示している。脚下は足もと、照顧は、照らし顧みる。他人のことを批判する前に、自分の内面と行いを見つめ、それをただしていくという意味を持つことばである。

直日は次のように説いている。

「脚下照顧ということは、何万遍《なんまんべん》唱えても、決して言いすぎるということはない。目はあいていても、心の眼は閉ざされがち、しょっちゅうほこりがつきまとっている。そして外からの敵は撃退できても、心内の敵は困難です」

さらに、

「脚下照顧を旨として、和を学びつつ、着実に実践の道を精進さしていただければと念じるものであります。脚下照顧とは、地についた実践の意であると、わたくしはおもっています」

内に省みるだけではなく「地についた実践」の必要を説いている。その入り口として、直日は具体的に「はきものの始末」を指導した。前を向いて靴を脱ぎ、上がって、向き直り、そのはきものをきちんと揃《そろ》える、これも日本の作法の一つである。

職員の大石栄《おおいしさかえ》が大道場（修行者を受け入れる部署）の担当となったおりのことである。受講者への指導について大石は直日に、次のように告げた。

「はきものをそろえるところから始めさせていただきます」

すると直日から次のことばが返ってきた。

「それは結構なことです。まず、あなたのお家で始めて下さい」

受講者への指導しか念頭になかった大石は、ハッとさせられる。

「もう一の句がつげないというか、冷汗でした。大道場でみなさんに申しあげる前に、まず自分の家庭でやってみなさい。それができたらはじめて皆さんの前で申しあげなさいとおっしゃるのです」

脚下照顧は、まず自分自身から始め、自分の家庭、教団へ、というのが直日の基本姿勢であった。

はきものを揃えるということは、ただはきものを揃えて、それですべて事足るというものではない。だが、それさえできない者が、自らの内面を整え、行いを正していくことができるのか、という問いかけでもあった。しかし、その指導が教団全体に浸透するには時間を要し、一部の本部職員のなかには、「はきものをそろえるようなことはそこいらのお寺がやればよい」「大本信者をみんな下足番にされるのか」など、反発さえあった。

即刻手術を決断

直日は教主就任の昭和二十七年、秋の大祭前後から、まわりの者に疲労を訴えることがたびたびあった。その症状がすみこの晩年に似ていたこともあり、皆が心配した。直日自身も気に留め、同年十一月二十五日、京大付属病院内科で診断を受ける。その結果、内臓はまれにみる健康体であることが判明したが、念のため婦人科を受診した。

その診断結果、「子宮筋腫《しきゅうきんしゅ》によるものに間違い無く、今直《います》ぐ生命にどうとのことはないが、万全を期するには、手術により筋腫を除くことが最適の治療である」と言われた。

しかし、医師はこうも進言した。

「時刻を争うべき急性の症状でもないので、家事上のこともあり、準備をととのえられた上、改めて入院されては」

このことばを聞いた直日は、しばし黙考したのち、即刻の手術を申し入れ、診断翌日、手術を受けた。切開の結果、予想外に症状は内部に広がっており、手術の時期としては「即刻」がベストであったことが術後判明した。同行した者は、診察結果と直日の即断にあわてたが、直日自身は「女と生まれてこういう病気をすることもあるべきことで、なにも心配することはない」と淡々としていた。

術後、気力の衰えもなく十二月十五日に退院、京都で一泊した後、十六日に帰苑《きえん》し、しばらく静養を続ける。

開教当時、また王仁三郎、すみこの時代、「信仰への盲信と医療軽視」の風潮が信徒のなかにも色濃く支配していたが、直日の手術が近代医学への正しい認識を持たせる契機となった。

直日は医学について、「人間が経験をつみあげて大成してきたもの」「無数の実験が重なって築きあげたもの」、さらに「医学もまた神さまから人間がいただいているところのもの」と位置づけている。

その一方で、信仰者としての視点から次のように医学偏重を戒めている。

「人間の一切は神さまよりのものでありますから、医学にのみすがり、これに盲信することは、人間性の失格を意味することになります。したがって、たとえ医学によって死の宣告をうけるとも、けっして悲観するものではありません。ましてや、生きる意欲を、治療するのぞみを失ってはなりません。神さまのご加護にすがり、いただいた天寿だけは全うさしていただかなければなりません」「医学で治らない病気が信仰によってお蔭《かげ》をいただくことはたくさんあります」と、信仰の力を説き、病気の相談を持ちかけられると、神に祈り守護を願うことを助言したあと、必ず「よいお医者さんに診てもらいなさいよ」とことばを添えた。

信仰と医学、いずれか一方だけに偏ることを直日は戒めた。

こうして信仰一辺倒で常識を逸脱したようなあり方から、直日は、誰もが納得・理解できる方向へ軌道修正をしていった。とりわけ信仰に関しては霊的現象、予言、占いなどへの興味から迷信におちいらないように、直日は厳しく指導した。

清貧の日々

直日が教主に就任した当時、出口家、教団職員がどのような生活をしていたのか。

昭和二十六年（一九五一）当時の「お手当（月給）」は三百円。昭和二十九年（一九五四）は六百円だった。大卒の公務員が三千円の時代である。夫婦二人で働いても、わずかな収入だった。

貧しかったのは本部の職員ばかりではなく、出口家も同様であった。昭和二十七年の直日の短歌である。

花売りて生活をたてむ日雇にならむと妹等の真顔かなしき
妹等をかなしみおもふこの夜更け蓄財せざりし父母を憶《おも》ひぬ
新興宗教は金持と思ひゐる人に父母の清しさは理解されざる

もし裁判の結果、損害賠償請求していたとしたら当時では想像もできない莫大《ばくだい》なお金が教団に入っていただろうが、王仁三郎はそれをしなかった。弾圧前、次々に神殿、諸施設を建設し、人類愛善会《じんるいあいぜんかい》、昭和神聖会《しょうわしんせいかい》など全国規模での活動をしていたが、決して経済的な余裕があったわけではなかった。常にギリギリ、綱渡りのような状況の中でのやりくりだった。

「蓄財せざりし父母」の性格は、「神様が必要とされるなら、必要なだけは必ず神様が集めて下さる」という体験に裏付けられた信念にもとづくものであろう。しかし、出口の家に余裕など一切なく、「花売り」「日雇い」を真顔で口にするほどの現実が、そこにあったのである。

宗教にて人を救ふはなまぬるし金持ならばと今宵おもふも

これもそのころの短歌である。きっとお金さえあれば、目の前で悩み苦しむ人を助けることができるという状況に直面していたのだろう。一教団の教主として誤解と批判を受けることを承知しながらも、自身の思いを詠む直日の短歌から、そこにある現実が見えてくる。

国全体が貧しい時代ではあったが、一般のそれに比べても、大本職員の生活ははるかに大変なものであった。にもかかわらず、多くの青年たちが大本での生活に飛び込んできたのはなぜなのか。

直日、日出麿のもと、弾圧ですべて打ち砕かれた神苑を再興し、神意のままに新しい時代、「地上天国」を自らが率先して切り開いてゆくという信念と情熱があったからである。清貧のなかにも喜びと充実、そして真の安らぎがあったからにほかならない。

新種のヤマザクラ発見

目に留まった一本の桜

教主就任の翌年昭和二十八年（一九五三）春。直日にとって、大きな喜びとなる出来事があった。それは新種の山桜の発見である。子どものころから花を愛で親しんできた直日。とりわけ桜への思いは深かった。

「なんといっても、春を濃く、わたしのこころに花やいでくるものは、桜の花です。梅の花の、気高く匂《にお》う芳《かんば》せや、キリッとしたたたずまいの感じは、また格別の趣《おもむき》をもって、心に迫ってきますが、わたしは少女のころから、山桜の花が咲きはじめると、もうジッとしておれなくなり、明け方の寒さにふるえつつ、花の蔭に立つのでした。

旭日の桜、夕暮の桜と。

それでも足りず、おく山や野を、少し遠いところは騎馬で、花をもとめて、あこがれ歩きました。

母は、春が来るたびに、『この子はおかしな子じゃ、また花に呆《ほう》け出した』といって、あきれるようにつぶやいていました」

生前、毎年観桜のために生誕地（亀岡・穴太《あなお》）を訪れていた王仁三郎の血を受けたのか、直日もことのほか桜を好んだ。

たびたび足を運ぶうち花明山植物園《かめやましょくぶつえん》・中の島のいちばん奥にある一本の山桜が直日の目に留まる。〝これはどうも普通の山桜と違う〟。そう思った直日は、竹内園長にそれを伝え、調べてもらった結果、普通の山桜ではないということが分かった。

それをさらに確認するため直日は昭和二十八年（一九五三）五月の東北地方への親教《しんきょう》（教主の各地への出向）に竹内を同行させた。山形には竹内の恩師で植物分類学の権威小泉源一《こいずみげんいち》・京大名誉教授が退任後住んでいたからである。竹内は途中直日と別れ、小泉宅でひと晩泊まった。例の桜の標本を確認するためであった。

翌日、直日は小泉、竹内といったん合流したが、二人は植物採集のため途中から別行動をとり、夜、宿舎で再び会うことにした。別れぎわに竹内は直日に告げた。

「直日さん、今夜は吉報を持ってかえります」

その時の様子が当時の機関誌に残る。

「直日先生の眼はかがやき、頬《ほお》は紅潮をおび、喜びを含むお声がはずむ」

しかし、ことばの背景が分からない地元信徒にとっては「吉報」が何を意味するのか、理解できなかった。次は地元信徒のことばである。

「直日先生は、それから落ち着かない様子で浮きうきしておられる。また思い出されては『あれがそうであったらな』とわけが分からないが、よほどのお喜び事のように感じられる」

そして同夜、宿舎で合流した小泉、竹内からひと枝の山桜に関する吉報、それが新種であることが伝えられた。しかし、新種と認定されるまでには、さらに学会での承認を必要とし、今しばらくの時間を要することが小泉から伝えられた。

「『残念やけど、しょうがない……』。ニコニコ笑いながら、直日先生はそう言われた。けだし、この笑いは世界一であった」と、随行者は書きのこしている。

その年の夏の大祭のおり「このはなざくら」命名奉告祭が行われた。その祝詞中、

「これの天恩郷《てんおんのさと》に生《お》ひつる御山桜《みやまざくら》は地の上に唯一本《ひともと》の珍《うづ》の桜《さくら》と教《をしへ》の岐美《きみ》の見出で給ひて『木《こ》の花桜《はなざくら》』と命名《なづ》けむと……」

と直日発見と命名の旨が奏上されている。また直日が東北親教時に詠んだ一首が朗詠された。

吾そのの山桜やさしき花片《はなびら》の八重なるをめでゐしに新種なりといふ

新種の桜の命名にあたり面白いエピソードが残されている。もし新種であったら、その名を「コノハナザクラ」としたい旨が直日から竹内には伝えられていた。しかし竹内もまた自分でひそかに「カメヤマザクラ」の名をと考えていた。そして小泉を訪ねた際、竹内は、「ここに二つの和名を用意してきたのですが」と「コノハナザクラ」と「カメヤマザクラ」を差し出したところ、小泉は「こっちにしよう」と「コノハナザクラ」を採用した。さらに小泉はこう解説した。

「仁徳天皇《にんとくてんのう》の〝難波津《なにわづ》に咲くやこのはな……〟（和歌）のことを梅という人があるが、梅は支那《しな》から渡来したもので、さくらは日本固有の植物である」

こうして和名が決定された。これは竹内による〝公式な発表〟であるが、命名に関して「事実」が隠されていた。竹内のもと長年一緒に仕事をしてきた津軽俊介《つがるしゅんすけ》（花明山植物園・三代目園長）は、名前が決まる場面での二人のやりとりを次のように話している。

竹内「『カメヤマザクラ』はどうでしょう」
小泉「かめやまとは地名かね」
竹内「はい、明智光秀《あけちみつひで》の居城だったところです」

小泉「フーン。で、かめやまとは地図に出ているかね」
竹内「いえ、地図にはありません」
小泉「じゃ駄目だ。『コノハナザクラ』にしよう」

「この時の竹内の仰天ぶりは想像に難くない。『あれはわしの失敗やった』と晩年の茶飲み話にしばしば聞かされたものである」（津軽）。

事前の説明がないなかで、突然「コノハナザクラ」という名が、小泉の口から出たのである。大本信仰とは無縁の竹内だったが、「あの時は、三代さんは神さまやと思った」と津軽に話して聞かせた。その名前の件があってから以降、竹内の直日に対する態度が次第に変わってきたという。

直日が発見した翌昭和二十九年（一九五四）四月五日、春の大祭時、「木《こ》の花桜《はなざくら》発表記念式」が行われ、竹内があらためてその説明にあたった。この日の朝、思わぬ知らせが届いた。まだ学会で認知されていなかったコノハナザクラが手続きを終え、正式に認知された書類が京都大学から届いたのである。まさに絶妙の〝偶然〟に関係者は驚いた。

正式な名称

和名＝コノハナザクラ
学名＝Prunus Jamasakura Siebold var. nahohiana Koidzumi et K.Takeuchi
発見者＝出口直日（昭和二十八年四月十四日）

コノハナザクラは、山桜でありながら、花弁が四、五十枚あり、一つの花にめしべ二本を持つことが特徴である。

命名について晩年、直日は聖子に、こう洩《も》らしている。

直日と竹内敬　花明山植物園、木の花桜の前で（S28）

「残念なことをした。〝木の花桜〟やのうて〝直日桜〟にしたらよかった」と話したという。

実生《みしょう》（種からの発芽・生育）から木の花桜になるものは、「正確な数字とは言えないが、まあ千本に一本ぐらい」（津軽）。ほとんどが普通の山桜に戻ってしまう。実生からコノハナザクラになっているものは大本に三本しかない。その一本が、竹田別院にある。

同別院のコノハナザクラについて、直日は長年にわたり別院を守ってきた窪田孝造《くぼたこうぞう》にこう語っている。

「人間が忘れようとしても、忘れられないように、ここが聖地だということの証しを、神さまがたてられたんや」

現在、天恩郷《てんおんきょう》の参道に面して植えられている桜のほとんどはコノハナザクラ（親木）からの実生である。

三幅前掛《みはばまえかけ》、木《こ》の花帯《はなおび》

コノハナザクラを発見した昭和二十八年（一九五三）、直日が好んで使用していた帯を直日は、「木《こ》の花帯《はなおび》」と命名した。

木の花帯は、洛北大原女《らくほくおはらめ》が昔から締めていた三幅前掛《みはばまえかけ》をもとにして直日が考案したもので、昭和十二年（一九三七）ごろから直日は着用している。絣《かすり》の着物に絣の三幅前掛をしめた白川の花売女《はなうりめ》や大原女の服装を京都で目にしていた直日は、早くより、その姿を好ましく思っていた。

三幅前掛は、洛北大原の寂光院《じゃっこういん》で建礼門院《けんれいもんいん》(一一五五〜一二一四)に仕えた阿波内侍《あわのないし》が、女官の緋《ひ》の袴《はかま》を略して麻の緋の三幅前垂れに代えたのが始まりといわれている。都をはなれた大原の里では、女官も労働がともなったことによるのと、もう一つは里人が建礼門院に仕える礼装ともされていた。

「謡曲大原御幸《おはらごこう》を背景にして、袴から転化して生まれたものとおもえば、なにかゆかしい感じがいたします」(直日)

木の花帯は次第に輪を広げ、地元亀岡、京都、近畿圏から全国へと広がっていく。直日は普段着から訪問着まで用途に応じさまざまな布地で作り、使い分け、生涯これを愛用した。

また直日は着物、羽織などを作ったおり、どんな小さな端切れも捨てることなく大切に保存し、時にそれを使って人形を作ることもあった。あまりに小さく使い道のないものはノートに貼《は》り、着物、被布、襦袢《じゅばん》、あこめなど種類・用途を記し、その時の年齢まで記録していた。少女時代からのものも残されていた。それを整理した職員は、「そのご記憶のたしかなこと。直日先生の御一代は着物によって語られそうです」と記している。

教主として各地へ

信徒との交流

日出麿との結婚以来、直日が表に立つことは少なかった。弾圧中、王仁三郎夫妻が保釈出所後も、やはり信徒との出会いも限られていた。しかし、王仁三郎昇天後はすみこを支え、たびたび各地にでかけ、信徒との交流を深めた。教主になってからも、意欲的に各地を訪れている。いずれの地にでかけても見栄《みえ》も気取りもない直日の姿は、好感をもって信徒に受け入れられた。

全国の信徒のなかで直日の人がらを直《じか》に知る者はまだ少なかった。各地への親教では、自ら進んで信徒に接し、その土地の自然、風土、習慣にも触れることにつとめた。

まだ敗戦から十年も経過していないころ、生活はまだまだ不便であった。交通手段は列車、車、バスなどを乗り継いで移動した。田舎の奥地など、リヤカーの荷台に乗って移動したこともあった。和歌山の山中、鳥取・大山の麓《ふもと》など、車の通らぬ場所もあり、若き日、丹波の山を馳《は》せたように馬に乗って行ったこともある。

行く先々でまごころを込めた歓迎、もてなしを受けた。

「開祖・聖師の労苦のおかげで、どこへいっても結構にしていただいて本当にもったいない」と感謝の言葉を残している。

全国各地に出かけることは肉体的には決して楽ではなかった。だが、それにも増して信徒に出会い、信徒の生活に触れることは直日にとっては大きな喜びであった。

友人の波田野千枝《はたのちえ》に送った手紙の一節である。

「こんどの旅行は、みなさんに大へん御めいわくをおかけして申しわけないとはおもひつつも、みなさんのおすまいやおうちの様子なども見せていただいて、たいへんしたしくなつかしいきがいたしました。また法師温せんでの三日間は一生わすれないでしょうとおもふほどみなさんにしたしみをかんじ、よかったと思っております」

直日は生来のはにかみ屋で、人前に立ってあいさつをしたり、初対面で対応をするなど、決して得意ではなかった。母のすみこは〝話の達人〟で、どこでも、誰にでも気さくに声をかけ、一瞬にして相手の気持ちをとらえたが、直日はそういうことは不得手であった。


道を説く力無き吾を嘆きつつ又長旅に朝発ちゆく

教主として各地へ（鳥取県賀露にて S.43.5.11）

わがために雨の中を集ふ友の前に挨拶《あいさつ》
　できぬ吾を娘が嘆く

いずれも自分の姿を正直に伝える直日の短歌である。

次女・麻子《あさこ》の母・直日評である。

「大祭や月次祭《つきなみさい》のあと祖母（すみこ）なら『ようおまいりでしたなあ、またきばって来なはれよ』と大声でニコニコ笑っていわれるけれど、母にはそれが出来ません。心の中では思っていても、人見知りをする質なのか、せいぜい微笑して口の中でモニャモニャといい、頭を下げるのが精いっぱいです」

すべてに対し、黙々と真摯《しんし》に取り組むという姿勢は一貫しており、それは人に対しても同様であった。まごころをもって誠実に対し、相手の気持ちとまっすぐに向きあう。幼いころからのおとなしい性格は、長じても変わることはなかったが、その直日も出先では無口ではいられなかった。

家族のこと、仕事のことなど、やさしく尋ね、会話を進める。ところが話題が信仰、文化、芸術などに及ぶと雄弁となり泉のごとくことばが湧《わ》き出てくるのだった。

三代の時代、「是は是、非は非として」という基本姿勢も就任後初の親教先、島根で信徒に話したものであった。

特に短歌へのことばが多く残る。

「短歌は、感激から湧き出たところの真言《まこと》であって、腹を打ちわって出てくることばでなくてはならないのであります。それでいつわりは勿論《もちろん》、飾りや誇張に過ぎたものなどは取り上げられないのであります。まことの短歌は、いつも真剣な態度で生活し、真剣な態度でものに接し、凝視し表現しなければならないと思います。安易な態度からはまことの歌は湧いて来ません」

親教で亀岡を離れることは、教主としての多忙な日常の用務から解放されるひとときでもあった。亀岡では、月々の歌誌「アララギ」さえ思うように読む時もなかった。親教時、移動の列車や車では自由な時間が持て、直日にとっては本が読める貴重な時間であった。

九州に同行した者の記録である。

「時折チラッと窓外に眼を放たれつつ読書に御熱中。日常御多忙のため読書される暇のない先生は、御旅行が読書のかきいれ時といえよう。しばしの居眠りもされず、よく続かれるものだと誰しも驚く」

また日ごろから時間を無駄にすることを嫌う直日は、旅先にいるときも、少しの時間を も惜しんで仕舞、謡曲など、稽古《けいこ》に励んだ。

次は島根での一コマである。

「ご入浴の後、ふたたび赤山に上られ、歌祭《うたまつり》の舞台にて、西崎弘《にしざきひろし》氏の笛で『草紙洗《そうしあらい》』の舞のお稽古をされる。笛の音が夕陽《ゆうひ》の赤山におこり遠い出雲の山々へも響いてゆくようであった」

和歌発祥の地出雲で和歌とゆかり深い「草紙洗」、夕景のなか、舞台に立つ直日の舞い姿が浮かんでくるようである。

親教先での短歌からは、信徒への優しさと心づかい、そして直日自身の喜びがうかがえる。

青森に来りし吾を紋別より二十時間かかりて逢ひに来しこの友あはれ
臥床《ふしど》の上に饒舌《ぜうぜつ》に語り止まぬ友よ吾が訪ねしをかく喜びて
小さき駅に見送りくれし友三人泥つけし田植姿のままに

親教に限らず、直日の短歌に詠まれた「友」は、みな「信徒」である。そこには教主と信徒という位置づけはなく、その日、初めて会う信徒も、何十年来の知りあいの信徒も、直日にとってはすべて「友」なのである。

前記の短歌にある田植姿の三人も、初めての地で出会った信徒であろう。忙しい田植えの最中、その手を休めて直日を見送るために小さな駅にかけつけた信徒の心情、そのまごころを汲《く》む直日の喜びが伝わってくる。

直日が自身のなかで信徒をどう位置づけているのか。第二次大本弾圧の弁護に当たった信徒・小山昇《こやまのぼる》の体験から見えてくるものがある。

あるとき、小山は、直日に対し、こんな言葉を口にする。

「私たちは教主さまの家来ですから、もっと尊大なお言葉をかけていただきたいです」

それに返した直日の言葉である。

「家来というのはわからん、親子と言うのであればわかるけれども」

第二次大本弾圧の渦中、さまざまな体験を通し、直日に深い信頼を置く小山らしい願いであったのだろう。しかし直日のなかで信徒は「家来」ではなく、「友」であり「子」であった。

万祥殿《ばんしょうでん》の造営

亀岡に初の神殿

大本の歴史をたどるなか、綾部、亀岡には未完成のままに終わった神殿が、それぞれにあった。いずれも直日と深く関《かか》わりを持つ神殿である。

綾部（梅松苑《ばいしょうえん》）・長生殿《ちょうせいでん》
亀岡（天恩郷）・万祥殿《ばんしょうでん》

両方とも王仁三郎の構想と指示により造営にかかったが、ともに「基礎工事完了」で終わっている。

昭和三十二年（一九五七）、直日（55）は王仁三郎の遺志を継ぎ、亀岡の神殿の名称を「万祥殿」と定め、正式に教団として造営を決定した。完成予定の年は開祖なお昇天四十年、王仁三郎昇天十年、王仁三郎が「みろく下生《げしょう》」を宣言して三十年、そして直日が五十六歳七カ月を迎える年でもあり、意義ある年まわりと重なっていた。

昭和十年（一九三五）の弾圧前、綾部には神殿・五六七殿《みろくでん》があったが、亀岡には道場と兼用の大祥殿《たいしょうでん》しかなかった。亀岡に建つ大本史上初の神殿、それが万祥殿であった。

王仁三郎の万祥殿建設の構想は、直日の胸中から離れることはなかった。地方を訪れ社寺などすぐれた伝統建築に触れる機会があれば、直日は万祥殿の設計の参考のため、できる限り細かく観察した。したがって、その全体像は早くから直日の脳裡《のうり》に描かれていた。

建設場所は旧透明殿《とうめいでん》跡。天恩郷のシンボルである大銀杏《おおいちょう》の位置から東を見おろした場所にある平地である。戦中戦後、食糧不足の時代、天恩郷の空き地の多くは、亀岡の住民にも貸し畑として使用されていた。透明殿跡も同様であった。しかし他の畑とは扱いが違って「透明殿跡は神聖な場所なので、畑には肥《こえ》（人糞《じんぷん》）を撒かないようにと三代さまから言われていました」と当時、農事を担当していた職員は語っている。同地は再発足後、昭和二十五年（一九五〇）から同三十一年（一九五六）まで七年にわたり歌祭の祭場として使用するなど、苑内《えんない》でも大切な場所として位置づけられていた。

現場を検分する直日の写真の下に記された一文には、「この度の万祥殿の建設ほど教主が強い決意を示されたことを編集子は知りません」とある。限られた財源のなか、他にも予定していた工事があったが、すべてに優先して万祥殿の造営にかかることとなった。

昭和三十二年（一九五七）八月七日、夏の大祭で直日は「万祥殿は私として初めて建てさせて頂きますので、立派なそして大本の特色を十分に発揮できる、建物でありますようにと念願いたしております」と決意と抱負を述べている。

その日の午後、音頭に合わせた勇壮な声が、建設予定地に響いていた。

これの館は目出度《めでた》い館
鶴が御門で巣をかける
これの館は目出度い館
松も栄える葉も茂る

ヨーイサッサ、ヨイサッサ
ヨーイサッサ、ヨイサッサ

万祥殿地搗《じつき》の引き綱を手にする代表者と、それを見守る千数百人のかけ声である。直日の手にも、その引き綱は、しっかりと握られていた。これほどの規模での地搗は、綾部の

万祥殿地搗 (S.32.8.7)

○

直日の言う「大本の特色」の一つは、拝殿内に設けられた能舞台。国内の伝統的な社寺で能舞台を境内に持つところは京都の西本願寺《にしほんがんじ》、広島の厳島神社《いつくしまじんじゃ》をはじめ全国各地に存在する。しかしそれらの舞台はいずれも屋外、別棟の様式となっている。江戸城能舞台の資料を参考にして設計され、鏡松《かがみまつ》(舞台の松の絵)は松野奏風《まつのそうふう》の筆による。

この舞台について美術史家の山口桂《やまぐちけい》三郎《ざぶろう》は、次のように解説している。

「古来、能を神社の拝殿で行ったことは数多く文献にみられるところであるが、万祥殿にみられる拝殿と能舞台の結合は、神社建築史上、新しい現代的構想といわねばならない」

能舞台建造の構想は直日に始まったものではない。王仁三郎は大正十三年（一九二四）、ひそかにモンゴルに向けて旅立ったが、その折、中野茗水《なかのめいすい》に対して、次の一文を残している。

「時を得て能舞台を建造する監督を依頼するもの也…大正甲子（一九二四）正月五日」

万祥殿本殿はもとより、能舞台建造も王仁三郎の構想であった。

能舞台だけではなく、書院造りの茶室が併設されている点も大きな特徴の一つである。神殿を中心として能舞台、茶室を併設する構想は、大本の教風を具現した様式となった。

「礼拝堂であり、能楽堂であり、茶室であるという、これらの融合する一つの建造物は、ミロクの世の雛型《ひながた》になるものと、ひそかに誇りを感じているものであります。……こうして一つにまとめえたというのは、聖師さまのご理想であった芸術と宗教の一致という、大本の教えから生まれて来たものと、かたく信じています」（直日）

同時に、本格的な能舞台の完成により仕舞や能楽を奉納する機会が増えることを願い、信徒に観能の喜びを伝えたいという直日の期待も込められていた。

工事は予定どおり順調に進み、昭和三十三年（一九五八）八月、夏の大祭前日、ご神体《しんたい》が朝陽館《ちょうようかん》から万祥殿に無事遷座された。そして万祥殿での初の大祭が満堂の参拝者のもと執行された。

そのあいさつで直日は、王仁三郎生誕八十八回目のめでたい日に完成した喜びと感謝をことばにしたのち、新たな方針を伝えた。

「新方針の第一は、〝開祖の大精神に強く生きる〟ことであります。

このことは、私が教主になりまして以来の強い念願でありまして、私が常々開祖さまから承《う》けとらしていただきましたことは、静かな中に、折目正しい厳しさの溢《あふ》れるまことに端正な御風格であります」

開教当時、なおの姿にならい、その元で奉仕する者も、つつましく真摯な姿勢でご用に励み、聖地に対しても神集う所として敬虔《けいけん》な気持ちをもって奉仕していた。

「このような開祖さま時代のけだかく純真《きよらか》な教風を昂《たか》めつつ、聖師さまが生涯を捧《ささ》げられました、地上天国の実現にむかって進みたいと存じます」

大祭当夜、殿内能舞台での初の歌祭も執り行われた。「能舞台が加えられました主なる意味は、それが歌祭をさしていただくに、もっともふさわしい様式であるというところから来ているのであります」と直日が話しているように、一般とは違う大本独自の目的を持つ能舞台でもあった。

同年十月七日には完成祝賀会が行われ、直日の五十六歳七カ月と神殿完成を祝った。

五十六年七ケ月のわかとしめくりきて父のねがひゐし万祥殿たちぬ

直日の時代の教風「信仰即《そく》芸術即《そく》生活」をいちばん象徴的に現しているのが万祥殿と言っても過言ではないであろう。

日出麿、還暦を迎える

万祥殿建設の槌音《つちおと》が響くなか、昭和三十二年(一九五七)十二月二十八日、日出麿は還暦を迎えた。前年に完成した亀岡での教主公館「朝陽館」で直日とともに、新しい生活が始まっていた。

この日、日出麿の還暦を慶祝する祭典には、全国から千五百人の信徒がつめかけ、朝陽館内に入りきれない信徒は屋外から参拝した。倉敷から訪ねてきた日出麿の生母・仁科《にしな》ひでのも、直日のとなりに座っていた。

日出麿の還暦に際して詠まれた直日の短歌である。

神仙の世界に君はゐましつつわがゆく道を照《てら》したまへる

日出麿は〝神の領域〟に身を置きながら、直日が進み行く道を明らかにしているとの意であろう。第二次弾圧後、家族はもとより一切の交わりを絶ち〝神約〟のもと、救いの業《わざ》を遂行する日出麿であった。

日々の生活のなか、直日と日出麿の間に、夫婦としてのふつうの会話は多くはなかった。しかし、そこには二人にしか分からない交流があった。

直日の近くで仕えていた柳原昭代《やなぎはらあきよ》(現・津軽妙《つがるたえ》)が、朝陽舘の一室で直日の肩をもみながら、「日出麿先生とお話しがおできにならないから、お寂しゅうございますね」と何気なく言った。二人の様子を日々見ている柳原にとって、それはごく自然な、直日への思いやりをこめたことばだった。

しかし、思わぬことばが返ってきた。

「あんな、あきちゃん、うちはいつも先生とお話ししとるんやで」

それは晩年にいたるまで同様で、離れた場所にいても、直日のことば、日出麿の書など、不思議な一致をみることは珍しいことではなかった。

直日が、国の減反政策に対し厳しい指摘をした直後、側近が、日出麿の部屋を訪ねると、直日の発言とちょうど同じころ、日出麿は「天産自給」と筆にしており、驚かされたこともあった。

また、別のある日。日出麿が、「直日、日出麿仲良しになる」と筆にしたことを側近が直日に伝えると、驚いた様子もなく、淡々として「ああ、これには訳があるのや」とかわしている。その理由は明かされていないが、二人の間でしかわからない意思の疎通があることをはっきりと物語っている。

予期せぬ皇居園遊会招待

万祥殿完成から二年後の昭和三十五年（一九六〇）春、直日は宗教者代表の一人として皇居での園遊会に招待を受け、天皇・皇后両陛下に拝謁の栄を賜る。

宗教関係者からは臨済宗天竜寺《りんざいしゅうてんりゅうじ》派管長・関巍宗《せきぎそう》（関牧翁《せきぼくおう》）、賀茂別雷神社《かもわけいかづちじんじゃ》宮司・座田《さいだ》司《もり》氏《うじ》、住吉大社宮司・高松忠清《ただきよ》ほか計八人。直日はその一人として列席した。当日、皇居では舞楽などが行われた後、両陛下が親しく会場をお回りになり、招待者とことばを交わされた。

まだ弾圧当時の邪教大本のイメージは払拭《ふっしょく》されていないなか、その真の姿が一般社会に理解されていたとは言えない時代であった。だが同年三月号の月刊誌「中央公論」に京都大学助教授・梅棹忠夫《うめさおただお》（初代国立民族学博物館長）が、シリーズ「日本探検」の二回目で大思想運動のなかで、「国際的にかなりの成功をおさめたほとんど唯一のものだ」と評価。少しずつではあるが、大本の真の姿が社会に伝えられるようになっていた。

とはいえ皇居園遊会への招待は、直日はもとより関係者の誰もが予期していなかったことであろう。かつて不敬罪・治安維持法違反の名のもとに近代史に特筆される大弾圧を受けた大本である。戦後十五年、まだ教団への誤解と不信は拭《ぬぐ》えず、大本教主が宮中に招かれるなど一般国民も、また信徒も意外の感はいなめなかったにちがいない。

かつて国家の名のもとに未曽有の弾圧を受け、それに命がけで真っ向から立ち向かった直日の思いは、すべてを天命と受け止め、淡々としたものであった。

皇居での園遊会当日（S.35.4.12）

皇《すめらみこと》に吾の召さるる今日の朝涙たりつつ亡
き友憶ふ

上も下もよくなれよとの大本の神のみ教
をしきりに思ふ

み頬少しやつれいまして白髪まじる御髪《みぐし》
も親しわがすめらみことは

「西王母《せいおうぼ》」演能

還暦に向けた決意

直日は昭和三十七年(一九六二)三月七日の還暦を迎えるにあたり、早くから大きな決意を秘めていた。

それは能「西王母《せいおうぼ》」の演能である。

「私が、これまで能楽にうちこんできたのも『西王母』を舞うためにつとめてきたようなものです。それで、還暦に『西王母』を舞ってしまえば、それで私の能はしまいにしたいと思っています」

ある信徒に洩らしたことばである。直日の並々ならぬ決意と覚悟がうかがえる。自ら励んできた能楽の終極に位置するのが能「西王母」であった。

目標とするには、それだけの意味があった。

王仁三郎は「謡曲言霊録《げんれいろく》・西王母」のなかで次のように記している。

「西王母の著作は、全く神明《しんめい》の指示に由《よ》って、物《もの》された神文《しんもん》であって、実は今日《こんにち》の世の現在、並《ならび》に近き将来の出来事の真相を、予告したものである」

「西王母は世界救済、修理固成《しゅうりこせい》の神業を負担して三千年の長歳月《ちょうさいげつ》を、千辛万苦し、終《つい》に神業を完成し、五六七《みろく》の神政を地上に樹立して、天祖《てんそ》の御子《みこ》たる、天津日嗣《あまつひつぎ》の御子に万有一切を奉献し、跡に毫末《ごうまつ》の未練も残さず、勇《いさ》ぎよく、再び天上の月宮殿《げっきゅうでん》に還り上り給へる」

西王母は特別な意味を持ち、王仁三郎自身、大正十二年（一九二三）には自ら西王母に扮《ふん》し、総勢五十五人での大がかりな神劇を演じ、能装束を身にまとった記念写真も残している。翌年、ひそかに渡った蒙古（モンゴル自治区）にも西王母の能装束を運ばせている。

しかし蒙古から帰ってきて以来、王仁三郎から西王母演能についての指示は一切無かった。王仁三郎が蒙古に渡って以来、三十九年の歳月を経《へ》て実現したのが、シテ（能の主役）・直日による西王母演能である。

「私が還暦を迎えるに当たりまして、『西王母』を演能させていただきますことも、来たるべきみろく神世成就の型《かた》を惟神《かんながら》のままに仕えさせていただくことと、意義深く感じさせていただく次第でございます」

演能には「神世成就の型」という特別な意味が秘められていた。

全員素人、稽古三年

教団として演能が公式に発表されたのは本番前年、昭和三十六年（一九六一）十一月。しかし直日は、本番の五年前ごろから演能の具体的な構想を描いていた。

昭和三十五年（一九六〇）、能「猩々《しょうじょう》」を水道橋能楽堂で舞った後、直日（58）は、宝生《ほうしょう》流宗家・宝生九郎《くろう》をはじめとする座談会の中で、「西王母だけは自分たちでやりたい」と公言している。

長年稽古を続けてきているのはシテ（主役）をつとめる直日とツレの二女・廣瀬麻子だけ。その他の諸役は、本部職員を中心として、地方信徒も含め全員素人である。そのなかには稽古をしている者はいたが、能の舞台に立てるレベルではなかった。経験の浅い者ばかりで能一番を演じるということは、至難のことであった。

直日にとり、特別な覚悟をもってのぞんだ西王母であった。教主としての公務を執《と》りながら、多忙な日程のなか、時間を見つけては懸命に稽古に励んできた。朝陽舘南側廊下の一部分は、大鏡となっており、演能が近づくと装束をつけ、鏡に向かって舞いの型を自ら確かめた。わずかな時間も惜しみ、西王母の録音テープを流し、それを自分の体にしっかりと記憶させた。

シテを支える諸役も特別な覚悟と意気込みをもって、それぞれ担当する役の稽古に励んできた。囃子《はやし》の中で最年長であった大鼓《おおつづみ》担当・奥山忠男《おくやまただお》の回想である。

「私自身も教主さまに対する気持ちから、ぜひさせていただこうと思ったんですけど、出来るか出来ないかは、全くわかりませんでした」

笛を担当した京太郎もこう回想する。

「とにかく当時の大本の『西王母』のメンバーというのは、皆、特攻隊みたいなもんで、命に代えてもやるんだ、という気構えでした」

出演メンバーは作業課、花明山植物園など現場の職員が多かった。「午前の十五分、午後の三十分の休憩時間も惜しんで、大鼓、小鼓《こつづみ》の人と地謡《じうたい》と毎日欠かさずに稽古していました」（津軽俊介・地謡担当）。「とにかく毎日の生活の中で少しでも時間があれば西王母の稽古をしていました。小鼓の手付けを書いた謡本二冊がボロボロになるまで稽古させていただきました」（久保田直樹・小鼓担当）

限りある時間を懸命に取り組む出演者であったが、直日が厳しく指導したことがある。「稽古事に精進するのであれば、それ以上に、奉仕に対して誠をつくさなければなりません」中心、順番を間違えないように、あくまで主は日常業務であり、そこが出来てこそ本当の稽古につながっていくということである。「大本は茶道の家でも、能楽の家でもない、大本は信仰の家である」。これは常々直日が指導している大事な柱であった。

演能は、ちょうど開教七十年記念事業と重なり、『大本七十年史』編纂《へんさん》など大きなプロジェクトを抱えて、教団は経済的に苦しい状況にあった。出演者は、個人の稽古、会への出演など、費用のほとんどを自らが負担した。

教団内でも西王母演能の意義が真に理解されていたわけではなかった。教団、本部全体として演能をバックアップするという空気は十分とは言えなかった。

そのため西王母演能に関する費用を本部に依存することはできず、別枠で篤志家を中心に協力を仰いだ。出演者の苦労はもちろんのこと、それを支えるため奔走した者の苦労も並大抵ではなかった。しかし協力を惜しまない信徒は数多く、それらの献金により演能は実現した。

けいこ期間は実質三年足らず。しかも、全員素人の舞台を成功させるというのは至難の事業であった。

○

直日を中心として各自、心血を注いだ稽古の末、いよいよ当日の昭和三十七年（一九六二）三月七日を迎えた。

午前十時から教主還暦生誕祭が行われ、信徒代表からお祝いのことばを受けた後、一般信徒から寄せられた慶祝歌に続き直日の三首が朗詠された。この間、直日はハンカチを手

神のまもり友等の愛にまもられて六十路の坂をやすくこえぬる
ひとやにて一人かんれきを迎へたりし亡き母をおもふ今日のよき日に
茨《いばら》の路ひらきし友ら皆天にあり吾一人けふのよき日にあへる

直日だけではない。居合わせた信徒もみな、先人の筆舌につくせぬ苦労の日々、直日がたどってきた道のりを思い涙した。

演能を前に、張りつめた空気が殿内に流れていた。

舞台正面の見所には日ごろから親交のある大徳寺《だいとくじ》管長・小田雪窓《おだせっそう》、曇華院《どんげいん》門跡・飛鳥《あすか》井慈孝《いじこう》、西方尼寺《さいほうにじ》門跡・盛善《せいぜん》、同志社大学元総長・牧野虎次《まきのとらじ》、武者小路千家官休庵《かんきゅうあん》家元令室・千澄子《せんすみこ》、裏千家《うらせんけ》名誉教授・浜本宗俊《はまもとそうしゅん》、アララギ歌人・夏山茂樹《なつやましげき》、文芸評論家・保《やす》田与重郎《だよじゅうろう》、中村松月堂《なかむらしょうげつどう》主人・中村清兒《なかむらきよえ》、書家・稲垣黄鶴《いながきこうかく》、社会事業家・川嶋貞子《かわしまさだこ》、陶芸評論家・加藤義一郎《かとうぎいちろう》、陶芸家・宇野三吾《うのさんご》ほか関係者多数が観能した。全国から集まった信徒も含め満堂の人々は、ライトに照らし出された舞台に見入っていた。

還暦の日に西王母を舞う

開演定刻、午後五時。能舞台橋掛《はしが》かり（※）の幕が上がり、切戸口《きりどぐち》（出入り口）が開けられた。囃子方、地謡方が、静かに定座に着いた。ワキから順に次々登場し、間狂言《あいきょうげん》（※）を挟み、長絹《ちょうけん》（※）をまとった後シテの舞台へと進む。

シテの仙女・西王母は三個の桃の実をワキの皇帝に手渡したのち、囃子の音に合わせ、華麗にクライマックスの「中の舞」を舞い納め、揚げ幕の向こうへ、シテツレの麻子とともに姿を消し、約一時間余の緊迫した舞台は無事に幕を閉じた。同時に万祥殿内にはいっせいに拍手の音が響きわたった。

日シテによる能・西王母
（万祥殿 S.37.3.7）

すべての舞台を終え、皆が舞台裏に揃ったとき、「バンザイ！」の発声が指導者たちから上がり、それが全体に広がって、出演者は、声も出せないほど感極まっていた。

囃子方四人は谷口勝三《たにぐちかつぞう》（石井流大鼓方）と宝生宗家に御礼のあいさつに行くと、宗家は四人に声をかけた。

「見料《けんりょう》を取れるじゃないか」

宗家は直日の舞台をこう評している。

「三代さんの能をみていると、普通の人とは違って、いつも神々しい感じをうける。うまくやろうというような欲もなく、本当に自然に舞っている」

出演者のひとり矢野義男《やのよしお》（ワキツレ）は、演能をこう回想する。

「橋掛かりから戻った瞬間、もう涙が止まりませんでした。全員が特別な思い、使命感をもって臨んでいただけに無事達成した瞬間の喜びは、何にも代えがたいものでした」

五十年以上が過ぎた今も、出演した者は口を揃えて「『西王母』の演能は一生の宝物」と言う。

演能を終え、後日、直日が詠んだ短歌である。

　世の人の幸ひを吾のこひ願ひ西王母を舞ふ還暦の日に
　立拝《たっぱい》を君のことばにしたがひて笛にかまはず長く舞ひたり

幼少よりなおの強い影響を受けながら育ってきた直日にとって、なおの祈り、その心は血肉となり直日の中に流れていた。その祈りの中心にあるものは世の平安、すべての人々の幸せにほかならない。演能に込められたその思いが一首目の歌に凝縮されている。

※【橋掛かり】揚幕から本舞台へとつながる長い廊下 ／ ※【間狂言】能のなかで狂言方が担当する部分
※【長絹】能装束の一つ。広袖の直垂形式の上着。女性役が用いる

西王母は王仁三郎のことばにあるとおり「神明の指示に由って、物された神文」であり、大本では〝神事〟に準ずる位置づけがなされていると言っても過言ではない。

同様に二首目にある「立拝」の型にこめられた思いも、やはり一首目と重なる。立拝（達拝《たっぱい》）の姿は、拝礼の意味を持つ祈りの場面である。西王母の舞台を共にした本部職員・澤田實《さわだみのる》（地謡）が立拝のときの心境について直接直日に尋ねている。それに対し、その型の意味するところについて、直日は次のように答えている。

「天地の大神さまにご祈念を申し上げ、感謝申し上げて、心から世の平安を祈念するのです。そのときには囃子のことも、何も気にしてはいません。そのお祈りが終わってから舞いはじめるのです」

それが西王母演能の最も大事な「柱」であった。

○

演能の前年昭和三十六年（一九六一）秋、大事な舞台を控え、直日は気になる夢を見ている。夢のなかで直日は小さな舟で谷川を下り、岩山が屹立《きつりつ》する難所を眼前にしていた。前を進む小舟は転覆し、直日は全力で対処し危険を脱するという夢であった。

「この夢は、個人にあてはめても、日本にあてはめても、世界にあてはめても、また、いまの大本にあてはめても、意味の深いものがあるように思います」

私のねがい

自己反省と心の浄化

長年にわたる念願、西王母演能を教主就任から十年目にして実現した直日。この年、昭和三十七年（一九六二）九月、直日は「私のねがい」と題す一文を教団の機関誌に発表した。前年の直日の夢に通じる危険が、教団のなかで次第に表面化してきていた。

「大本には、右をも左をも平和の大道に活かしうる大本としての平和運動のあり方があるので、平和への働きかけにおいても、判りやすく言えば、――このなかの人から、平和な気持ちになって、それを世の中の人にうつしてゆけ――と示されているのです。そのためには、平和の心に反している自分の腹の中の掃除をしようという、暮らしの中でのはげしい修行が、信仰的な精神が、たいせつであります。

信仰的な自己反省や、心の浄化をおろそかにして、世間的な運動がやりたいのであれば、その方はここを出てから、自分の信ずるものに挺身《ていしん》されてはとおもいます」（抜粋）

このことばの背景にあるもの。それは昭和二十九年（一九五四）にまでさかのぼる。同年三月一日、米国は太平洋のビキニ環礁で水爆実験を行い、操業していた日本の第五福竜《ふくりゅう》丸《まる》が被爆。それをきっかけにして「原水爆禁止運動」は世界的な平和運動へと広がってゆく。国内で最初に組織的な運動に取り組んだ人類愛善会（会員の主体は大本信徒）は、最終的に二百万を超える署名を集め、国連へ核兵器の使用禁止と破棄を要請した。

しかし、核兵器反対運動は、いずれの党派にも偏しない自然発生的な市民主導の運動から、次第に政治的色彩を帯び始め、政党間の主導権争いも深刻となり、運動団体が分裂していった。大本もその影響から教団内の一部の者は特定の政党、組織、人物と深くかかわりを持つようになる。そして運動は、特定の〝敵〟に対する〝闘争〟へと次第に変質していく。

当時の機関紙「人類愛善新聞」紙上には、「平和の敵を明確に」「平和の敵はアメリカ帝国主義」「反米闘争」など、人類愛善会発会の趣意「全人類の親睦融和《しんぼくゆうわ》を来し、永遠に幸福と歓喜とに充《み》てる光明世界を実現」とかけ離れた政治色を帯びた記事がつづく。その思想を広げていくため革新系の学者などを講師に招き講演会、学習会を開くなどして運動の拡大をめざした。

直日が目指すものとの溝は深く大きかった。宗教本来の役割「信仰的な自己反省、心の浄化」を忘却した一部信徒には忠告・助言も耳に入らず、外に向かって、一方に偏した運動が継続された。

そういう背景で発表されたのが、直日の「私のねがい」である。そこには大本としてもっとも重要な、信徒一人ひとりに与えられている使命が明示されていた。

「〝みろくの世をつくる〟ということばを、よく聞かされますが、それは、どこに、つくるのでしょう。私は思います。自分の心の中に、人の心の中にみろくの世がつくれなくて、どうして、〝神さまがお示しになっているみろくの世〟がつくれるでしょう」

教えに示されている理想世界「みろくの世」は、外に向かって叫ぶ前に、まず自らの心のなかにつくり、それをまわりに及ぼしていくというのが順序であり、本来の姿であると教えられている。

そして最後にこう結んでいる。

「大本と使命を別にした分野には、それぞれの担い手があることでしょう。大本は大本の使命にいきなければなりません」

昭和三十七年（一九六二）秋、直日は教団人事を刷新した。娘婿の総長・出口栄二《でぐちえいじ》を更迭し、総長制を本部長制とし桜井重雄《さくらいしげお》を本部長に据えた。

大本とは

示されし道

先に発表した「私のねがい」、その後の人事刷新、直日は、その真意をより正確に伝えるために「示されし道をともに進まん」との長文（四百字詰原稿用紙で約三十三枚）を教団機関誌「おほもと」に掲載し、教団が持つ特異性と使命を説いた。そこには「立替《たてか》え立直《たてなお》し」「祈り」「政治と宗教」などについて、直日の考えが明確に伝えられていた。要点だけを抜粋・引用しながら追ってみたい。

立替え立直し

「大本の眼目とするところは、〝世の立替え立直し〟であります」
大本出現の目的は「われよし、強い者勝ち」の悪の世を立替え立直し、すべての人が喜んで暮らせる世の中「地上天国」、国家・民族・宗教が平和に共存共栄できる「みろくの世」の実現であった。

しかし、一方で直日は、

「立替え立直しの社会化に夢中になると、勢いのあまり、行きすぎていつしか限界をこえて、方向をあやまって、大きな事故になりかねない事態に気づかないものです」と警告している。

第五福竜丸被爆に始まる教団の運動は、特定政党の影響の下で、社会運動に発展していった。政治体制、社会組織の改革をもって「立替え立直し」と受けとり、自分自身の足元を省みることなく、ひたすら外に向かって運動を展開していく状況を「大きな事故になりかねない事態」と直日は心配していた。そして、「平和運動に挺身さしていただくことが、大本の主たるご用ではない」と役割の違いを明示した。

立替え立直しの本質については次のように示している。

「大本の筆先は、〝世を立て替えるぞよ〟というお示しが、一貫した骨組みになっています。それについて、〝世の立替えともうすのは霊（＝ミタマ）のことであるぞよ〟というお示しのあることを、しっかりと腹におさめていただきたい、とおもいます。

〝世ともうすのは霊のことである〟というお示しは、教祖さまが、孫のわたくしをつかまえられていくたびかお諭しくださったおことばですが、このお示しのなかに、大本が宗教として表れ、宗教として歩んでゆく根因があることを感じていただきたいと思います」

平和世界実現のいちばん基礎となるものは、一人ひとりのミタマ、精神の立て替えであり、それ無くして「地上天国」を招来することはできないことを諭している。

王仁三郎も、次のような歌を残している。

立替へを世人《よびと》のことと思ふなよ立替へするは己《おの》が身魂《みたま》ぞ

祈り

開祖・なおは、大きな試練を伴う「大峠」の到来を、神示により知らされていた。

「ある日、教祖さまは、私に、

『神さまが、どうしても、世界に大峠が来る、とおっしゃる』

と、うれしい顔で申されました。これは、かねてから〝世の大峠〟が来ることを、神さまから知らされて、

『そういうことになっては、何も知らない罪のない者にまでケガ人が出て、それでは、あ

と、教祖さまが、ねがいつづけてこられたからです。

にもかかわらず、神さまは、

『いくら直《なお》がそういっても、来るものは来る。遅し早しがあるだけで、来ることは、神にもどうしようもない』

と、おっしゃったのです。それでも、なお、教祖さまは、

『どうぞ大難《だいなん》を小難《しょうなん》に、小難を無難《ぶなん》にしてくださいますように』

と、一生懸命に、神さまにご祈願をつづけられました。わたくしは、ここのところが、大本信仰の神髄になる、もっとも大切なところであるとおもいます」

直日は、さらに念を押すようにことばを重ねている。

「〝大難を小難に、小難を無難に〟と、神さまへ日々、一心にお祈りくださったことが、大本の信仰の根本にならねばならないとおもいます」

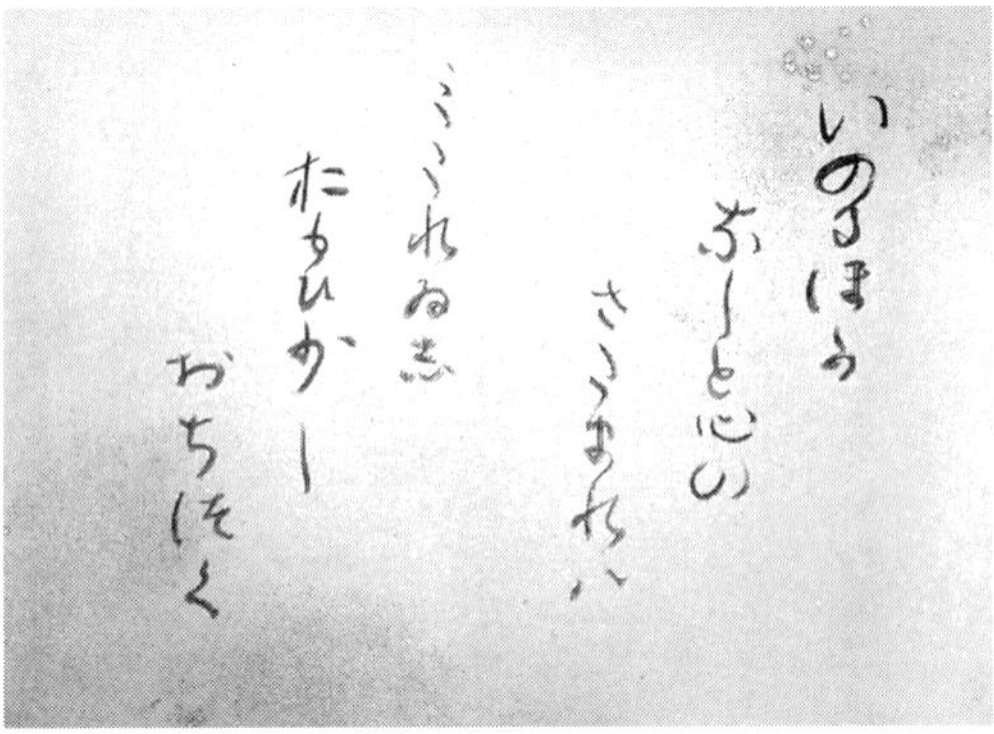

「祈るほかなしと心の定まれば
乱れゐしおもひ少し落ちつく」(直日書)

なおの祈り、それを大本信仰の「神髄」「根本」であると示し、いかなる状況であろうとも祈りを柱とし、それに徹するあり方を大本信仰の礎に置いている。

「わたくしの祈りの一番の眼目は、世界中の人々が、幸せになってもらうことです」

「神さまの理想の実現することを、ただ、ひた祈りに祈る外はないのです。そして、この祈りを柱として、新しい現実をうち建てるために精進するより外はありません」

迷いのない直日の信念である。その境地にいたる背景には、直日自身が「第二次大本弾圧」に遭遇し、祈りに徹するなか、道が開かれていった事実の数々があった。

「この事実は、わたくしに動かすことのできない信念を与えて、わたくしの行く道を力強く歩ましてくれます」

祈りにより救われた経験に基づく〝信仰的確信〟である。また別のところで直日は次のように示している。

「どんなに行き詰まっても、一生懸命に拝めば何とか道は拓《ひら》けるものです。この宇宙には祈れば直ちに神さまに通じる仕組みがあります」

長文のなか、一個所だけ《》で囲み、直日が、とりわけ強調している一文が次である。

《祖母にはじまる私の祈りは、けっして仕方なくおこなっているのでなく、誰からすすめられたものでもなく、自分のこころからの願いによるものです》

宗教と政治

「これまで、大本教団の一部には、一つの誤った受けとり方が、かなり以前からあったようです。

その原因が、どこにあったかは知りませんが、一つには、聖師さま(王仁三郎)の、〝教育や政治芸術いっさいを指導するこそまことの教《のり》なる〟というお歌の曲解から来たものではないかと、おもわれます。それは宗教教団が、政治運動を展開して、政治的に社会を救済するのでなければ、ほんとうの宗教ではない、とうけとられているのでしょうか。

それなれば、とんでもない取り違いです。世には、宗教家にして政治家たりうる人は存在しましょうが、その時には、純粋な宗教ではなくなってゆくものです。

政治家の使命であるところの、立派な政治社会をつくるには、そのための素質と技術を必要とすることは、当然のことです。宗教の使命は、その素質と技術をうごかす心の中に結ばれて、政治を精神的に指導してゆくところにあるとおもいます。

いえば、政治の歩みの、その一歩手前に立って、光明《こうみょう》となる灯火《ともしび》をかかげるのであって、けっして政治の歩み、それ自体となるのではないでしょう。したがって、宗教は、いつも、政治を超越した立場に立たなければなりません」

　宗教が政治運動に直接かかわることを否定し、宗教は「政治を精神的に指導してゆく」という両者の関係が示されている。

「右とか、左とかいうことばは本来、この大本にはないはずで、教祖さまのお筆先のどこにも、右、左の区別はありません。ですから、右、左ということばを大本で使うこと自体がおかしいのです。ただ、聖師さまが、世間で右とか、左とかいうことばが使われ出したころに、大本は、右によらず左によらざる中道である、という意味のことをお諭しになりました」

　政治、思想の面でも大本が立つ位置は「中道」であり、どちらかに軸足を置くことをよしとしてはいない。

　政治色を帯びた一部の人たちの教団への影響についても、

「宗教団体はあくまで信仰を中心とした多くの人々の団体であって、それを、少数の人の考えで、政治的な動きに導くことは、許されないことです」

　と、厳しいことばで言い切っている。

　宗教と政治。このまったく違う二つの分野を直日は職業にたとえて説いている。

「染ものは染もの屋が、餅《もち》は餅屋がたずさわるもので、それぞれが一生懸命になって、それで世の中が成りたってゆくのです。いくら気になるからといって、餅屋が染もの屋の手伝いに夢中になってしまっては、どうなるのでしょう」

その当時、政党主導により展開されていた平和運動についても、直日は冷静な判断で信徒を導いている。

「平和運動によって、私たちの願う平和の目的が、果たされるかどうか、ということを、このさい、わたくしたち自らが反省して、考察しなければならないのではないでしょうか。……

いまの平和運動が、帝国主義は人類の敵だとか、資本主義が平和の敵だとかいうようなことばを使っているうちは、平和は世界に招来されないでしょう。といっても帝国主義を肯定しているのでも、資本主義を肯定しているのでもありません。

ただ、神さまの世界には、敵というこころが無いからです。したがって、東・西のいずれにも敵などは無いはずです。敵をもつようでは、もう信仰ではありません」

当時の平和運動に疑問を投げかけ、真の宗教、信仰には「敵が無い」と説かれている。宗教に起因し世界各地で発生している対立、紛争を目の当たりにするとき、この直日のことばは時代を超えて重く響いてくる。

○

第五福竜丸の被爆を起点として動きはじめた「平和運動」、その教団への影響、これも教団大本として越えなければならない試練であったのだろう。結果的には、大事に至ることなく、直日の決断によって未然に食い止めることができた。

だが直日が下した判断により直日自身が心に大きな痛手を被《こうむ》った。その渦中、直日の方針に反発する人たちのもの凄《すご》いエネルギーが押し寄せてきた。

「わたくしの言動は、つねに神さまからのものを中心にしていますから、他人の主観によって動かされることは、絶対にない」

そう言い切る直日は教団の改革を断行した。直日が詠んだ短歌から、当時の苦衷がしのばれる。

わが願ひとほらむと思ふ溢《あふ》れくる涙はうれしさの為にあらぬに

働きて食へよ教主の値打《ねうち》なしと奉仕者らしきが手紙を寄越《よこ》す

心の平和など生ちょろい世界情勢を知れよと書きあり

去る者を追はず来る者を拒まずとひとりごち今日は慰めゐたり

直日の短歌の師である夏山茂樹が記した短歌評からの一節である。

できぬ、率直な性格の人には、ときに堪《た》えがたい負担であろう。……疲れ切った顔をしていられるのを見て、私は、数回胸を痛めたことがある」

直日が大きくかじをきった機構改革に際し、そのことばが正確に教団執行部に伝わったのかといえば、必ずしもそうとは言えなかった。

「私のねがい」を発表した翌年も、直日は、「教団の一部に、ともすると立替え立直しの意義を、政治や社会機構の立替え立直しにのみ重点をおき、社会運動や政治運動に走ろうとするような傾向を感ずるのでございます」と述べている。組織改革は行われたが、「立替え立直しの社会化」を目指す一部の信徒らは、直日の方針に沿った道を歩むことはできなかったのである。

そのような状況のなか、直日は全信徒に、さらなる自覚を促すための重要なことばを昭和三十九年（一九六四）の節分大祭で伝えた。

「大本は何をするところであるか、端的に申しあげますならば、まことの神さまを拝ませていただき、神さまのお示しになっているお道を踏み行いつつ、各自がミタマの洗濯、大掃除をさせていただき、精神界を立替え立直すご用に仕えさせていただくところでございます」

大本がどういうところであるのか、根源的な問いかけに対する直日の回答である。

壺中居《こちゅうきょ》で初の個展開催

人陶一如

直日が陶芸を始めて十四年の歳月が流れた昭和三十九年(一九六四)秋。その作品を世に問う初の個展が、東京の壺中居《こちゅうきょ》を会場として催されることになった。

壺中居は大正十三年(一九二四)に創業。国内でも屈指の美術商であり、その中にある展示場には一流の作品が展観され、今も文化人、美術愛好家などが足を運んでいる。

直日(62)の個展開催の発端は岡山の伊部《いんべ》にあった。

金重陶陽《かねしげとうよう》の飲み仲間に美術商の三沢悦雄《みさわえつお》(号・瓢山人。岡山市の「三沢美術」先代主人)というちょっと変わった人物がいた。商人でありながら、ぶっきらぼうな性格で、世の著名人などという肩書きには無頓着《むとんちゃく》で、自分の気に入らない人には、無愛想な態度で接するという超俗的な数寄者で、数々の面白い逸話も残されている。三沢は陶陽の窯出しに立ち会うことがあった。そんなとき「これは素晴らしい」と取り出して褒めるのが、いつも直日の作品であった。

この出来事が一つのきっかけとなり、陶陽・素山《そざん》兄弟の尽力により作品展が実現することになった。瓢箪《ひょうたん》からコマのような展開であるが、壺中居主催、日本陶磁協会後援という、素人の直日にとっては破格の扱いとなった。大本の名は一切出したくないという直日の願いにより、パンフレットにも案内にも「大本」の名はいっさい記載しなかった。

同年七月、個展開催に先立ち文部省技官・田山方南《たやまほうなん》と日本陶磁協会常任理事・黒田領治《くろだりょうじ》の二人が亀岡・天恩郷に来苑した。作品展の打ち合わせと直日の作品がいかなるものなのか、斯界《しかい》の権威者の目で確認してもらうことが目的であった。田山は昭和四年(一九二九)に文部省に入り国宝監査官、国立博物館主任文化財調査官などを歴任している。黒田は「黒田陶苑《くろだとうえん》」の創業者であり、北大路魯山人《きたおおじろさんじん》ほか陶芸家との親交も深く美術評論家としても活躍していた。二人は茶人でもあった。

「ここにはお茶がありますね」

朝陽舘前庭を見た田山の第一声である。さらに舘内に入り庭を見ると松林の下にはキキョウ、オミナエシ、カワラナデシコが植えられている。

「自然の七草の味はすばらしいです。むかしの日本に生きている感じがします」(田山)

通された茶室の床には、二代すみこの書、陶陽作の掛花入《かけはないれ》には白いキキョウがいけられている。直日とあいさつを交わした後、二人は素山の案内で作品がならべられた部屋へ移動した。実は亀岡を訪ねるまで田山は、直日の作品を直日自身の作だと信じていなかった。

「ここに来るまでは、金重素山さんが大体のものを作り、教主さまはそれに一寸手を入れられるだけだと考えていたのです。それが大体有名人の作陶なのですが、素山さんは土の塊をおくだけで、ロクロから一切ご自分でおやりになると知って、実は驚嘆している」

この天恩郷訪問は、田山の筆で同年の陶磁協会機関誌「陶説」九月号に「〝丹波の旅〟——亀岡にただよう芸術——」として紹介された。

そこには作品の印象が次のように記録されている。

「つぎつぎと箱から出されるものは、みな私の目に美しく映った。茶盌《わん》、鉢、水指《みずさし》、茶入《ちゃいれ》、小壺《こつぼ》、皿と、いずれも共通することは、作品におおらかさがあることだ。何か楽しんで造っている心がひそんでいる。……先ほどお目にかかった時の印象とこれら陶器の持つ味とが、そっくり一味和合するものが感じ取られて、なるほど、これこそ『人陶一如』ともいうべき境地かなとつくづく敬服してしまった」

さらに墨絵について、

「いま眼底に去来するのは、すすきの墨画と芦《あし》の絵である。そしてそこに多年習練のたしかさがただよっている。前者には光悦蒔絵《まきえ》を思わせる線の強さがみなぎっている。後者は芦を折矢のように並べ、余白を中において、寒江独釣《かんこうどくちょう》のような舟一つを上に描き、その空白は漂渺《ひょうびょう》とした江岸の静けさを湛《たた》えている。今日これだけの簡素化した寂寞境《せきばくきょう》を描き出す人があろうか。禅画に通ずる迫力を覚えた。陶芸といい、画技といい、まことに天稟《てんぴん》の冴《さ》えが静かにしっとりと表現されている」

作品に目を通した二人からぜひ会場で即売するようすすめられ、直日も了解し即売が決まった。

直日墨絵「芦と舟」

○

個展開催初日、昭和三十九年九月二十八日。直日の姿も会場にあった。

壺中居二階には、茶入、茶盌、水指、花器など約六十点の陶器が飾られ、壁には書画も展示されていた。店主の廣田《ひろた》熙《ひろし》に「こんなものを並べまして皆さんにえらいごめいわくをおかけしました」と頭を下げてあいさつをする直日。

そして会う人ごとにも頭を下げ、「人騒がせなことをいたしまして」と恐縮するのだった。会場入りについても、「清水の舞台から飛び降りるつもりの勇気を出して今日は伺わしていただきました」との心境だった。

社交上の謙遜《けんそん》ではなく、直日にとっては、いずれも本音であろう。他人に見てもらうために作ったのではなく、まして売るために作ったものでもない。父・王仁三郎同様、意のままに始めた陶芸、あくまで素人芸である。一流の識者が集う「壺中居」での個展は、直日自身、公の場で審判を受けるような心境だったであろう。

しかし直日の不安とは裏腹に、個展は大きな反響を呼んだ。

会場には陶芸家（人間国宝）・浜田庄司《はまだしょうじ》、陶芸家・バーナード・リーチ、法政大学学長・谷川徹三《たにかわてつぞう》、日本陶磁協会常任理事・磯野風船子《いそのふうせんし》、同会理事・小森松庵《こもりしょうあん》、洋画家（芸術院会員）・中村研一《なかむらけんいち》、日本工芸会会長・細川護立《ほそかわもりたつ》、人形作家（人間国宝）・鹿児島寿蔵《かごしまじゅぞう》、東京国立博物館次長・林屋晴三《はやしやせいぞう》ほか多数が来場した。六日間で千人を超える参観者となった。

陶芸家（人間国宝）・加藤土師萌《かとうはじめ》は、作品の感想を次のように語っている。

「何というたのしい作品でしょうね、一つ一つを本当に楽しんで作っておられる。われわれ専門家には、とてもこのような楽しい作品は作れません。いやむしろ、毎日が苦しみの連続です。これは人、ですよ、人格で作られるのです」

すぐ近くの白木屋で作品展を開いていた版画家の棟方志功《むなかたしこう》も寸暇をみつけて来場した。

ない棟方は「絵も素晴らしいですね。何時でも結構ですから、扇面の表紙にナデシコを描いて頂くようにお願いして下さい」と係に依頼して会場を後にした。棟方の眼をひいたのは墨絵であった。

白洲正子《しらすまさこ》の来苑

随筆家の白洲正子《しらすまさこ》も二日目に会場・壺中居に姿を見せた。白洲は届いたパンフレットの備前の徳利にひかれて来場した。購入を楽しみにしていたが、すでに希望の品は売れていた。

「全部売り切れて、私はがっかりした。それもそのはず、出口さんの焼きものは何《いず》れも近ごろお目にかかれないような、のびのびした作で、てらいがなく、その上、素人とは思えぬほどろくろも巧《うま》い。つまり、素人のうぶさと、玄人の技術をあわせ持っているのである。こんな作品を、焼きもの好きがほっとくはずがない。一体どんな方だろう。ほのぼのとした茶碗《ちゃわん》の、快い触感をたのしみながら買えなかった口惜《くちお》しさを、まぎらわしていると、世話役の方が現れて、そんなにほしければ亀岡へいらっしゃい、教主さんもきっと喜ばれますと、親切にいって下さった」と十一月十八日「産経新聞」夕刊が報道している。

白洲は「久しぶりにほん物に出合う心地がした」とも記している。

後日、白洲は亀岡まで直日を訪ねている。

「その時はじめて直日さんにお目にかかったが、うぶな作品そのままの、飾り気のない人柄で、気持ちのいいおもてなしを受けた」

季節の鮎をはじめとする手料理の数々が食膳にならべられた。

「いずれも土地でとれるものばかりで、おいしかったのを覚えている。お料理が手製の器にざんぐりと盛ってあるのも、私にとっては何よりの御馳走《ごちそう》であった」

食後、すべての食器が片付けられた後、直日の手になる陶器が机の上にならべられた。「どれでも好みのものを」との直日のことばを受け、白洲は一点の茶盌を手にした。

「『ああ、やっぱり……』と、ひとり言のように呟《つぶや》かれた。うかがってみると、それは極く初期の作品だったそうで、少し技術が巧くなると、どうしても失われるものがある。初期のもののみが持つ、たどたどしさが何ともいえぬ味合いで、この頃そのことに気づいて、不安だった、というようなことをいわれた。

が、既に気づいている人が、そういうものを失う心配はない。はたして直日さんは、技術的に進歩されるとともに、第二の初心ともいうべき、まろやかな円熟味を加味された。生まれつきの人柄のなすところであろう。そういうものがなくなって行く時代に、これは貴重な存在である。陶器に、織物に、能楽に、日本のほんとうの美しさを、これからも大切に育てて頂きたい。直日さんなら安心して、そのようなことをお願いできるような心地がする」（白洲正子著「縁あって」株式会社ＰＨＰ研究所）

期待どおりの亀岡訪問であった。

白洲の随想は次のように結ばれている。

「帰りに邸内を案内して下さった。時季といい、主といい、一生の中にあのように楽しく、すべてがしっくり調和する時は、そうざらにあるものではない。萩が咲くころになると、私はあの日のことを思い出す。そして、直日さんの茶碗でお茶を飲む」

また四歳から能楽を始め、女性で初めて能舞台に立った白洲は、こうも書いている。

「お能も舞うといわれたが、私には見なくても、それがどのような舞いぶりか、はっきりわかるように思われる」（産経新聞）

白洲正子を師と仰ぐ元首相・細川護熙《ほそかわもりひろ》は正子を次のように評している。

「焼きものなら焼きもの、あるいはお能ならお能と、何かひとつの世界にだけ詳しい人はたくさんいますが、日本文化を縦糸と横糸で紡ぎ合わせて自分の言葉で語れたのは、おそらく白洲正子さんが最後でしょう。正子さんは本当の日本文化、日本精神を血肉としてい

た人」（永青文庫HP）

白洲の見識は、没後十数年たった今も、さらにその評価を高め著書の再版が続いている。初の個展は、直日にとって、また周囲で支えた関係者にとっても十分な手応《てごた》えであった。

こうして王仁三郎の耀盌、すみこの書に続いて直日の陶器も、その世界で認められるところとなった。

文化財保護委員、また陶芸評論家として多くの著書を残す小山冨士夫《こやまふじお》の陶芸評である。

「私がはじめて三代出口直日女史のやきものを見たのは、何年前だったか、京都の宇野三吾君の工房をたずねた時である。そのころつくられたという、無地刷毛目《むじはけめ》の小服《こふく》の茶碗だったが、実に豊かで、やわらかで、このごろつくられた茶碗で、あれほど愛着を感じた茶碗はない。

その後、畏友《いゆう》、石黒宗麿《いしぐろむねまろ》、宇野三吾、黒田辰秋《くろだたつあき》君たちにつれられて、亀岡天恩郷の花明山窯《かやまがま》をはじめてたずね、沢山《たくさん》にあった作品をながめたが、その時も特に深い感銘をうけたのは、三代教主のつくられたという無地の水指である。

私が手にもってはなさないので、そんなにほしいのならと頂戴して帰ったが、私の家にある富本憲吉《とみもとけんきち》、北大路魯山人、浜田庄司、荒川豊蔵《あらかわとよぞう》、石黒宗麿、金重陶陽、上口愚朗《かみぐちぐろう》氏等をはじめ、多くの陶工の作品とを比べ、何かひときわ私の心をひくものがある」

ひそかなる願い

梅松館《ばいしょうかん》完成

直日の中にずっと秘めていた思いがあった。

それは神務や宗務のための朝陽舘とは別の私邸で「夫婦と、子どもたち」と共に生活をしたいという願いであった。朝陽舘は教主公館ではあるが、信徒の出入りは自由であり、完全にプライベートを確保することは困難な状況であった。教主就任以来、十数年が経過しようとしているにもかかわらず、直日がこころからくつろぎ、家族、親族をはじめ一般の人とも自由に交流できる家はなかった。

私邸建設は、単なる個人的なものではなく、その根底には、足もとから「良き型」をという直日の信仰に根ざしたものであった。

「大本は、みろくの世の基礎になる型をきずかしていただくことが、その大きな使命であります。わたくしが、これまで歩んで来たいっさいも、そこにつながれかしと念じて来たものであります」

新たに建設する家の場所は亀岡の中矢田《なかやだ》。「梅松館《ばいしょうかん》」と命名された。その名は「梅で開いて松で治める神国の世になりたぞよ」という初発の筆先によるものであった。

「梅で開く」とは、寒気に耐え、香り床しく美しい花を咲かせ、良き実を結ぶ梅にたとえてのことばである。「松で治める」とは永久に色あせぬ松の緑のように、変わらぬ神への真心を表したもの。苦労によって結ばれた実を、変わらぬまごころで守り続けていくという、大本信仰のあり方を端的に表したことばである。

梅松館の淵源《えんげん》は、昭和二十一年（一九四六）、王仁三郎夫妻にとって最後の地方親教となった和歌山行きにさかのぼる。熊野灘《くまのなだ》を見おろす高台・快山峡《かいざんきょう》（王仁三郎命名）で夫妻を迎えた山荘、それが「梅松館」であった。「神明屏風《しんめいびょうぶ》」に王仁三郎、すみこがのちに筆を入れたのもここである。その梅松館から二十年の時を経て、不思議な霊線に導かれて建てられることになったのが、新たな梅松館である。

正式に教団内で発表されたのは昭和三十九年（一九六四）立春を迎えてからである。

教主就任から十二年、ひとまわりの周期を迎えていた。この間に、各地をまわって信徒との交流を深めていった。機関誌上にやさしく自らの考えを伝え、短歌を通し、偽りも飾りもない、ありのままの姿を見せてきた。それらを通し、直日の実像が信徒の目にも、はっきりと映じていた。

竹田時代以来、短歌、茶道、能楽も次第に信徒間に浸透し、直日の指導に素直に従って実践してきた信徒たちは、一様に信仰の確かな手応えと喜びを感じていた。直日の指導方針は、信徒のなかにそのまま受け入れられていった。

昭和四十一年(一九六六)三月七日、直日の六十四歳の誕生日当日、梅松館は、信徒のまごころによって建ち上がり、翌年、陶陽設計による工房が増築され、すべてが完成した。神前を中央に配し、能舞台、茶室、陶芸工房が備えられ、ここにはじめて直日の日常生活を充実させる環境が整った。午前中いちばん日当たりがよく、窓からの眺めもいい部屋は日出麿の居間に当てられた。

梅松館完成以降、人間国宝をはじめとする文化・芸術関係者と直日の親交の幅はますます広がっていった。ほかにも有名料亭の主人、医師、事業家、俳優、学者など、およそ大本信仰とは無縁の人たちも頻繁に出入りするようになり、さまざまなジャンルの人たちが集う社交の場の様相を呈していた。互いの交流を通して日本文化・芸術が、さらに豊かに育《はぐく》まれ、各層へと広がっていった。

古都・明日香《あすか》を守る

昭和三十年（一九五五）ごろから同四十年代につづく日本の高度経済成長は、国民の生活を大きく変えていった。マイカー、カラーテレビが急速に普及し、生活は豊かになった。人口増加による住宅建設、工業化にともなう土地開発、さらに道路建設などが進んだが、開発という名のもとに日本の美しい自然が破壊され、急激にその姿を変えつつあった。

直日の決意

昭和三十八年（一九六三）の直日（61）の短歌である。

日本の国土を日々にくづしゆく松毛虫《まつけむし》の如き人等を憎む

「日本の自然を破壊して、平然としているのは、特定の人間です。それは不当の利じゅんの、とりこになっている少数の人たちです。彼らはもともと、景色を見る心をもっていません。ちょうど松にすくう、松毛虫のようなものです。自然の美とか、文化とかいってもわからない連中です。よい景色をみれば、それがそのまま、金銭になって見えるのです。それで、平気で山を削ったり、湖を埋めたりすることができます。そのような人間は、一度、砂ばくに住まわせてみることでしょう」

直日の痛烈な商業主義への批判である。

当時、開発の波は奈良県の古都・明日香《あすか》にも迫りつつあった。明日香は大和朝廷発祥の地。文化遺産である古事記、万葉集などの編さんとも深くかかわる地である。若いころから万葉集をひもとき、万葉人のそぼくな心情にひかれていた直日にとって、明日香は特別な思いを寄せるあこがれの地であった。

明日香を訪ねた後の直日の一文である。

「大和盆地をのぞむと、天香久山《あまのかぐやま》、耳成山《みみなしやま》、畝傍山《うねびやま》の大和三山が、ゆるやかな丘陵をえがいて夢のごとく浮かんでいました。

遠き六世紀のむかし、中国隋《ずい》朝の文化と仏教が大陸からの帰化人によってもたらされ、日本の古代国家がはじめてその形を整えようとする大和朝廷が、飛鳥村《あすかむら》、高市村《たかいちむら》を中心とする、この〝あすか〟の地に発祥した往時が偲《しの》ばれました。そして、当時の新しい国造りに当たった人びとが詠《うた》いあげた万葉の歌にこもるおおらかなロマンの前には、継体《けいたい》、欽明《きんめい》朝《ちょう》の内乱や、物部《もののべ》、蘇我《そが》氏の抗争、物部氏滅びし後の蘇我氏の専横、さらには皇室と蘇我氏の対立とつづく飛鳥時代の政治の流れなど、影薄くさえ感じられるのでした」

やさしい瀬音をたてて流れる飛鳥川《あすかがわ》にもこころひかれる直日であった。その流れは美しい棚田を縫い、今も絶えることなく清水をたたえている。川の流れを中心として藤原宮《ふじわらきゅう》跡《せき》、橘寺《たちばなでら》、石舞台《いしぶたい》、飛鳥寺《あすかでら》など、数々の建築物、遺構が、往時の歴史を今に伝えている。

「日々の生活に追われ、激しい対立の渦中に生きねばならぬ今日の人びとにとって、万葉は過ぎ去った遠い時代の夢と思われるかも知れません。

しかし、そのような時代なればこそ、忘れられようとする日本の心の故郷は尊く、いっそう慕わしく思われるのでした」

これほどの思いを抱く直日にとって、明日香に押し寄せてくる宅地開発は身を切られるような思いであった。明日香への思いは、さらに深く広く、より具体的な形をとるようになってゆく。

直日は、一生のうち一度でもよいから大原の里に住みたい、そう娘時代からあこがれていた。明日香の中でも特に「大原」へのあこがれは万葉集の次の歌に由来していた。

天武天皇《てんむてんのう》が藤原夫人《ふじわらのぶにん》に贈った歌

わが里に大雪降れり大原の古りにし里に降らまくは後

意味は「今私がいる浄御原宮《きよみはらのみや》に大雪が降ったが、あなたのいる古びた大原に降るのはまだ後のことだ」と藤原夫人を揶揄《やゆ》するものであった。夫人は返歌を贈る。

藤原夫人から天武天皇への返歌

わが岡のおかみに言ひて降らしめし雪のくだけしそこに散りけむ

意味は「私が住む岡の水の神に言って降らせた雪のかけらがそちらに降ったのでしょう」。大らかでユーモアに富んだ二人の掛け合いが、時代を超え、今も色褪《いろあ》せることなく新鮮に響いてくる。

大本奈良岡の家別院建立

地元の信徒に借家を探してほしい旨が側近から伝えられ、昭和四十一年(一九六六)六月、直日(64)はその下見で明日香を訪ねた。借家の候補地を訪ねた時のことである。いつも通る道が車両通行止めとなっていたため、迂回《うかい》して飛鳥寺の前を抜け、さらに車は進んでいった。

「どこへ行くのだろうと目を見張っていると、飛鳥坐神社《あすかにいますじんじゃ》を左手に、車いっぱいほど細い村道を登ってゆく。――おや、大原の里である――、笑いがとまらぬということをよく聞くが、まさにそのとおりで、わたしはひとりでに、にやにやとしてくるのをどうしようもなくいた。行くほどに奥が深く思いがけぬ大きな構えの旧家が何軒かあった」

気がつけば直日の車は、若き日から憧《あこが》れてやまない大原を走っていたのである。家に帰ってからも、大原の家の件で話はもちきりであった。

この日、直日のなかでハッキリとした思いが固まっていた。それは借家ではなく大原に大本の拠点をつくるということであった。その三日後、再び大原を訪ね、地元の村井平雄《むらいやすお》ら一部信徒と懇談。その後、絶好の場所に土地が見つかり、同年九月早速に契約を交わす。地元有志より土地が献納され、奈良に小さな家を建てることになった。

直日は藤原夫人の歌「岡のおかみ…」から引用し、本部直轄の機関「大本奈良岡の家別院」と名付けた。

昭和四十二年(一九六七)十二月二十四日、建物が完成(直日65)。完成祭が現地で行わ

大本奈良岡の家別院

れたが、体調の都合で直日は妹の尚江《ひさえ》を名代《みょうだい》として送った。祭典後、直日のあいさつを尚江が代読した。

「このよき日を、ついに迎えさしていただきましたことを、わたくしの大きな喜びとしています。

わたくしは若いころから、万葉の歌にしたしみ、その多くを生んだ大和の地にあこがれをいだいていました。ことに明日香の大原には、藤原夫人の歌などから格別にこころをよせていました。

はからずも、ここ数年来、吉野の山へしばしば通うところとなり、往き来の道すがら、明日香の大原に清居をもちたいおもいが、しきりと動いてまいりました。……

わたくしの行動は、人目には、わがまま

で遊んでいるように見えることでしょうが、そこに不思議な神さまからの綱がむすばれていますことを、ひそかに感じさしていただいております。

　清らかな遊びに徹し、それをとおして、神さまの御用にお仕えさしていただくことは、私の生まれさしていただいたことの、一つの大きな目的であると、わたくしは、神さまから聞かされています。

　わたしの家の遠い先祖は、かつて、大和のこの地に住んでいました。その意味では、このたびの岡の家別院は、遠い祖先の地に、清居を得ることができたという、そこには、まことに意義ふかいものが秘められているとおもっています」

　謙虚なことばで自分に与えられた使命が述べられている。そして、先祖が大和の地に住んでいたことも参拝者にとって、少なからぬ驚きであっただろう。

　それは王仁三郎の筆による「生いたちの記」にもつづられている。

　同記によると、上田家(王仁三郎の旧姓は上田)は藤原鎌足《ふじわらのかまたり》の末裔《まつえい》として大和の地に居住していたが、文明年間(一四六九～一四八七)に一家をあげて丹波国に移り、その後、上田《うえだ》の姓に改められた。別院の名の由来となった和歌の作者藤原夫人は鎌足の娘である。直日が大原の岡に特別な思いを寄せるのも単に歌だけに起因するのではなく、そこに流れている遠祖の血に由来するのかもしれない。

完成した建物は、中村為斉《なかむらいさい》の手になる茅葺《かやぶき》大和棟（※）の木造平屋建て、六畳、四畳半、四畳の小さな民家。古都にふさわしい美しい和風建築である。建物からは遠くに葛城山《かつらぎさん》、二上山《にじょうざん》が、そして優しい稜線《りょうせん》を持つ畝傍山も眺望できる。別院の坂を下れば、すぐそこに鎌足生誕の地が、さらに下ると飛鳥坐神社へと続く。明日香の北部を一望できる絶景の高台に位置している。

完成翌年、昭和四十三年九月八日、玄関から村の道に出る参道が完成し、直日の手でテープカットが行われた。細く短い参道であったが、直日は、「日本の故郷へ帰る道が開かれました」と、その喜びを語っている。

さらに、真意を次のように伝えている。

「岡の家別院を建立したわたしのこころの奥には、明日香を守ることによって、日本の自然がこれ以上こわされないですみますように、との祈りがこめられていたのです」

保護対策を御井敬三《みいけいぞう》に託す

別院完成後、直日の明日香保護に向けての動きが具体化していく。直日の思いは大阪で鍼灸院《しんきゅういん》を営む信徒・御井敬三《みいけいぞう》に伝えられた。和歌山出身の御井が大阪を拠点としたのは

※【茅葺大和棟】奈良、大阪河内などに見られる茅葺きの切妻屋根

〝信徒以外に大本の宣伝を〟という直日の意を受けてのことであった。

御井の戸籍名は奥井であるが、明日香での働きに先立ち昭和三十七年（一九六二）、直日は「御井」の姓を与えている。御井は万葉集巻一の五十二番「藤原の宮の御井の歌」と題する長歌からとったものである。その後の御井の使命と働きを暗示するかのような命名であった。

ちょうど別院が完成して間もないころ、明日香村に大規模な宅地開発がおころうとしていた。檜隈《ひのくま》地区にもその矛先が向けられた。同地区は明日香村の南半分にあたり、天武・持統《じとう》天皇合葬陵、持統帝のあと藤原の宮を継いだ文武《もんむ》天皇の陵もある。また古代には渡来人が住居し文化が栄えた場所で貴重な文化財が眠っている可能性の高い場所であった。万葉集にも檜隈を詠まれたものは多く、別院のある大原と同様、明日香のなかでも直日がとくに大切に思う場所の一つであった。

しかし檜隈地区はすでに大手業者により手付金が払われていた。土地買収の契約も終わり、開発直前の状況にあった。

この時、直日は御井に、

「日本民族にとって、まことに大切な明日香が、いま荒らされようとしている、明日香を国の律法によって保護し、自然をこわすことなく日本の代表的風土としてのこし、その文化的価値とともに、民族の故里《ふるさと》としたい」と所信を伝えた。

大変な使命を託されたのである。しかし直日に絶対の信頼を寄せる御井に迷いはなかった。直日の要請を受け、御井は蚊帳の外からどんなに叫んでも功は奏しないと明日香の住民となり、大阪で鍼灸を営みながら週末は明日香で過ごした。

昭和四十四年（一九六九）秋のはじめごろ、御井は散策の途中、村役場の岸下利一《きしげりいち》村長を訪ねた。

会うなり、こう切り出した。

「明日香を守る会を作ろうじゃありませんか」

「その会なら、もうできています。〝飛鳥古京を守る会〟といいましてね……」

会長には長年、発掘調査に情熱を注いできた関西大学教授・末永雅雄《すえながまさお》、副会長には大阪大学教授・犬養孝《いぬかいたかし》、歌人・辰巳利文《たつみとしふみ》、前明日香村長・脇本熊治郎《わきもとくまじろう》が決まっていた。明日香に深い愛情と保護に情熱を持っているメンバーだった。しかし会は発足したばかりで活動はしていなかった。御井は「その会をものにしましょうや。第一回の役員会を、私の大阪の家で開きましょう」と提案、村長を訪ねて間もない十一月十八日、御井の大阪の家に会長、副会長、そして岸下村長も集い役員会をもった。

岸下村長は急激な開発攻勢が続くなか、危機に立っている明日香の現状を報告し、このままでは自然、風致の破壊は避けられず、多くの協力を得て平和な古京の姿を維持したいと訴えた。村では「工場誘致などは絶対しない」ことを村是《そんぜ》として自然保護につとめたが、それも限界にきていた。

会合翌日、会の結成は朝日新聞に報道された。その後、にわかに新聞、テレビをはじめとするマスコミが一斉に明日香保存につながる記事を掲げ、映像を流し始めた。

御井の漢方医としての実力は広く知られ、関西の政界、財界はもとより文化人も治療に訪れており、各界に太い人脈を持っていた。御井はそれらの人物に明日香保存を直接に訴えることができ、直日の念願は御井の声を通して有力者にも伝えられ、浸透していった。

しかし、明日香を取り巻く現実、宅地開発はやむことなく、大切な史跡に迫りつつあった。「古都保存」、それは誰にも受け入れられるスローガンであるが、開発は住民の利益と繁栄につながるという現実もあった。

「保存、保存とよそ者が何いうか。そんなに明日香が大事やと思うなら、大臣の一人でもここへ連れてきて訴えてみろ」

御井の耳にそんなことばが聞こえてきた。それを聞いた御井は、それでは大臣に来てもらおう、と思った。明日香に関する様々な動きはすべて直日の元に届けられ、直日の指示で動いていた。

御井の治療を受けているなかに関西財界の大物、松下電器産業株式会社会長・松下幸之助《まつしたこうのすけ》もいた。御井は松下が主宰発行する雑誌の編集参与をつとめ、毎号寄稿し、本社で講演もしていた。その松下に、折にふれて、明日香の保存を訴えた。松下も次第に御井の情熱にこころを動かされていった。

首相・佐藤栄作《さとうえいさく》への直訴

あるとき、御井は時の首相・佐藤栄作への直訴を思い立ち、それを松下に相談した。それを聞いた松下は、こう答えた。

「首相は多忙だから、いっそテープに吹きこんで、声で訴えては」

こうして「声の直訴状」が松下から首相にわたることになった。その経緯《けいい》はのちに松下自身の筆で残されている。

「昭和四十六年四月、日本人の心のふるさとといわれる奈良の飛鳥を、官民相寄って何とか保存しようということで、財団法人飛鳥保存財団が誕生し、私がその理事長を引きうけることになった。私がどうしてこれを引きうけることになったのか、実はこれには次のようないきさつがあったのである。

先年、惜しくも亡くなられたが、当時、私の鍼《はり》の先生に御井敬三さんという方がおられた。その御井さんが私に鍼をしながらいつも話してくれたのが『日本人の心のふるさととして、飛鳥は永遠に保存しなければならないのに、それが開発の波に押されて今や風前のともしびである。今にして手を打たないと、日本人として後世に悔いを残す』ということだった。非常に頭のさえた人で、目は見えないけれど、単なる鍼医者とは違った見識をもっていて、飛鳥の歴史に深い関心をもち、時間があれば明日香村へ行き、飛鳥の土に親しみ、その現状について深い憂いを持っておられた。ついつい、つられて聞いているという日常が重なるうちに、私は飛鳥へ行ったことはないが、自然に興味を持ち、共鳴を覚えるようになってきた。

そうしたある日、私は御井さんに『先生、あなたのおっしゃることがよくわかってきた。しかし私は現地に行っていないのでうまく説明ができない。だからあなたのその思いを、十分間でいいから録音して説明してください。私は月に一回、佐藤首相に会うから、そのときそれを聞いてもらうことにする』と頼んだ。御井さんは非常に喜んで早速、飛鳥の歴史の意義を説き、このまま放っておいたら古代の面影がなくなってしまう。それは日本人の心を失うことだ、国家的課題として政府もその保存に全力を尽くすべきだ、と切々と訴えたテープを私にあずけた」（昭和五十年二月十九日付「日本経済新聞」朝刊・「私の履

歴書」より)

昭和四十五年(一九七〇)三月、このことばどおり、松下は佐藤首相に会い、「明日香村の保存についてこんな熱心な人がいるんだが、聞いてもらえないか」と切り出し、そこに居並ぶ関西財界を代表するメンバーとともに、首相は耳を傾けた。

声の直訴状は、直日の考えを御井の名で書きとめたものであった。少し長くなるが本題の部分を掲載する。そこには「現政府の施政方針の一つに、是非ともとりあげていただきたい」と前置きして、明日香を守ることの意義が文化、歴史ほか多方面から説かれていた。以下はその抜粋である。(詳細は明日香村HP参照)

「どういうことかと申しますと……、自己を愛する如く日本国家を愛し、以《も》って世界を愛する精神の高揚であります。日本人が日本の国家を愛し得ずして、どうして世界の平和に貢献することができましょう。

そして、そのような愛国心を涵養《かんよう》するためには、これを単刀直入的に申し上げれば、国民教育一切を歴史的、地理的、倫理的の三大基礎の上におくことで、その最も良き具体策として、大和、明日香村の自然と史跡を、国の法によってまもると共に、明日香村に日本の教育の歴史的、地理的、倫理的基礎を研修する教育研究所、あるいは、国民情操教育のセンターを設けていただきたいということであります。

ご承知のように、明日香村は、大和朝廷発祥の地であり、日本の古代国家が、はじめてその形をととのえ、法治国家として出発した古京であります。

古代の大和朝廷のほとんどが、飛鳥に都を置き、そうしてこの飛鳥を中心にして大和国家は栄え、この飛鳥を中心として古代文化のかがやかしいかずかずが生まれ、やがて大和の名は日本全体を意味することばとなってまいります。このように、古代日本の政治と文化の母胎となったのが明日香で、この明日香村こそは、〝にほんの心のふるさと〟の名に値する唯一の存在でもあるといえます。

したがって、明日香の古京を逍遥《しょうよう》すれば、誰しも日本のこの国がいかにして形成され、いかなる経路をたどってきたかを回想せずにはおられないでしょう。……

およそいかなる国の民族も、それぞれの国がもつ文化遺跡を高く評価するものです。そしてこれを誇り、これを愛し、その国の名において実際に大切に保存しています。

それにもかかわらず、わが国では、この大切な明日香古京を大切に保存し、これを愛し、これを活かす精神と体制は、非常におくれています。……

もしも、このままに放置するならば、明日香古京は近代化の侵蝕《しんしょく》を受けて、いくばくもなくその価値を消滅してしまうことでしょう。

日本民族のふるさとともいうべき明日香の自然と風物、世界に誇るべき貴重な史跡は、どんなことがあっても、守らなければなりません。……

明日香の胎蔵する民族的意味はあまりにも大きく、かつ、明日香を守る唯一の道は、明日香をこの後の日本の国作りの上に、その精神の中心として生かすことであると言う問題について考えてみる時、是非とも、国の力によらなければならないという結論が出てまいります。それには、さきにふれたように法の力によって明日香が保護されねばならず、国の力によって明日香の地に、日本精神振興のセンターが樹立されなければなりません。

ここに切実に佐藤首相閣下のご英断を祈る次第であります」

そして、こう結んだ。

「加えて、この一管のご聴許を機に、首相閣下に、ぜひとも明日香の古京跡をご視察いただければ、光栄これにすぎるものはございません」

このテープは佐藤首相に深い感動を与え、翌日の閣議でもテープが流された。その後、関係閣僚が次々と明日香を訪ねた。さらに同年六月二十九日、佐藤首相自身も明日香を訪れた。現地に向かうに先だって奈良市内で記者会見を行い、明日香への思いをマスコミに伝えた。

「民族の心を後世に伝え、さらに発展させねばならない。地元の方が保存に関心をよせ、経済発展のなかでもこの地域は〝汚染〟されないできた。これから先は政府が力を貸さねばならない」（『大本奈良岡の家別院二十年誌』）

保存のために活動を続けてきた人たちにとって勇気を奮い立たせる首相の言葉であった。

首相、明日香甘樫《あまかし》の丘に立つ

会見後、首相は御井の案内で甘樫の丘に立ち、御井の手を取った。

「御井さん、ありがとう。あなたのおかげで明日香に来ることができました」

開発から守ってきた前村長の脇本熊治郎の手もかたく握り、「身近に寄せる開発の波にもめげず、明日香村民の皆さんはよくこれまで辛抱し、保存してくれました」と首相は謝意を表した。

視察には官房長官・保利茂《ほりしげる》、運輸大臣・橋本登美三郎《はしもととみさぶろう》、通産大臣・宮澤喜一《みやざわきいち》、初代文化庁長官・今日出海《こんひでみ》らも同行した。帰京後、早速、橋本登美三郎を会長とする百七十人の大議員団「飛鳥古京を守る議員連盟」が結成された。

視察後、七月十六日には、総理府で歴史的風土審議会が開催され、専門委員に明日香村村長・岸下も入り、明日香の現状を説明した。九月、同審議会は飛鳥地域の保存について答申。十二月、「飛鳥地方における歴史的風土、および文化財の保存等に関する方策について」が閣議決定され、保存のための様々な規制が強められ、村の面積の九〇％までが古都保存法（昭和四十一年〈一九六六〉制定）、風致条例、自然環境保全条例の適用を受けることになった。

押し寄せる宅地開発の波は、それを境として中止され、明日香は守られた。御井は、保存のメドがたったことを確かめたのち、首相来訪の翌昭和四十六年八月二十三日、天界へと旅立った。

○

御井昇天の翌年、昭和四十七年（一九七二）、明日香の檜隈地区で高松塚古墳《たかまつづかこふん》が発見された。「日本考古学界戦後最大の発見」と言われ、国民の視線が一斉に明日香へ向けられ、高松塚は大ブームを引き起こした。

別院が完成したころ、直日は別院の留守役をつとめる永山仲子《ながやまなかこ》をともない明日香を散策している。直日が好きな檜隈寺跡《ひのくまでら》（於美阿志神社《おみあしじんじゃ》）に参拝したのち、森を通り抜け、農道を歩いていたとき、直日は急に立ち止まり、しばらく一点に視線を注いでいた。

「約百メートル先の北東を、相当の時間身動きもされず黙ってじっと見つめられるのです。

尋常でないお姿のように拝しました。不思議に思い、私も立ち止まって、教主さまの眺められている方角を見ましたが、そこはただ、こんもりとした丘に雑木と竹のそびえているのが見えるだけです。でも私は、なぜかこのことが印象に残りました」

それから数年後、永山は再び、檜隈寺跡を三人の信徒と訪ねた。

「〝それでは、教主さまのお好きな所にご案内しましょう〟ということになり、檜隈寺跡にご案内しました。その後、数年前に教主さまがたたずんでじっと北東をごらんになっておられた場所にきて〝なにかは知らないけど、何かがあるのよ、きっと。じっとここから向こうをごらんになっていたから。皆さんも、ここに立って私の指さす方向を見ときなさいよ〟と、三人にお教えしたのです」

その数カ月後、高松塚発見のニュースが流れた。それを聞いた瞬間、永山の脳裡にあの日の直日の姿がよぎった。

きっと、あの場所から発見されたに違いない。いちど確かめてみたい……。

後日、別院を訪ねた信徒を案内し、三たび、檜隈寺跡を訪ね、永山は、はじめて高松塚の位置を確認した。それは、まさに直日がじっと見つめていた場所であった。

高松塚を含む檜隈一帯は、その後、土地買収の契約を白紙にもどすことができた。それは首相の来訪を機とする、明日香保護への力が働いたからであり、開発直前、ギリギリでの逆転劇であった。もし御井の働きかけ、運動がなければ世紀の発見が、一転、世紀の破壊になっていたかもしれない。

御井の一年祭《いちねんさい》の日、直日が霊前に捧げた短歌である。

明日香保護に命かたむけ逝きて一年へぬに高松塚古墳あらはる
国土のあるかぎり国につくしたる御井敬三の名はくちざらむ

今も御井敬三の名は、明日香保存を語るとき必ず登場する。「明日香村」のホームページには、佐藤首相に宛《あ》てた「直訴状」全文をはじめ御井の活躍が紹介されている。

御井が尽力した明日香保存の背景に直日の存在があったことは一般にはあまり知られていない。それを知っていたのは、直日の親しい友人で当時大徳寺顧問をつとめていた立花《たちばな》大亀《だいき》くらいだろう。大亀も直日の紹介で御井の治療を受けていた。別院が建って間もないころ、御井の案内で大亀は別院を訪れている。

「新築間もなく、住むか住まぬかというような時でした。ぐるぐる廻《まわ》って『いい所へお建てになっていますね。明日香に一つの拠点をつくる、この日本の古里に―大本さんのやることは違う』と話したことでした」（立花大亀）

大亀もまた御井の依頼を受け、国の歴史的風土審議会委員として明日香保護に尽力した功労者の一人である。当時をふりかえり、次のように回想する。

「明日香（保存）問題の根源は、火つけ役は三代さんでしょう。誰もそんなこと、取り上げないし、知る人もいないけど」

直日の運転手・木村鼎《きむらかなえ》が記憶している直日のことばがある。

「私は、この世の中に何も功はないが、世間に対して自慢のできることが一つだけあります。それは明日香の保存に多少なりとも、お手伝いをさしてもらったことです。これは私が唯一自慢できることです」

明日香に込めた直日の思いは、すべての歴史的な史跡にも注がれていた。それらが失われていくことは直日にとって耐えがたいことであった。

憂うべき日本の姿

広がる大学紛争

明日香を開発の波から守った直日は、そのころまた別の憂いを抱いていた。それは全国各地に広がる大学紛争である。形こそ違え、直日にとっては、「日本を守る」という、明日香保護と同一線上に浮かぶ問題であった。

昭和四十三年（一九六八）、首都圏を中心とする各大学で学生運動が活発になり、最終的には翌年末までに全国の八十％百六十五校にまで広がっていった。そのうち七十校がバリケード封鎖により授業停止に追い込まれるなど異常事態となっていた。活動の内容は、学内制度への不満、さらに反ベトナム戦争、反安保など政治への不満、それらの改革・中止を求めるものであった。政治・社会・学制改善を願い純粋な気持ちから運動に参加した者もあったであろう。

しかし学生たちが運動に用いた手段は、反対デモにとどまらず、ゲバ棒を手にした暴力行為にまでエスカレートしていった。一方、主張の相違により、いくつものグループに分裂し、グループ間の対立、内ゲバにより百人以上の死者が出るなど、殺人事件も多発した。

その学生運動を象徴する事件の一つが昭和四十四年（一九六九）、東京大学での安田講堂占拠である。ちょうど直日が日本橋の三越で「立花大亀・出口直日二人展」を開催中のことであった。

その前年に完成した大本東京本部から直線距離でわずか五百メートルあまりの位置にあった同講堂を学生たちが占拠し、大学から依頼を受けた警視庁が機動隊を出動させ、封鎖を解除させるという事件である。その様子は連日新聞、テレビで大きく報道された。

二人展前後、約半月の間、東京本部を拠点としていた直日もその激しい攻防の様子にこころを痛めていたことであろう。直日のなかで、不安は徐々に大きなものとなっていった。

その年八月、直日は、「さしそえのたね」と題する一文を教団機関誌に掲載した。

○

「このごろの日本のすがたを見ていると、わたしは、大きな憂いの拡《ひろ》がってくるのを、おさえることができません。

昨年来、今につづく大学紛争を、ただ、傍観していてよいものでしょうか。……

若い人が、権力にこびず、純潔な感情を燃やすことは、むしろのぞましく、そこに多少の暴走があっても好ましいくらいでしょう。けれども、このたびの紛争はそれらとは別のもののようです。

若い人々が、むきになっている権力とは何なのでしょう。大学生たちのあれだけの暴走に、権力といわれているものは、何をもって報いたでしょうか。同じようなことが、自由主義以外の国家でおこなわれたとすれば、それはどういうことになったでしょう。日本ほど言論の自由が許され、行動に寛大な国家が現在、地球上のどこにありましょう。これをよく考えてかからねばなりません。その他の点でも、日本は、ほかの国とくらべて、まことに有り難い国と思わねばなりません。現在の日本に見いだせる多くの欠点は、お互いの思いやりと、国を愛する建設的な努力によって立ち直るものであるとおもいます。

こころすべきは、人間の霊性をおろそかにし、あるいは無視するものの考え方です。人間には心の働きがあり、それが人間そのものであるということを軽視するものの考え方が大きく拡がっています。そこから生じる力と行為が人間を幸せにするとは思われません。

わたくしたちのすべての力と行為は、愛と信につながるものでなければなりません。……

……大学紛争は、全く教育の純潔と向上を求める問題に引き戻してもらいたいものです。

さもないと、日本の大切な若者の青春をむしばむだけにとどまらず、今日まで、長い歴史をかけて練成された祖国と、すばらしい文化をも失ってしまうことになりかねません。

日本は遠く、奈良時代にも、唐の文化を大幅に吸収しつつ、これを消化して、唐とは別の、日本上代の文化の成長をみました。こうした日本の民族性の核を失わない文化形成の方式で、いくつもの段階を重ねつつ明治に入りましたが、以後、欧米文化の吸収に急なるあまり、日本の伝統文化を軽んじる傾向があり、戦後とくにそのことは、いちじるしくなりました。

戦争に敗れたとはいえ、日本人の天与の素質と文化は、世界において、非常に意義ある存在であると信じます。

大本には、日本という国、日本人という民族についてのみ諭しがあります。世界のどの国土にも民族にも、それぞれ天賦の尊い霊能と特質のあることが説かれ、その中で、日本および日本人の使命とその自覚について、きびしく諭されています。

そうしたみ諭しに照らしてみるとき、日本はいま、まことに大事な峠をのぼらされています。

開祖さまが、かつて、
ともしびのきゆるよのなかいまなるぞ

さしそえいたすたねぞこひしき
とうたわれましたみ心は、同時にいまの時代を見ぬかれてのみ諭しであるとおもいます。
……
日本が日本として、正すべきは正しつつ強くゆたかに生きることにより、世界機構の中で、意義ある働きをもつことができるのです。
七十年安保（※）の問題も、いま世上でさかんに論議されています。
理想は理想として明確にしなければなりませんが、そこに至る道程として、あくまでも現実の国際情勢に即して、現実的に、もっとも着実に、使命ある民族の幸福のために、はからなければなりません」（昭和四十四年八月）
当時、教団内で意見が分かれていた七十年安保の問題についても現実的な対応として直日は、日米安全保障条約を容認している。

日本魂の喚起

敗戦から二十四年、この間、日本人は懸命に戦後復興と産業の振興につとめ、昭和

※【安保】日本と米国との間の相互協力及び安全保障条約

四十三年（一九六八）には西ドイツを抜きＧＤＰ（国内総生産）世界第二位までに成長した。国民の九割までが中流意識を持つようになり「昭和元禄《しょうわげんろく》」と形容されるにいたり、国民はさらなる豊かさの追求に余念なく働き続けていた。

その一方で、それまで長年にわたって大切に守り継承されてきた日本の国柄、文化はその姿を失い始めていた。戦後二十数年の間に、まるで別の国の国民になったかと思われるほどの変わりようを見せた。そういう流れの中で学生運動は、許容の範囲を超えて政治運動化し、一部の者は特定の思想により「革命」にまで導こうとする意図さえ見られるようになった。

暴力によって理想社会を実現していくということ自体、大本の教えとはまったく相反するものであり、決して容認できるものではなかった。

昭和四十四年（一九六九）から、前述の直日の「さしそえのたね」、また森清秀《もりきよひで》本部長の「興亡の岐路に立つ日本」の一文が研修資料として印刷され、まず信徒自らが時代の認識としっかりした自覚を固めることを目的として、全国各地で研修会が開かれた。

森本部長の「興亡の岐路に立つ日本」では、次のように警鐘が鳴らされ自覚が求められている。

「『わが身さえ都合がよければよいと申して、やまと魂を悪神にひきぬかれてしもうて、国のことども一つも思わず、このさきはどうして世が立ちてゆくと思うておるか、わからんと申してもあまりであるぞよ』

とのご神示は、まさに今日を戒められたものであります。

戦後の日本の教育は、唯物史観にもとづき歴史が曲げられ、伝統文化を軽視し、日本人の民族意識や国家意識を稀薄《きはく》にしてきました。

愛国心といえば、直ちに軍国主義を連想するように仕向けられ、学者や知識人といわれる人ほどこの傾向が強く、国を護《まも》れと口にすることをはばかっています。

大本の神さまのご経綸《けいりん》は、日本の国を土台にして行われると示されています。

この日本を護らずして、世界の平和を望むことはできません。今こそ、大本信徒が愛国の至情に目覚め、日本の国と同胞を護らしていただくために、千騎一騎の働きをすべき秋であります」

そこには直日の大本信徒に奮起を促す強い願望が込められていた。

愛国の必要と同時に、神の経綸は、日本を土台として行われるという点が示されている。

文中にある「やまと魂」とは、戦時中、国家主義のもとに強要された偏狭な愛国思想ではなく、王仁三郎は次のように説いている。

「日本は日本魂《やまと》をもって建つる国なり。日本魂とは平和、文明、自由、独立、人権を破る者に向かって飽くまでも戦う精神をいうなり。無理非道なる強き悪魔を倒して、弱き者の権利を守る精神なり。いやしくも貪欲《どんよく》と野心のために、人の国や他人の権利を犯し損《そこな》わんとするものは、みな日本魂の敵なり」

直日の中で少女期より変わらぬ一貫した思い、それは「愛国」と同一線上にある「憂国」。昭和四十五年（一九七〇）十一月二十五日、三島由紀夫《みしまゆきお》が市ヶ谷《いちがや》の陸上自衛隊東部方面総監部の総監室において割腹自刃するという衝撃的な「三島事件」が社会を驚かせた。手段、方法に問題はあったが、その行為の背景にあったものは「憂国」であろう。直日はその死を悼み、次の短歌二首を通して三島が死を選んだこころに同情と共感を寄せている。

国のこと思ひ余りて憤《いきどほ》り死にたる人の命口惜《くちを》しも
狂へりと人らわらひぬ国のさま真《まこと》おもへば狂はざらめや

学生運動は、その後も激しさを増し、一部はさらに暴走していった。昭和四十七年（一九七二）、新左翼組織・連合赤軍が人質をとり浅間山荘《あさまさんそう》に立てこもり、銃撃により二人の機動隊員と一人の一般市民を殺害。仲間十二人を〝総括〟の名のもとリンチ殺人するという常軌を逸《いっ》した凄惨《せいさん》な事件は、国民を恐怖と戦慄《せんりつ》のふちに陥れた。理想実現の手段を暴力、武力に求めた結果が何を招くのか、良識ある国民の目にそれは明らかであった。学生運動全体への世間の共感は失われ、この事件を境として急速に、終息へと向かった。

梅松塾《ばいしょうじゅく》創設

学生運動が広がった昭和四十三年（一九六八）、直日は教団の後継者育成機関「梅松《ばいしょう》塾《じゅく》」を開設し、名誉塾長に就任する。

直日の作成した塾則を柱とし、座学だけではなく、茶道、能楽、武道、さらに農業実習などにも重きを置くカリキュラムが組まれた。そこには「若いころに禅の雲水《うんすい》が自分の身体ごと修行するように、体ごと身につける何かをもった方がよい」という直日の思いが反映されていた。こうして梅松塾生たちは質実剛健の教風を身につけるべく日々の研さんに励んだ。

学校形式ではなく、直日が敬愛した吉田松陰《よしだしょういん》の松下村塾《しょうかそんじゅく》のような、少人数で私塾に近い形をとり個々の塾生にきめ細かな指導が行われた。

奥明日香の栢森《かやのもり》では無農薬による稲作が行われ、昭和四十七年（一九七二）には直日も梅松塾男子部二期生と共に田植えをしている。

塾則

一、神教《しんきょう》ヲ学ビみろく世界ノ建設ヲ覚悟スベシ
一、国風ヲ研鑽《けんさん》シ興国《こうこく》ノ泉トナルベキヲ覚悟スベシ
一、梅松ノ心ヲ旨《むね》トシテ直霊《なおひ》（※）ノ活用ヲ充実スベシ
一、教義《きょうぎ》即生活《そくせいかつ》ノ実践ニ邁進《まいしん》シテオコタラザルベシ
一、日誌ヲシルシ反省心ト勇気ヲ涵養《かんよう》スベシ

「みろく世界ノ建設」「興国の泉」など壮大な理想が掲げられている。そこに至るために厳しい研さんと実践が求められている。

現在までに男子・女子合わせて三百九十人（平成二十六年〈二〇一四〉四月現在）が塾を出て教団職員として、社会人として、また家庭に入っては家の柱として、それぞれ「みろく世界」実現に向け、実践努力している。

王仁三郎生誕百年の夏

人類愛善会新発足

直日は、昭和四十六年（一九七一）八月七日、王仁三郎生誕百年を祝う夏の大祭で、機構改革後、しばらく活動を休止していた人類愛善会を新たに発足させ、総裁に就任した。「日本の立直しと世界恒久平和の実現のためつくさしていただきたい」と語っている。

昭和三十八年（一九六三）八月を最後に休刊されていた「人類愛善新聞」も昭和四十七年（一九七二）一月から再刊され、直日は次のように総裁としてのあいさつを載せている。

「『世界の平和を阻害するものに、有形と無形の二つの大きな障壁がある。有形の障害の最大なるものは、対外的戦備（警察的武備は別）と国家的領土の閉鎖であり、無形の障壁の最大なるものは、国民および人種間の敵愾心《てきがいしん》と、宗教団と宗教団の間の敵愾心である』

これは、大正十四年（一九二五）に、人類愛善会を創立した父の言葉でありますが、今の世に照らし合わせても、けっして色褪《いろあ》せないばかりか、金色に輝く意味を感じます。

※【直霊】神からすべての人に付与されている良心

さらに、父は、この二つの障害の根元に、人間の自己愛、われよしの心のあることを指摘していますが、これをとりのぞくものは、《人類愛善の精神であり、他の国民や人種に対しても、また、宗教や思想、信条のちがう者に対しても、少しの障壁も築かず、胸襟を開いて、自分の友人に対すると同じように友愛の心をもってのぞむことである》と言っています」

さらに、

「何が文化、文明であるかといいますと、父は、親愛の情の極めて広大な者を文明人といい、反対に親愛の情の狭く小さな者を野蛮人ということができる」と王仁三郎の説をもって世の風潮を指摘している。

また「愛善とは即《すなわち》神ごころ」と直日が説いているとおり、人類愛善会と大本、両者が柱とすべきものは同一であり、両者は表裏一体をなす関係にあることも強調されている。

機関紙を通して人類愛善会の主張を広く一般にも普及していくとともに、取り組むべき運動として「自然を愛し、健康と生命を守る」ことを掲げ、具体的には自然の山野を荒らしている外来植物の除去、正食活動などを押し進めた。

繁殖力旺盛な外来植物は、七草など自然の野草を駆逐する勢いで急激に日本全国へと広がっていた。また家族団らんの食事にも、化学調味料をはじめ、有害な添加物、農薬づ

け の野菜など、人体を害するものが氾濫《はんらん》していた。まず愛善会員一人ひとりが意識をもち、目につく外来植物（※）を除去し、家庭から有害食品を廃し、それを社会に訴えていく地道な実践を直日は指導した。

自然保護、正食などの活動と並行し、二代すみこの時代に積極的に進められた「世界連邦」の運動も、既存の運動体、組織、宗教団体と連携しながら取り組んでいった。それは「人は神の子であり、人類はみな兄弟同胞である」という教えに根ざすものであった。ちなみに綾部は昭和二十四年十月十四日、日本国内で最初の「世界連邦都市宣言」を行った市であり、その背景には大本の存在があった。

この後も人類愛善会は、昭和、平成にわたり生命倫理問題、遺伝子組み換え食品の問題など多岐にわたる活動を展開し、教えに基づくさまざまな社会問題への提言と主張を行っていく。

※【外来植物】セイヨウタンポポ、ヒメジョオン、セイタカアワダチソウ、ヤブガラシなどの外来種

「

降る雪は早くなりつつ石荒き谷の流れに音立てて落つ

（昭和三十八年）

」

第六章

昭和四十七年——昭和五十七年

世界にひらく

カット・出口直日

有終の美を

昭和四十七年（一九七二）元旦《がんたん》。直日《なおひ》（70）は年頭のあいさつで大きな決意を述べている。

「わたくしは古稀《こき》の寿にして、干支《えと》も新しく壬子《みずのえね》を迎えました。

この後の十二年こそ、わたくしの生涯に有終の美を刻ましていただくべき意義ある周期たらしめたく念じています。

人は数によって意義づけられ左右されているのではなく、わたくしたちが神さまのお力をいただいて、数運をも意義づけさしていただくのでなければとおもいます」

あらたにめぐってきた「子」の年。この十二年間を「生涯に有終の美を」刻むべき周期にしたいという、それまでにない、時期を明示した決意の表明であった。

この後、大本《おおもと》は直日指導のもと国内だけではなく、世界を舞台として大きく動き始めていく。

花開く大本芸術

セルヌスキ美術館長・エリセエフの来訪

直日が「有終の美」を宣言した昭和四十七年（一九七二）。その年の十月十八日、大本にとって教団史に特筆される催しが行われた。それはパリのセルヌスキ・パリ市立美術館における「出口王仁三郎《でぐちおにさぶろう》とその一門の作品展」である。

王仁三郎が説く「芸術は宗教の母」の教えを、地道な実践と普及により継承発展させてきた直日、その歩みがここに結実することとなったのである。

王仁三郎の耀盌《ようわん》をはじめ百八十七点が海を渡り、世界に冠たる芸術の都パリに展観されたのである。同美術館はギメ美術館とならび東洋美術に関してはフランスでも有数の美術館である。

作品展の発端は昭和三十八年（一九六三）にさかのぼる。この年、直日の長男・京太郎《きょうたろう》と本部国際部員・梅田善美《うめだよしみ》の二人がエスペラントをもって世界十四カ国を周遊した。この間に仕舞・囃子《はやし》の実演をはじめスライド、映画を使って日本文化を紹介し、各地で大きな反響を集めた。そのおり京太郎のなかで、王仁三郎の耀盌をはじめとする大本の歴代教主の作品を世界に紹介したいという夢が、大きく膨らんできた。京太郎は「美に国境はなく、美への感想は人類共通である。大本の芸術、中でも耀盌の美には世界のいかなる国の人にも強い感動を与えるに違いない」と考えた。

周遊中、オランダのライデン博物館東洋部長・コルネリウス・オウエハンドにその思いを伝えた。耀盌をはじめ歴代教主の作品を高く評価していたオウエハンドはこの提言に共鳴し、支持してくれた。

直日も、その実現をねがっていた。しかし、直日は、慌《あわ》てず時間をかけて準備を進めるように担当者に伝えた。この直日のことばを受け、周到な準備がすすめられ、昭和四十五年(一九七〇)、美術関係者の紹介のもと、パリのセルヌスキ美術館長・バディム・エリセエフ(一九八二年にギメ美術館長に就任)に面会することができた。パリまで携えていった写真・本を通し、耀盌、直日の作品などを見せる機会を得た。

梅田が渡仏《とふつ》し交渉した結果、エリセエフは大本を訪ね、自らの目で作品を確かめたいと申し出た。

エリセエフは当時、ヨーロッパ美術館長会議の議長をつとめるなど、その名は広く美術関係者に知られていた。日本の外務省、文化庁にも多くの知人を持ち、招請を受けて何度も来日している。

昭和四十六年（一九七一）秋、約束どおり、エリセエフは来日し、綾部《あやべ》・亀岡の両聖地を訪ねた。

「ヨーロッパでは、宗教といえば、悲しみを与えるもの、という観念がある。しかし、この大本歴代教主の作品のどれにも、よろこびがみちあふれている」

書画のなかで特に印象づけられたものは王仁三郎の「光」、そして直日の墨絵「芦《あし》と舟」であった。かつて壺中居《こちゅうきょ》での個展を前に大本を訪ねた文部省技官・田山方南《たやまほうなん》に強い印象を与えたのも「芦と舟」であった。その作品をエリセエフは、「非常に簡潔な筆だが明るさを人に訴えます。謙虚な作風であるが、見る人に強い感銘を与えます」「ヨーロッパにない明るさをもっていることで、フランスでも見る人に生きる喜びを感じさせる」と評している。

書画を見終え、別会場で耀盌を目にしたとき、エリセエフは感嘆の声を発した。

「パリで大本展をやれば成功はまちがいない。ぜひ私の美術館でやらせてほしい」と懇望した。

翌日は綾部を訪れ、鶴山窯《つるやまがま》も見学した。エリセエフは、のちに次のように語っている。

「ヨーロッパ人の私の目に映った大本コミュニティーには、信仰即生活の生きた文化がありました。信仰に根ざした芸術的修練と芸術的創作活動が行われていました。このような実践をしているコミュニティーがほかにあることを私は知りません」

入場者の予想を尋ねられたとき、エリセエフは、はっきりと答えている。

「一万人であろうが十万人であろうが、そういうことはあまり重要でなくて、本当に大本の芸術がわかる人が何人入場するかということが大事」

エリセエフは日本の外務省、文化庁への働きかけの必要性を説き、自ら教団役員を伴い訪ねた。文化庁では今日出海《こんひでみ》庁官自ら出迎えるという破格の扱いであった。

こうして外務省、文化庁ともにエリセエフの説明・依頼により、全面的な協力態勢が整い、外務大臣の名前で公信がパリの日本大使館に送信された。こうして「出口王仁三郎とその一門の作品展」は、主催はパリ市とセルヌスキ美術館、後援がフランス文化省・外務省、協賛が駐仏日本大使館と日本航空に決まり、会期は二カ月間となった。

開会に先立ち昭和四十七年（一九七二）八月二十四日、パリ市議会議長・N・ド・オートクロックから直日に、パリ市庁で同年十月に持たれるレセプションへの招待状が届けられた。パリ市からの招請を受け、直日は渡航も視野に入れていたが、ドクターストップにより断念せざるを得ず、開催にむけ長年尽力してきた長男・京太郎を代理として出席させる旨、義長に返信した。

大本史上初、パリで作品展

こうして昭和四十七年（一九七二）十月十八日からパリを舞台にした出口一門の作品展がセルヌスキ美術館で始まった。

果たして海外で出口一門の作品は評価されるのか――

関係者の不安は、開催当日に払拭《ふっしょく》された。

午後プレスレセプションが催され、報道関係者に公開された。フランスの代表的な日刊紙「ル・モンド」、「ル・フィガロ」の記者をはじめ美術誌の関係者ら百六十人が来場した。やはり耀盌への反響がいちばん大きかった。

参観を終えたカトリック教徒の母娘は、「作品から、カトリックでいうところの、〝神の愛〟を感じる。これを造った人は、人間愛と深いやすらぎに満ちた信仰を持ち、その実践の中でこれらの芸術を生み出したのでしょうね」と感想を述べて会場をあとにした。

同美術館では富岡鉄斎《とみおかてっさい》、雪舟《せっしゅう》、仙厓《せんがい》などを紹介してきた。しかしエリセエフ館長は、「今回ほどの盛り上がりと鑑賞者を深く感動させることはなかった」と、その反響の大きさを

耀盌に見入る人々
（カナダ国 グレート・ビクトリア美術館 S50.10ごろ）

語った。

またエリセエフ館長の発案により茶席が特設された。その企画は亀岡での茶室体験による。まだ二十代の若さでパリ市内の五十五カ所の美術館・博物館を監督するパリ市文化局博物館部長・ウゲット・バイエ女史は茶席の感想を次のように語る。

「自分は初めて日本のお茶席に入ったのだが、とても静かな雰囲気で、ヨーロッパではどこに行っても絶対に味わえないものです。とても良かった」

パリでの作品展には噂《うわさ》を聞きつけ欧米から三十の美術館長、ほかにも美術関係者多数が足を運んだ。期間中、各国の美術館・博物館から「この作品展を自国で開催したい」という要望が次々に寄せられ、大本にとって予想もしない展開となった。

直日は各地からの要請に対し、「ぜひとも進めるように」と開催に強い意志をあらわした。パリでの作品展が終了する時点ではフランス国内の二つの美術館をはじめ欧州五カ国から開催の要請が入っていた。広報活動はしなかったが、全欧の美術関係者の目が次々とつながり、一本の太い線が生まれていった。こうして「終着点」となるはずだったパリの作品展は「始発点」となり、さらに大きな波紋を広げていった。

昭和四十八年（一九七三）、直日（71）は新年のあいさつで、各国からの要請によりこの年一年をかけ作品展が継続開催することになったことをはじめに紹介した後、次のように述べた。

「芸術は、美をとおして、その奥にある真実を、見る人の心の中に移します。芸術によって、いまや欧州の精神に、歓《よろこ》びとともに、大本のみちのまことを、もっとも純粋に宿そうとしています。祖母も、父も、母も、この事実を、どんなにかよろこんでいてくれることでしょう」

さらに、

「高い芸術美は、人々のこころの深層にしずかに植えられ、やがてそれは心の中に意識され、働きとなって再生します。それらをとおして、欧州展は、ほんとうの平和運動であり、みろくの世への礎をきずかしていただけるものです」

年が明けて、フランス最古の美術館であるブザンソン国立美術館、マルセイユ市立考古学博物館、ニース市立マッセーナ美術館、カーン市立美術館と次々に展観が続けられた。

スペインのプラド美術館での開催も決まっていたが、直前に同国で政変が発生し、開催できなくなり関係者を落胆させた。しかし次に思わぬところから要請が届いた。イギリス国立のビクトリア・アンド・アルバート博物館からである。関係者から思わず「バンザイ」の声があがった。

こうして作品はフランスからドーバー海峡を越えイギリスに渡り、昭和四十九年（一九七四）一月二十三日から作品展はロンドンの同博物館で開催された。この作品展実現を強く押し進めたのは、同館展覧会部長のヒュー・ウェークフィールドだった。

「私がこのロンドン展を開くイニシアチブをとり、その責任者となったのは、王仁三郎美術の不思議な魅力にとりつかれたからである。真実私の魂は、王仁三郎作品によって深く感動させられた。これほどの感動をおぼえたことはこれまで一度もなかった。彼の作品は、一つの理想世界のビジョンが生き生きと表現されている」

ウェークフィールド部長の感動は、最終的に入場者七万八千人が共有することとなった。

その後も招請は続き、オランダのロッテルダム市立国土民族学博物館、ベルギーのゲント市立美術文化センターがヨーロッパでの終着点となった。すでにパリ展から二年以上の歳月が流れていた。

作品展の影響は大きく、作品が生まれた背景を知りたいと海外から多くの人たちが大本を訪ねてきた。パリで作品を見て「作品のとりこになってしまった」というブザンソン国立美術館長・クリスチャン・マロンデは、昭和四十九年（一九七四）五月、フランスから四十四人の団体で両聖地を訪ねている。「大本の芸術は、単に専門家の作品を鑑賞するだけのものでなく、このように、たえず創造がなされているところに意義がある」（マロンデ館長）

世紀の祭典へ

昭和五十年（一九七五）三月、ヨーロッパ八会場で約二年にわたり開催された作品展は米国へと舞台を移した。ここでは直日の裁可のもと、有史以来、初の出来事が起きた。三月十五日から米国で開催した作品展は、医師からアーティストとなり、彫刻や絵画など多くの作品を残したフレデリック・フランクの企画によるものだった。ロンドンで作品を見て感銘を深めていた同氏は、作品のルーツを自らの目で確認するため、作品展を前に綾部・亀岡を訪ね、約一カ月滞在した。直日とも面会し、大本への理解をさらに深めていった。

そして、美術館では月並みと感じ、ニューヨーク市の聖ヨハネ大聖堂（セント・ジョン・ザ・ディヴァイン大聖堂）での開催を思いついた。開催意図を聞いたジェームス・P・モートン聖堂長は快く申し出を了承し、教会での開催が決まる。

聖堂では過去、どの会場でもなかったセレモニーが行われた。亀岡で大本の祭典を見たフランクの熱望により実現した「作品展開催奉告祭」である。こうして十字架の前で世界最初の神道祭典が執行された。「芸術は宗教の母」「万教同根」の王仁三郎の教えが具現した瞬間であった。

祭典の冒頭、キリストの聖壇に献茶が行われた。点《た》てられたお茶は亭主から式服姿のモートン聖堂長へと渡され、最高至聖壇に供えられた。最前列でニューヨーク日本国領事・江口《えぐち》暢《みつる》らとともに臨席した裏千家《うらせんけ》家元・千宗室《せんそうしつ》（現・玄室《げんしつ》大宗匠）は、その感想を次のように残している。

「非常によかったです。寺院の雰囲気が献茶をするのによくマッチしていました。特に、亭主がお茶盌《ちゃわん》を聖堂長に渡す時の雰囲気が東西両洋の結合をシンボライズしているようでとてもよかった」

また祭典中、献饌《けんせん》二台目の三方《さんぼう》（神饌台）には、直日作の茶盌「鉄絵菊文」を〝聖杯〟とし、赤ワインが供えられた。

国立民族学博物館長・梅棹忠夫《うめさおただお》は祭典を「宗教相互の溝は、民族、国家より、さらに越え難いものを持っている。ところが、この祭典は、諸宗教による空間の共有がはじまったことを示している。これは、まさに宗教革命である」と評した。

当初、フランクの祭典執行の依頼に対し、事の重大性から教団役員にもためらいがあった。しかし直日は申し出を前向きに受諾し、自ら聖堂長に長文の手紙を書き、円満執行への環境を整えた。

ヨハネ大聖堂に「作品展開催奉告祭祝詞」が響く（S50.3.12）

この作品展開催に尽力したフランクは、「大本が、現在、展開しつつある芸術活動は人類史に、きわめて大きく深い意義をもっている」と評している。

フランク自身は熱心なクリスチャンであり、ローマ法皇・ヨハネス二十三世最後の肖像画を柩《ひつぎ》の上に描いたことでも知られている。しかし宗派を超え、大本への深い信頼と共感を寄せていた。

作品への評価は米国でも高く、ニューヨーク・タイムズなど各種メディアに取り上げられた。

この後、作品展は米国のブロックトン、ショトークワ、カナダのビクトリアで開催されたのち、サンフランシスコのグレース大聖堂で幕を閉じた。ここにパリ以来、欧米十三都市、三年三カ月の旅を終え、海外作品展は幕を閉じた。

図らずも日本文化について、フランクがこんなことばを残している。

「作品の展示に付随して茶道や仕舞などの日本の伝統文化が、大本信徒によって宗教的行事の一つとして行われていることには、大きな意味があります。なぜなら大本の人たちが実践している芸術活動は、単に歴史的遺物を墨守しているのでなく、現代を生きぬくために大変大切な宝であり、活力の源泉であることを、きわめて高い水準において示しているからです」

王仁三郎によってまかれた種を直日が精魂込めて育て上げ、見事に花開き、結実させたのが一連の作品展であり、それを柱とする行事の数々であった。

作品展開催中、各国の展示会場では茶道、能楽、書道、武道、八雲琴《やくもごと》(※)などが、出口家、教団職員を中心とする信徒らによって紹介されてきた。

大本史に特筆される一連の作品展は、直日の指示と裁可のもと進められた大事業であった。作品展の開会、閉会、また重大な局面を迎えたとき、直日には逐一報告がされていた。直日は、日本でその無事成功を日々祈りつづけていた。

泰安居《たいあんきょ》完成

後世に残る茶室を

昭和四十六年（一九七一）秋、パリ展を翌年に控え、天恩郷《てんおんきょう》では茶室の建設工事が進められていた。直日の古希を慶祝しての泰安居《たいあんきょ》がそれである。総完成は昭和五十年（一九七五）二月十一日であった。

聖地に初めて建てる正式な茶室、それが泰安居である。建設にはその名が示すように、世の泰安を願う直日の祈りが込められていた。

　国泰かに人ら安かれと天地の神にいのるも朝夕へを

建設場所は天恩郷の至聖所《しせいじょ》・月宮宝座《げっきゅうほうざ》の西。その場所について生前王仁三郎は、「ここには、これから人の住む家は建てさせん。茶室ならよい。これは直日が建てるやろ」とこ

※【八雲琴】二弦琴の一種。中山琴主が創案。大本では祭典の奏楽として使用

とばを残していた。

竹田の茶室で中村為斉《なかむらいさい》は、こうも聞かされている。

「聖師さまは『わしは瑞祥館《ずいしょうかん》の上に日本一の茶席を建てる』とおっしゃった。ほう、日本一の茶席をなあ……と思っていましたところ、やがて朝陽館《ちょうようかん》ができたでしょう。聖師さまのおっしゃったのはあれかいなあと思っていたのですけど、違ったわけですね」

このたびも棟梁《とうりょう》は中村に決まった。中村が手がけた大本の茶室は多い。しかしそれまでの工事と泰安居では、直日の姿勢が違っていた。

それを端的に伝えているのは、工事担当者への直日のことばである。

「泰安居は趣味贅沢《ぜいたく》でしているのではない。三代教主として後世に残る作品を造っておるのだから、そのつもりで釘《くぎ》一本打つのでも相談してやってください」

建物も庭園も直日の指示のもと進められた。照明器具、植木一本まで直日の意志に基づいた。

泰安居建設中、直日をはじめ関係者にとってうれしい出来事があった。造園担当の「玉森造園《たまもりぞうえん》」責任者・森実が、泰安居の作庭で評価され、宮内庁の庭（京都）の責任者から後継に選ばれたのである。直日は、その喜びを短歌にして森に与えている。

玉の光世にあらはれて百敷の庭のつかさと君なりたまふ
（「百敷」とは宮中を意味する）

泰安居完成後、度々席が持たれている。この間は、精進を重ねてきた直日の茶道における一つの結実期とも言えるだろう。

泰安居本席に掲げられている濡額《ぬれがく》「泰安居」は立花大亀《たちばなだいき》の筆による。大亀が初めて泰安居の全容を目にしたとき、「負けた！」と声を発したという。

初の茶事は、直日が正客となり妹たちが連客として同座した。次に招かれたのは本部・地方の教団長老たちであった。そこには直日の深い思いが込められていた。

茶事は「みろくの世の型《かた》」

「現在、要職についている方ももちろんご苦労だけれども、大本が最も大変な時代にご苦労されて、今日、第一線に立っておられない方々を、絶対に忘れないように」

当時内事でつとめていた久徳敏夫《ひさのりとしお》が直日から聞いたことばである。弾圧のさなか、いちばん過酷な時代に教団を支えてくれた信徒たちのことは、直日のこころの中から生涯消え

茶事を終えて 左より立花大亀老師、吉兆創業者・湯木貞一、裏千家名誉教授・浜本宗俊、直日（S56.7.30）

ることはなかった。

長老につづき本部職員、地方信徒、直日の友人・知人など昭和五十五年（一九八〇）までに茶事百五十余回を催し、約九百人が招かれている。朝茶事、正午茶事、夜咄《よばなし》、口切りの茶事、夕去りの茶事など季節に応じ、相手に応じて、その形も使いわけている。国内外お茶とは無縁の多くの来客も迎えられ、泰安居は天恩郷における〝迎賓館〟としての役割も果たしていた。

直日はお茶事を通して、清らかな楽しみをより多くの人に味わってほしいという願いをもっていた。

「世間では、一ぱんにお茶事といいますと、たいていは金持ちとか、いやな言葉ですが、有閑人《ゆうかんじん》のもてあそびに使われているようにしかとられません。

わたしたちのさしていただいているお茶事は、それらとは別なものです。口はばったいことをいうようですが、わたしは『みろくの世』への立直しをさせてもらっていると信じています。それは、開祖さまのみ教えにもとづいて、おのこしくださいました道を歩ましていただいているつもりです。

聖師さまが、高雅な開祖さまのご生活を鏡とされ——茶は天国の遊びである——とおっしゃったように、わたしたちのお茶事は、神さまのご恩恵により、清らかな遊びを楽しみ、お互いに和み親しみ、喜び合うことです」

このことばどおり、教主招待ということで多くの人が緊張しながら入席するが、直日が席中に入ると笑い声があふれ、席中はさながら「天国」の雰囲気に一変した。直日の言う「みろくの世の型《かた》」が、茶室を通して顕現されていく、そんな茶事であった。

泰安居を棟梁として建てあげた中村。竹田の茶室からすでに三十年の歳月が流れていた。

あるとき、直日がしげしげと中村の顔をのぞき込み、こうつぶやいた。

「中村さん、あなたもよけい（たくさん）お弟子さんをこしらえたなあ……」

「へえ、よけいこしらえました。そのかわり金もうけは出来しませなんだ」

武士《ぶし》のような風格と品位を備えた中村の飄々《ひょうひょう》としたことばだった。

もし直日との出会いがなければ、との質問には、

「おそらく、金もうけをしとったでしょうなあ。でも、今のような職人としての悦《よろこ》びは、得ることが出来なかったでしょう。教主さまは、こんな私をようここまで引き上げて使うて下さった。ありがたいことです」

見て技を盗むのが職人の世界である。しかし中村はすべてを丁寧に弟子に教え伝えた。

「自分のものだけで終わってしもうたら、何にもなりません。あとの人たちに受け継いでもらうのが、何よりのことです」

弟子たちへの思いは深い。

「私が弟子たちに願うとることと、教主さまが、信者さんたちに茶道をすすめ、願っておられることとは同じことかもしれませんなあー。〝よい人になってほしい〟ということですかなあ……。でも、教主さまがこれだけ熱心に、ご自身もお茶のお稽古《けいこ》に精進され、信者さんにすすめられているのは、深い意味からやろうなあ」

そして「教主さまから、もうひとつ仕事するように言われていますから、それまでは長生きせんとあきませんのや」と気を引き締めた。

直日の構想の中では、中村にまだ大きな仕事が残されていた。

出向先に届いた訃報《ふほう》

花どころ、千枝逝《ちえゆ》く

昭和四十八年（一九七三）十一月十二日。直日は愛知県下での親教を終え、午後、新幹線で東京に向かっていた。東京に着いたあと、思わぬ知らせが届いた。それは、直日（71）にとって大事な友人、波田野千枝《はたのちえ》の昇天の報であった。終生変わらず、遠慮なく言葉を交わすことができたのが千枝であった。

二人の出会いは昭和三年（一九二八）、直日二十七歳、千枝二十四歳のとき。大本とは無縁の千枝（当時は桂千枝）が直日の短歌を目にしたことが出会いの発端となった。教団を継承する女性、そこから千枝は勝手に「つんととりすましたごう慢な女性」を想像していた。しかし知人を通して直日の短歌に触れた千枝は「何というみずみずしい、温《ぬく》い、素朴な親しみ深い歌であろう」と感動した。

朝風に吹かれてくれば山陰にちさの木の花ちりゐたりけり

千枝の心を動かした一首である。

その年の春、亀岡に住んでいた千枝は綾部まで直日を訪ねた。直日の姿、着物、庭の様子、すべてが千枝の記憶に鮮明に焼き付けられた。そのころ、何でも話せる友人がいなかった直日は、毎日を寂しい思いで過ごしていた。そんなとき訪ねてくれたのが千枝であった。その年の夏、再び千枝は綾部の直日を訪ねた。土産に直日が好きだという梨五個を持って。貧しい千枝の精いっぱいのまごころだった。直日はそれを喜び、短歌（自由律）に残している。


紙袋に梨を五つ入れてくれた友のじみな友情がなつかしい

会うごとに千枝の直日への思いは深くなっていった。

「私が、直日さんをお慕いする心の深さは、もう筆やことばには表せないものになった。これは、真実の声である。呆《ほう》けるほどに人を愛し得るものの幸せということをしばしば聞くが、私が直日さんをお慕いする気持ちはそれに近い」

二人で綾部、亀岡の山野に花をもとめて訪ねることも度々であった。ある時は由良川《ゆらがわ》で泳いだこともあった。誰にも口にできない悩みを互いに打ち明け、慰めあい、話が途切れることはなかった。その様子を日出麿《ひでまる》が詠んだ弾圧前の俳句である。

秋晴を百舌鳥《もず》と雀《すずめ》の散歩かな

直日27歳、千枝24歳（天恩郷・S4）

戦後、千枝は亀岡で行商をしていたころ、いつも瓶を携えていた。そして珍しい花があれば採取し、亀岡中学校の竹内敬《たけうちけい》を訪ね、花名を確認し直日のもとに届けた。その花を直日は画材として丹念に写生した。直日が教主就任後、数年を経《へ》て、千枝は本部内事室に奉仕し、直日のもとで働くことになった。直日の身辺の世話をしながら、欠かさず花を生け続けた。

そんな千枝の姿を見て直日は「花所《はなどころ》」と呼ぶようになった。千枝の短歌（昭和四十三年）から、その喜びと直日へのおもいが伝わってくる。


花所という名を吾に賜《たまは》りし君がみそばに花は絶やさじ

千枝は内事において花以外にも色々な役をこなしたが、その一つが、直日からの〝叱《しか》られ役〟であった。一緒に働いていた若い職員は「教主さまからいつもやさしくしていただき、お叱りを受けたような記憶はございませんが、どうも波田野のおばさんが叱られ役をされていたようで……。随分ご迷惑をかけたと思っています」（隅沢君枝《すみざわきみえ》）と回想している。

遠慮なくものが言える千枝は、直日にとって感情をぶつけやすく、千枝に関《かか》わりのないことまで、千枝にあたった。

しかし、それさえ千枝には心地良かった。古典に精通した直日から叱られたときのことである。

「こんなことが判《わか》らんなんて、五十年間、何しとってやったん？」

恐縮しながら千枝は尋ねた。

「本当におはずかしいことで――どうしたらよろしいのでしょう？」

「生まれ変わっていらっしゃい！」

直日はそう言ったあと、何もなかったかのように、手紙をしたためていた。

「こうして思いのままを端的に投げつけて下さる三代さまが私は好きである。昔から仮借《かしゃく》なき苦言を投げて下さる。そのことをこの上ない喜びとしている。底に愛情を湛《たた》えての苦言であることを知っているからである」

生涯、直日を慕い、道の師として、ときに友とし、歌友として生きてきた千枝。直日にとっても千枝は大切な存在であった。

東京滞在のなかで聞いた千枝昇天の報であった。直日は、東京から千枝への思いを弔歌に託して送った。

千枝女ああ千枝女長き日の花所の汝の神霊や安かれ
鳥が鳴く東の空にて　直日

死後、ただちに千枝の自宅に届けられたものがあった。それは直日の手になる素焼きの骨壺《こつつぼ》で、もしものときのために直日が用意し、ある人物に託していたものである。壺にはこう彫られていた。

花どころ千枝子のために

そのことばとともに、梅の花が描かれていた。

東京から帰るとすぐに直日は千枝のもとを訪ねた。もう千枝は骨となり壺のなかに納まっていた。

霊前に祝詞をあげたあと、直日は「ごめんよ」と家人に断り、骨壺を両手に抱き、膝《ひざ》の上に置いた。そして蓋《ふた》を開け「千枝さん……」。それ以上はことばにならず、涙が流れ落ちていた。

「死ぬまで、『三代さま、三代さま』と毎日のように言い続けた母にとって、三代さまの涙は、最高の供養になったと思います。これ以上のものはほかにありません」。娘、彩子のことばである。

千枝を偲《しの》ぶよすがとなるものは直日の身近に残っていた。次の短歌はある日の出来事を詠んだものである。

千枝さんが削りてくれし鉛筆数個《すうこ》手許《てもと》たんすの中よりいで来
胸さわぎしばらく悲し千枝さんがけづりくれたる鉛筆を手に
つかはずにしまひておかん削りくれし千枝子は帰らず鉛筆はここに

昇天二年前の千枝の短歌である。

神のみは知り給ふらむ吾が余命岐美《きみ》に捧《ささ》げて悔いなからしめ

次は直日の短歌である。

花処千枝子は逝《ゆ》きぬ二度《ふたたび》を吾に得がたきうづの白珠《しらたま》

二人が出会ってから四十五年。千枝の六十九年間のひと世は、静かに幕をおろした。

日本伝統建築を後世に

緑寿館《ろくじゅのやかた》建設

日本文化を守り、後世まで伝えたい。

この直日のねがいは、茶道、能楽などの伝統芸術の範囲にとどまらなかった。

昭和四十八年（一九七三）秋、直日はかねてより心に留めていた〝大本発祥の地綾部に教主公館を〟という構想を公にした。その背景には「綾部の神域に、教主殿を建設し、天地和合の大神業《だいしんぎょう》の礎を固め、高い教風と、救世のご経綸《けいりん》の成就に一層力をいたしたい」との思いがあった。

それまで綾部には、正式な教主公館はなかった。内外に大きく進展する活動に応じ、海外も含め各界要人の来訪も増え、それに対応できる公館の必要にも迫られていた。

のちに「緑寿館《ろくじゅのやかた》」と命名される公館は、「日本建築の伝統技術を後世に残したい」「この昭和の時代に、大本だけでなく、日本の国としても残さねばならない」という直日のなかで特別な思いが込められていた。

直日の意を受けて総務の岩﨑國夫《いわさきくにお》が文化庁を訪ねた。千年以上の年月に耐えうる純粋な日本建築造営の趣旨を説明し、紹介されたのが杢正夫《もくまさお》であった。杢は文化庁を退職するまで、四十年の長きにわたり法隆寺の修理をはじめ、全国の国宝・重要文化財など約千件以上の調査・解体修復工事にあたり、主任文化財調査官として務めを全うした。文化財建造物にかけては知らぬものがないという、この道一筋の専門家であった。

岩﨑が杢を直日(72)のもとに案内したのは文化庁を退職した翌年、昭和四十九年(一九七四)の夏。場所は亀岡の梅松館《ばいしょうかん》である。話が進むなか、梅松館の建物についての話題となった。

杢は、建物全体を評価したが、気になる点が三個所あると指摘した。そこは、かねてから直日自身が気になっている部分であり、その指摘に直日は驚いた。

初対面から直日は杢へ深い信頼を寄せ、杢は、日本建築の伝統技術を後世に残したいという直日の気持ちにこころを打たれた。また、できるかぎり自然を生かし大きな木は伐採せずに、という直日の意向と、建築がひっそりと自然の中に溶け込んでいるということが日本建築の大きな特徴、という杢の思いも合致した。

さらに杢の推薦により現場の技術責任者として昭和を代表する名棟梁のひとり木村明次《きむらあけじ》

郎《ろう》が加わることとなった。木村は戦後、放火で焼失した金閣寺を再建した匠《たくみ》として知られている。

平面図は直日が方眼紙に向かい作成した。岩崎のことばである。

「今度の教主館（緑寿館）のご造営について、ご自分で図面をひかれているということを信者さんの一、二の方に紹介したところ『教主さまがご自分で基礎的な図面をひかれたのですか』と、ビックリされていました。今度の教主館のご造営については絶大なご熱意をもっておられると思います」

李の意気込みと信念は終始一貫変わることなく、たびたびこう言った。

「間違った建物が後世に残ってしまうと、後世の大工にはもちろん、建物そのものに対して申し訳ない。だから妥協してはいけない。残すんだったら、残すべき建物を造らせていただかなくてはいけない。本物を残さないといけない」

それはそのまま直日の願いであった。

「このたびのような立派な仕事は生まれて初めてです」。この道六十年、第二次弾圧前から大本の建造物に関わってきた棟梁・吉岡真照《まさてる》（本名寅吉）をして、そう言わせる建物、それが緑寿館であった。

工事が始まってから、週に三回、李による夜間の講習会が持たれた。李が持つすべてを伝えるための講義は、二年間続けられ、大工たちにとって血となり肉となった。

「法隆寺が二千年近く保っているのは単に木造建築だからという理由だけでなく、やるべきことをきちんとやってあるからこれだけの間保っている。木を使いさえすれば二千年保つというのとは違う」。講義の中で杢が語ったことばである。

緑寿館建設に託した直日の思いを日本建築の専門誌『和風建築』の中で住宅学の姫路短大教授・三川栄吉《みかわえいきち》は次のようにコメントしている。

「『大本教団という小さなワクにとらわれずに、広い立場にたって、後世に日本建築の誇るべき姿を残しておきたい。そしてまた、伝統建築を守り伝えるための技術者を養成したい』というようなお気持ちがあったという……。建築専門家ならともかく、女性である教主がこのような幅広い考えを持っておられ、建築について造詣《ぞうけい》が深く、理解があられることについて頭が下がる」

「緑寿館の建物を見た感想は、虚飾がなく簡明で、何のてらいもなくすっきりしている。それでいて心を動かす何かがある。……中庭を取り囲んで配された各建物に接すると、軽い緊張感に包まれる。日本建築の神髄に触れたような思いである」

純粋な日本建築の大切な要件を杢はこう挙げている。

「まず材料がよくないといけない。材料が良かったら、それを扱う大工が良くないといけない」

すべてが揃《そろ》わないと「本物」はできない。幸い、その条件、環境が、緑寿館建設には整った。完成までに延べ二万人を超える信徒が、さまざまな周辺作業を手伝った。

建設中、技術指導の木村のこころに残る場面があった。それは年配の婦人が、一生懸命に天井板の磨き作業を続けている姿であった。

「あれだけしたら肩がいたくなるだろうと思われるほどですが、あの姿には本当に頭がさがりました」

緑寿館の建築に際し、直日が特に大事にしたことがある。それは「人の和」であった。「皆が一致団結していかなかったら、今度の仕事はできない」と関係者に伝えられた。その和が見事に結実し、昭和五十四年（一九七九）五月五日、春の大祭に合わせ完成祭が執り行われた。

建築責任者として李は次のように言う。

「今後、教主館（緑寿館）に匹敵するような建物が出来るだろうか、という感じがいたします。これこそまさしく日本の伝統建築であるといってさしつかえないんじゃないかと私は思います」

緑寿館の工事が進むなか、総仕上げとなったのは茶室であった。泰安居の完成後、直日から「もうひとつ仕事をするように」と言われていた中村為斉。その仕事が、綾部で初めての独立した茶室「鶴山居《かくざんきょ》」であった。設計は直日が、建設は中村が担当し、杢は一切関与していない。泰安居同様、直日の指示のもと、中村の技術のすべてが注がれ、泰安居とはまったく違ったタイプの茶室が完成した。

松林に囲まれた茶室・鶴山居

広い敷地を生かし、待合「遊亀亭《ゆうきてい》」からは松の樹間を縫い、かなり長い露地を通って本席に進むように設計されている。広大な庭には一面の苔《こけ》、その苔が色鮮やかな緑を呈し、落ち葉の時季には一面の敷き松葉となる。茶席の南側には池が配され、滝を落ちる水音があたりに響く。そして池のほとりのカエデは四季折々に鮮やかな色を添える。再発足後三十年以上の歳月を経てできあがった松林の自然をそのまま生かすという直日の構想は、スケールの大きな独特の空間をつくりだしている。

講談社から発刊された『現代の名庭』(『日本の庭園』第七巻)には数々の重要文化財や「迎賓館赤坂離宮」などとならび、鶴山居の庭園もカラー見開きで大きく紹介されている。同書は明治以降の名庭園を取材・編集したものである。「山裾《やますそ》の静かな環境と相まった作庭は、素朴なうちに力強い趣《おもむき》をみせ、雨や露の一日は、大和絵のような静かなたたずまいをみせる」と紹介されている。

鶴山居が完成して三年半後の昭和五十八年(一九八三)秋、中村為斉は八十三年の生涯を閉じた。「お茶室は中村さんにまかせます」とのことばどおり、直日が手がけた茶室はすべて中村がつくっている。その名は、大本の歴史の中で永遠に生き続けるだろう。

日出麿の帰綾

直日(77)が緑寿館完成後、正式に入居したのは昭和五十四年(一九七九)六月十五日。その年、早春から直日は梅松館で日出麿の部屋を訪ねるたびに、「信者さんの真心で、緑寿館がもうすぐ出来上がりますから、出来上がったら移らせていただきましょうね」と

日出麿の綾部帰苑の日、神前で一人祝詞を奏げる直日（S54.7.16）

声をかけていた。三月ごろからたびたび綾部に足を運び、日出麿の寝具、食器、机など生活調度品を自ら選び、その準備を進めた。

日出麿（81）が入居したのは同じ年の七月十六日であった。当日は晴天に恵まれ、昼前、本部職員、参拝者など約百人が出迎えるなか、日出麿は直日と共に綾部に着き、美しい庭園を前にした公室棟の日出麿の部屋に入った。

昭和十年（一九三五）十二月七日夜、日出麿（37）は直日（33）と子どもたちの見送りを受け、関東地方宣教のため綾部から亀岡に向かう。その日以来、四十四年ぶりの帰還であり、往時を知る者にとっては万感胸に迫る日出麿の帰綾であった。

直日は日出麿が入室した後、神前へと進み、無事帰還のお礼の祈りを捧げ、長い時間、神前に額《ぬか》ずいていた。礼拝後、直日は日出麿の部屋に入り両手をついてあいさつした。

「ようこそお帰りなさいました」

筆舌に尽くせぬ苦難の道のりを経て、再び綾部に帰った夫・日出麿であった。その日、かつて日出麿と共に幼い子を連れ、苑内《えんない》を逍遙《しょうよう》した楽しかった日々、過酷な弾圧に耐えながら戦った日々の記憶が、直日の胸に去来した。

緑寿館では、直日と日出麿が碁盤に向き合う場面も、またお膳《ぜん》をともにすることもあった。この平凡なひと時が、直日にとっては、何ものにも代えがたいものであった。

思えば四十三年前、昭和十一年（一九三六）春、弾圧で綾部の破壊が始まった。それ以来の悲願であった綾部における教主公館がようやく建ち上がったのである。緑寿館が完成した年の直日の短歌である。

官憲に壊されし我が家やうやくに建ちぬ四十三年を経て

聖なる冒険

大本神殿でキリスト教礼拝式

緑寿館建設のつち音が響くなか、直日に一通の親書が届いた。その親書が発端となり、昭和五十二年（一九七七）二月三日、歴史に特筆される「キリスト教礼拝式―平和と一致」が、みろく殿で執行された。

親書〈昭和五十一年〈一九七六〉三月二日付〉の発信者はグレース大聖堂長・スタンレー・F・ロジャース。親書とともにサンフランシスコ作品展での大本祭式による開催奉告祭の様子が掲載された記事が同封されていた。記事はUPIの記者カジムラ・カズオのもので、以下のコメントが掲載されていた。

「もし招待されて日本に行き、大本の神殿でミサを行うことができればとても幸せだ」

それはロジャース聖堂長のことばであり、大本神殿でのミサ執行への、明確な意思表示でもあった。この記事が米国聖公会に所属する聖堂と大本との絆《きずな》をさらに深めるきっかけを作る。

直日は、この申し出を前向きに受諾し、以下の返信（三月二十五日付）を送った。

「そのようなことが可能でありますれば、ますます主の栄光の輝きまさんがため、世界の平和と人類の幸福のため、私はこころより歓迎の意を申し述べるものでございます」

すべての人は「神の子」として同胞であり、よろずの宗教の根源は一つ、「万教同根」を説く大本にとって障壁となるものはなにもなかった。実際の執行にあたっては、それまでの大本との関係が配慮され、ニューヨークの聖ヨハネ大聖堂のモートン聖堂長が最初の司式をすることになった。

来日に際し、直日との面会を切望したモートン夫妻が、入院中の直日を訪ねた。予定にはなかったことである。そこで色紙に墨書された直日の短歌二首が記念に手渡された。

三千世界一度に開くうめの花モートン神父天降りたまふ
天恩の郷《さと》の志《し》らうめモートン夫妻をつつみてかをれ今を春辺と

宗際化の第一歩

昭和五十二年（一九七七）二月三日、みろく殿神前最奥には白木の十字架が安置されていた。

宗教関係者をはじめとする来賓、新聞・テレビ取材陣ほか大本信徒約二千人が見守るなか、モートン聖堂長の司式により、全人類の「平和と一致」を主の神に祈るキリスト教礼拝式が執り行われた。

式は次第にそって進み、司式者の発声に応じて、「かんながらたまちはえませ」「アーメン」と、祈りのことばが殿内いっぱいに広がった。式典最後の「平和のあいさつ」では、キリスト教、大本、仏教など、すべての会衆は、互いに手をとり、「ピース（平和）」と言いながら笑顔であいさつを交わした。

式を終えモートン聖堂長は、歴史的・宗教的意義について会衆にこう語りかけた。

「今日の日が、真に障壁を打破する日となれば、同時に、来たるべき未来に対する巨大な挑戦でもあります。……私達《わたしたち》キリスト教会と大本が分かち合うものは何でしょうか。それは、すべての世界において最も重要なこと、すなわち『神は一つ』『単一主神』を共有しているということです」

翌日以降、日本のみならず世界の宗教史に特筆されるであろう大本神殿でのキリスト教礼拝式の様子は新聞、テレビ、雑誌など各メディアで大きく取り上げられた。

来賓の国際基督教大学名誉総長・湯浅八郎《ゆあさはちろう》は当日、祝辞のなかで礼拝式を次のように評価した。

「大本神殿における、キリスト教礼拝式は、まさにこの宗際化《しゅうさいか》の第一歩であって、まことに予言的で画期的な、聖なる冒険であると評価すべきものです。宗際化運動を提唱する一人の日本人として、私はモートン師と大本の指導者方の勇気と叡智《えいち》と霊覚とに、深甚《しんじん》の敬意と感謝とを捧げます」

礼拝式が行われたこの日、直日は大阪の病室において、共に平和への祈りを捧げていた。

同年十一月七日には、礼拝式の糸口を開いたサンフランシスコのグレース聖堂長スタンレー・F・ロジャースの司式による二回目のキリスト教礼拝式が亀岡の万祥殿《ばんしょうでん》に祭場を移して執行された。

二度の大本でのキリスト教礼拝式が起点となり、ヨハネ大聖堂と大本が毎年、相互に礼拝式を執行するなど、宗際化という具体的な形をとりながら、さらに交流を深めていった。

ニューヨークで大本歌祭、能「羽衣《はごろも》」奉納

モートン聖堂長が初めて大本を訪問した昭和五十二年（一九七七）、直日の計らいで京都での能の鑑賞を日程に入れた。すでに作品展のおり聖堂で舞囃子《まいばやし》が行われており、聖堂長にとって能楽は初めてではなかった。しかし舞囃子と正式な能とでは印象が違う。

「今度は面《おもて》をつけ、衣装をつけた〝能〟をぜひ奉納してもらいたい」

それは聖堂長からの強い要望で、その旨はすぐに直日に伝えられた。直日が下した判断は、人選、稽古の時間などを考慮して昭和五十五年（一九八〇）の演能実施であった。

演能に先立ち昭和五十三年（一九七八）五月七日、聖堂で大本による祭典「みろく顕現祭」と海外初となる歌祭が「ニューヨーク特別祭典歌祭」として行われた。

聖堂の特設舞台で、亀岡の万祥殿で催されるものとまったく同様の形式で執行された。歌祭も終盤を迎え、「天・地・人・軸」、四光明と呼ばれる抜歌《ばっか》四首が斉唱された後、最後にコープ（式服）をまとったモートン聖堂長が献詠歌を〝ひなぶり調《ちょう》〟（短歌の吟詠法）で朗詠した。

「God's green earth we share St.john's stone, Oomoto's rocks Spring cherry blossoms. One flesh and blood, one gold sun Christ has brought us」（「神さまの緑の地球を私たちは共

有し、聖ヨハネの石と大本の岩、春・桜の花、同じ血と肉と金色の太陽で、キリストは私たちを結ばせたまう」）

歌祭も海外初であったが、英語によるひなぶり調朗詠《ろうえい》も、また初めてであった。さらに直日の献詠歌が海外で、しかもキリスト教の聖堂で朗詠されるのも初であった。

ヨハネ聖堂のみ前にいのる諸人の声は天地四方を清《きよ》むる　直日

昭和五十五年（一九八〇）五月には、直日とモートン聖堂長との約束どおり、「聖堂での演能」が実現した。

直日の指示のもと、金剛流《こんごう》による能『羽衣《はごろも》』、シテ（主役）は直日の三女・三諸聖子《みむろきよこ》、その他諸役を本部青年職員が担当。指導は金剛流職分・廣田泰三《ひろたたいぞう》があたった。昭和三十七年（一九六二）の直日による「西王母《せいおうぼ》」同様、聖子以外、演能の経験はなかった。

本番までに舞囃子、袴能《はかまのう》なども含め、計六十数番にわたっての舞台が重ねられ、直日は、本番前月四月三日、金剛流宗家・金剛巌《いわお》（二世）と梅松館能舞台で、その仕上がりを自らの目で確かめている。

ヨハネ大聖堂での演能が正式に決定したのち、同大聖堂の仲介により、英国国教会の総本山であるイギリスのカンタベリー大聖堂でも能が奉納されることになった。出発当日、直日は梅松館から天恩郷まで足を運び、成功への祈りを込め、合掌して一行を見送った。

昭和五十五年（一九八〇）五月十日、ニューヨークの聖ヨハネ大聖堂での演能当日。能舞台は最奥祭壇の位置、十字架の前に特設されていた。

プログラムは八雲琴、仕舞、吹笛《すいてき》、能へと続く。演能に先だちコロンビア大学教授であり日本文学の世界的権威者でもあるドナルド・キーンが能の解説を行った。これはリハーサルを見た同教授からの申し出により実現したもので、予定にはなかった出来事であった。

朱色の美しい長絹《ちょうけん》・羽衣をまとった〝天女〟が聖堂に舞い降りた。囃子、朗々たる地《じ》謡《うたい》の声が聖堂に響くなか、鮮やかな羽衣をひるがえし天女が舞う。その時、聖堂は、さながら天界の様相を呈し、満堂の観客千人は水を打ったような静寂のなか舞台を見つめていた。

「〽……天《あま》つ御《み》空《そら》の霞《かすみ》に紛《まぎ》れて失《う》せにけり」

シテの天女が揚げ幕向こうに消えていった。その瞬間、割れるような拍手が聖堂にこだました。

「私たちは幕内に入って通路に入ったところで、あの大拍手を耳にしました。その拍手をききながら、囃子方は皆、泣いていました」と大鼓《おおつづみ》を担当した森平一成《もりひらかずなり》は回想している。ただひとりの職分として後見座から見守っていた廣田にとっても忘れられない舞台となった。

「初めて能をされる人たちが、わずか一年半ほどの期間で、これだけの能を造りあげた実績は高く評価されてよいと思います」

演能成功の報は、直ちに電報で直日の元に送られた。

カンタベリー大聖堂で「羽衣」奉能

ニューヨークでの演能を終えた一行は、大西洋を越えてイギリスへと渡った。ビクター・ド・バール聖堂長自らが出迎え、カンタベリー大聖堂を案内した。

昭和五十五年（一九八〇）五月十六日、演能当日、会場となる聖堂内・チャプターハウスには見事なステンドグラスを背景に特設舞台が設けられていた。

照明に浮かび上がった舞台で吹笛、八雲琴、仕舞に続き、最後に能「羽衣」が幽玄華麗に舞い納められた。ニューヨーク同様、観客の拍手は鳴《な》り止《や》まず「異例中の異例」（廣田）

聖子シテによる能・羽衣
（カンタベリー大聖堂内チャプターハウス S.55.5.16）

であるが、廣田の配慮でシテの聖子も面をはずし、ワキ、ワキツレと共に舞台に登場した。

観能後、ケンブリッジ大学教授のカーメン・ブラッカーは、その印象を次のように語っている。

「これまで何回も観能しているが、今日は特に神秘的な、別世界に引き込まれるような感じであった。演能はほんとうに大成功でした」

みじろぎもせず舞台を見つめていたド・バール聖堂長の長男・ジョンは「人生で一番印象に残る出来ごと」と語った。

演能の様子は同日、取材にきたＢＢＣ（英国放送協会）により「十四世紀にはじまった日本伝統芸術・能が、カンタベリー大聖堂で奉納される」と題し、七分ずつ二回、計十四分、聖堂長のインタビューも交えて全英に放映された。

ニューヨーク、カンタベリー、二つの大聖堂で、「羽衣」の演能が、素人の大本信徒により行われたことは前代未聞のことであり、直日の英断なくしては成り立たないことであった。なお金剛流による海外での演能も初めてであった。

〝王仁三郎とその一門の作品展〟が起点となっての、キリスト聖堂での大本祭典、綾部・亀岡、両聖地におけるキリスト教礼拝式。聖堂での歌祭、さらに米英の大聖堂での演能へとつながっていったのである。

直日が長年にわたり実践、指導してきた日本伝統文化が大きく実を結んだ宗教交流であった。

不意討ち

世界を舞台に神業が展開していくなか、昭和五十五年（一九八〇）春、足もとから突如思わぬ問題が起こった。晩年安らかな日々を送れるはずの直日にとって、まったく「予期しない出来事」であった。

海外演能の前月「いづとみづ」という名称の機関紙が創刊され、教団批判がわき起こったのである。

「いづとみづの会」発足

創刊号によると「いづとみづの会」は、株式会社の形態をとり所在は亀岡市内と記されていた。教団は、その動向を一切把握しておらず、まさに青天の霹靂《へきれき》であった。やがて、その実質的な指導者が、直日の妹・八重野《やえの》の長男・出口和明《やすあき》であることが判明した。

「いづとみづの会」は自ら発行しているものを「正義の機関紙」と位置づけ、教団への攻撃を始めた。

「はでな舞台で憂いをかくし　鼓、太鼓でうさばらし　笛にあわせてつとめる奉仕、家じゃ待つ子が着たきり雀　おだてられるもアホはアホ　これがまことのおおもとだろか」（四月一日発行『いづとみづ』No.1）などと揶揄《やゆ》。

まさに海外演能に向け、関係者が稽古の最中のことで、それはとりもなおさず直日の指導に対する全面的な否定であり、反教団、反教主を宣言するものであった。

直日は「いづとみづの会」発会を知り、その動きを深く憂慮した。それが身内の出口家の中から起こってきたということにも一層心を痛めた。

不意討ちをうけたるよりの吾が祈り日本に型のうつらぬやうに

直日の短歌と時を同じくするように日出麿は、染筆する。

「天地《てんち》開辟《かいびゃく》以来ノ大珍事没発カト思ヒシニ愁フ迄デハ無イ」

直日の短歌と共に発表され、信徒の不安をやわらげた。しかし、一連の行動に対する直日の姿勢は厳しかった。

法難の日は過ぎ安きに慣れし甥《をひ》等姪《めひ》も加はり事謀《ことはか》りをり

昭和五十五年（一九八〇）、「いづとみづの会」は夏の大祭に合わせ「出口王仁三郎を想う集い」を亀岡で、さらに同年秋の大祭にも綾部で「出口なおを想う集い」を開催した。参加を市民にまで呼びかけ、教団批判を展開した。こうして、問題が広く一般にも知れわたり、マスコミは「教団の内紛表面化」などと報道。社会の注目を集めた。

しかしこのとき、さらに大きな問題が起こった。綾部の集会に、直日の長女・直美《なおみ》の夫・栄二《えいじ》が出席し、壇上でのスピーチに対し、客席から声援拍手を送っていたのである。四代教主が約された教嗣《きょうし》の立場にある直美の夫の行動としては重大な問題であった。

株式会社として発足した「いづとみづの会」（のちに「いづとみづ」と改称）は、昭和六十一年（一九八六）十一月七日、世界改造団体「愛善苑《あいぜんえん》」なる組織に改めた。同年十二月の機関紙によると「熊野館《くまのやかた》（和明私邸）の神床に愛善苑の奉斎主神として瑞霊・神素盞嗚大神《かんすさのおおおかみ》を鎮祭した」とある。奉斎神の変更は、大本とは別教団になったことを示すもので、翌昭和六十二年（一九八七）十二月十六日、宗教法人「愛善苑」として発足した。

直日への反旗

「いづとみづの会」主催の行事に出席した栄二の行動は、直日また教団にとって深刻な事態であった。

栄二は昭和二十年（一九四五）、直美と結婚。昭和三十三年（一九五八）、三十八歳の若さで宗政の最高責任者である大本総長に就任した。将来を嘱望され、特別な待遇をされていたにもかかわらず、栄二の行動は直日の期待に背反し、最後までその期待に添うことはなかった。

大本の教え、本来の在り方からは大きく逸脱した理解で原水爆禁止運動を主導し、その責任を問われ、昭和三十七年（一九六二）の機構改革で栄二は、大本総長・人類愛善会《じんるいあいぜん》会長を辞任。実質解任された後も次々と問題を起こしていった。

昭和五十五年（一九八〇）十月、直日は、反教団問題に対処するため教団内諸規範の適否に関する審査機関として昭和二十七年（一九五二）に設けられた大本審査院を強化し、過去およそ三十年間にわたる栄二の言動に関する調査を命じた。

その後、この調査結果に基づいた明確な事実を「質問書」として本人栄二に送付し弁明を求めた。栄二は文書回答を避け、同年十二月六日、亀岡の本部に出向き口頭による弁明を行ったが、責任回避の姿勢に終始したため、あらためて審査院は栄二に対し、文書回答を求めた。

それが直日の命によるものであることを逆手にとり、栄二からは「私から親子の関係上なっとくのゆくよう教主さまに明確なる回答を申し上げる」という返事が寄せられた。

これに対して直日は、厳しい内容の書簡を使者に託し栄二に届けた。

その書簡。

「あなたからの審査院あてのはがきには親子の関係上、なっとくの行くよう明確な回答をするとありましたが、今の私はあなたとは親子という気持になれません。いまにはじまったことでなく、永年にわたって私に表向きはそうでなくても陰では私を軽んじて反抗し、私は苦しめられてきました。こんなことが母親の私に対し許されることでしょうか。この一年間のいづとみづの会のことでも私の悩んでいることを知りながら、どれだけ力になってくれましたか。適当な処置がとれる立場にありながら私の願いをききながし、手をこまねいているようでした。あなたはいづとみづの会と無関係とは言っても、あの人たちを制止し指導してくれたら、瑞生大祭《ずいせいたいさい》や教祖《きょうそ》大祭のような大本の大切な時に、あのようなことがおきたとは思えません。第一番に私を助けてくれるべきあなたが、そうしてくれなかったことを思うとこの上、親子の気持をもつことは私の感情が許してくれません。大切な人ゆえとながいことしんぼうしてきましたが、もうげん界にきましたので昨年の秋からあなたに関する問題は『直属の』審査院にゆだねました。それで審査院からの書類をよくよんで質問に誠意をもって回答して下さい。

昭和五十六年四月十九日

出口直日

栄二どの」

直日のことばとしては異例とも言える厳しい内容であった。

松の根元の大掃除

栄二の過去も含め一連の行動に対し直日からの諮問を受けた審査院は昭和五十六年（一九八一）八月一日、次のように答申した。

「懲戒戒目を適用し、斎司《さいし》、祭教院《さいきょういん》長、教学委員、宣伝使《せんでんし》、大道場講師の免職ないし解任を内容とする処分を相当とする」

答申を受けた直日は、十日後、夏の大祭のあいさつで内なる思いを発表した。

「省みて教団のあるべき姿に鑑《かんが》み、目に余ることには、松の根元から大掃除をさせていただきたいと存じます。そうして、秩序と思いやりのある明るい教団の体勢を、しっかりと整えてまいりたいと存じます」

反教団の活動について信徒はもとよりマスコミまで知ることになり、直日のこの発言は、教団内外に大きな波紋を投げかけた。

直日は審査院の栄二に関する最終答申を受け入れ、処分を教団総局に一任し、八月十五日付、栄二に書簡を送付した。直日は、審査院の答申を受理し、その処置を総局に委《ゆだ》ねた旨を栄二に通告するとともに、宣伝使、斎司、祭教院長の役職への辞意を自ら申し出るよう伝えた。しかしその後、総局は「辞任の意思」を確認するため栄二に対し、再三連絡をとろうとしたが所在不明のまま、時が過ぎた。ここに至り総局は九月五日、直日の裁定と約一年間におよんだ審査院の調査結果に同意し、栄二の全役職の免職ないし解任を内容とする懲戒処分の発令にふみきった。

直日は栄二への期待をここに絶ち「松の根元から大掃除」を断行するにいたったのである。取材要請に応《こた》えて教団は記者会見を開き、経緯を説明した。翌日、朝刊各紙はいっせいに栄二の処分を報道した。

重大な決断へ

栄二による教団提訴

全国紙を通して公になった栄二の処分発表後、昭和五十六年（一九八一）九月十七日、栄二は綾部で単独記者会見を行い、「今後、真の大本を取り戻すため、教団内外から戦って行く」と述べ、教団との対決姿勢を宣言した。

そして全国の信徒多数に書簡を発信し、「各位の絶大なるご支援を」と賛同を求め、信徒を巻き込んでの地位回復を目指した。それに対し栄二の影響が強かった島根、山口など一部信徒が呼びかけに呼応し「出口栄二を守る会」が結成された。

同年十二月八日、栄二は教団を相手取り、地位確認などを求め、京都地裁に提訴した。被告は宗教法人大本と執行部五人。またこの日を期して、それまで動静が注目されていた教嗣・直美も夫の栄二を支援していく姿勢を明確にした。これは直日が、そして教団がもっとも憂慮していた事態である。

提訴の事実は即日、マスコミ各紙に報道され、大本信徒にも一斉に伝わった。かねて王仁三郎は一次、二次に続く三度目の問題は内部から起こってくる旨の予言を残している。国家による二度の弾圧を越えてきた教団大本にとって、三代直日の後継となる直美の夫、親子関係にある栄二によってなされた提訴は、直日にとって耐えがたく心の痛む出来事であった。

昭和五十七年(一九八二)三月三十一日、法廷における初めての口頭弁論が行われた。その日は、奇《く》しくも二代教主・すみこの三十年祭当日であった。

栄二による提訴以後、直日は自ら親書を直美に送付し、また近親者をはじめしかるべき立場の者を直美のもとに送り、訴訟を一刻も早く取り下げるよう説得を続けた。しかし、直日の期待も空《むな》しく訴訟は法廷に持ち込まれた。ここに重大な決断を下さざるを得ない時を迎えることとなった。

教主継承者・教嗣の解任・変更である。過酷な弾圧下、竹田別院時代、苦楽を共にした直日にとって、長女・直美の解任は身を切られる思いであった。

四月一日。「念のため」として二通の遺言状を弁護士に託した。

一通には、

「出口直美の教主継承者の決定を取り消します」

もう一通には、

「出口聖子、右者を教主継承者として選び決定したいと思いますのでお諮《はか》りします」

自らの筆で署名、捺印《なついん》がなされていた。

先に反教団活動を起こした「いづとみづの会」が「道統《どうとう》を犯さんとする」との勝手な憶測を流した際、直日は、教主継承は「人意をさしはさむ余地のないもの」と断じている。そして教団は直美が後継者であることを機関誌を通し、全信徒に明言し、周知徹底を図ったのである。しかし、栄二が教団を提訴、それを全面的に従い支えようとする直美の行動を、直日は捨て置くことができなかった。

京都地裁において裁判が開かれた後、五月十九日、直日は大本総長を病室に招き、道統継承に関する重要な指示を与えた。

「至急に、直美から教嗣をはずしておかんと、大本はつぶれます。つぶしてもよいのでしたら私も楽ですが、そんなこと私にできますか。神さまに対して、信者さんに対して。大本のために、直美を世継ぎからはずそうとおもいますので、その手続きを至急におねがいします」

これに先立つ五月五日、春の大祭の教主あいさつでも教嗣変更を示唆《しさ》することばがあった。

「この道を継いで満三十年の日に、その願いも空しくなり、それにともなって、久しく胸中に温めてきたものまで、遠く去ってゆくのは、断腸の思いでございます」

八十歳の直日が下した苦渋の決断であった。

教嗣・聖子の苦悩

直日の決断を受け、教嗣変更のための総代会が昭和五十七年（一九八二）五月二十六日、大阪・天王寺の都ホテルで行われ、直日も臨席した。議決後、直日は会場を出て自分の部屋に戻った。そのおりに同行した大本総務の小林正雄《こばやしまさお》は、「車いすでホテルのお部屋に帰られるとき、お供いたしましたが、三代さまが涙されておられるのを拝見いたしました。三代さまは、公私の別を守られて教団の安泰を図られたのですが、ご心中を忖度《そんたく》いたしまして、私も涙いたしました」と書き残している。

教団の将来を思い、直美を教嗣からはずした直日であったが、その苦衷は察するに余りある。同日、手続きを経て直日の三女・聖子が教嗣となった。

聖子に直日の気持ちが最初に伝えられたのは、その数日前、一通の書簡を通してであった。聖子が教嗣変更を知った瞬間を回想した一文である。

「私にとっては、まさに青天の霹靂《へきれき》。ただ驚くほかありませんでした」

次は教嗣変更を決断後の聖子のことばである。

「母は私に、『あなたが教嗣を受けてくれないと大本がつぶれる』と言いました。そのことばの中にある、母の切実な願いが私にも、はっきりと感じられました。そのこと人一倍責任感が強く、何事でも真剣に考える母が、そこまでの結論を出すには、第三者では想像もできない深い祈りと苦悩があったことでしょう」

直日は、はっきりとことばをわけて、聖子に教嗣変更にいたった理由を説明したが、事の重大性もあり、聖子はそこで受諾することは、まだできなかった。

教嗣変更の手続きが行われた総代会翌日、その旨が聖子に伝えられた。しかし同日、聖子はニューヨークの聖ヨハネ聖堂での行事のため、日本を離れなければならなかった。気持ちの整理がつかないまま聖子は渡米した。最終的に聖子の出した結論は、「母に直接会ってもう一度話すよりほかに方法はない」であった。

帰国後も聖子の頭のなかには教嗣変更のことしかなかった。久しぶりに帰宅した時、ある思いが浮かんできた。それは証人となってくれる人と一緒に話そう、という思いだった。

「これは、まったく神さまのおかげだと思います。神さまから、そのように考えさせられたのだと思います」

そのとき聖子のなかで浮かんできたのは年長の従姉妹《いとこ》二人だった。聖子がその二人に電話をいれようと受話器を持った瞬間、玄関で「こんにちは」と声が聞こえた。それは、まさに今電話をかけようとしていた二人だった。やってきたのは二人であったが、その背後には大勢のいとこたちの思いがあり、総意をうけての訪問であった。

「あなたが（教嗣を）うけたら大変だから、話しに来た」

二人を家のなかに招き入れた聖子は、直日のことばも伝え、聖子自身の気持ちも率直に話した。この時点で聖子は、教嗣を直美に戻したいという願いを持ち、直日を説得しようと考えていた。従姉妹二人も、それに同意した。

翌日、三人で直日を訪ねた。そして聖子は、単刀直入に切り出した。

「直美姉さんにお願いして事件を降ろしてもらいますから、こらえて（直美を許して）もらえませんか」

しかし、直日の意志は堅く譲る気配はみじんも無かった。

「私としては、ギリギリのところまで待っとった。これ以上待てんから、私は教嗣の変更を決めた。もう高い崖《がけ》から飛び降りた。今さら直美に謝ってもらっても元には戻せん。直美を許して四代に戻すわけにはいかん。今さらそんなことをしたら信者さんに申し訳ない」

その後、聖子はことばをかえて直日に懇願したが、その決意は変わらなかった。

直美は、生まれた時から四代教主が約され、王仁三郎も、すみこも、そして直日も大きな期待を寄せていた。そういう環境の中で育ってきた聖子にとっても、また大勢のいとこたちにとっても、教嗣変更は簡単に受け入れられるものではなかった。

繰り返し直美を説得

それからも聖子たちは、直美をもとに戻すために懸命な努力をつづけた。先の従姉妹二人に加え、今度は直日の二女・麻子《あさこ》を含む四人で綾部の直美を訪ね、聖子は、率直に願いを切り出した。

「こんなこと（教嗣変更）になっては困るから、事件を下ろしてお母さんに謝ってほしい。そうするなら、私も一緒に謝りに行ってあげるから」

「裁判で争うのは恥ずかしいことでもあるし、事件を降ろして、謝ってほしい」

直日の気持ちは十分に承知していた聖子だった。しかし直美が誠意をもって謝れば、直日も、また信徒も理解してくれるだろうと考えていた。そして聖子は直美に直日への誠意ある謝罪を懇願した。

「直美姉は、『フフフー、裁判にもっていくのが、そんなに恥ずかしいと思っているの』と言って笑うのです。裁判が恥ずかしいと思うことのほうがおかしい、という感じで言うのです。

そのことばを聞いて、私は、この人と話をしても無理だな、と思いました。世間でもどうにもならないところまでいってから、最後の手段として裁判にかけるわけです。それなのに、一教団の次代を継ぐべき人が、一度も話し合わず、裁判にもっていくことは、私にはとても考えられないことであり、大変な恥ずべきことだと思いました」

訪ねた四人の願いは直美に届くことなく、綾部をあとにした。その後も大勢のいとこたちが直美とその長女・直子を訪ね説得したが、いずれも聞き入れられなかった。可能な限りの努力を続けたが、皆の願いとは違う方向へと進んでいった。大勢のいとこたちは直美の行動に対する不信から、次第に教嗣変更を受け入れていった。

聖子自身も、人為を超えた大きな流れの中に置かれていることを感じ、受諾の決断へと少しずつ近づいていった。次の一文は教嗣変更から一年後の聖子の回想である。

「私が最終的に覚悟を決めたのは、尊師さま（日出麿）とのご面会でした。たとえどのような状況になろうとも、もし、尊師さまが、『知りません』とか、『分かりません』とおっしゃった場合、絶対に受けられないという気持ちでした。

私は、最後のご判断をいただくつもりで、尊師さまにご面会させていただきました。お部屋に入り、ごあいさつさせていただこうとする前に、尊師さまは、私の顔をはっきりとご覧になって、大きくうなずいてくださいました。尊師さまは〝待っていた〟という雰囲気で私の面会を受けてくださいました。これで、私の覚悟が、はっきりと決まりました」

直日、苦渋の決断

教団にとって最も重要な教主継承者・教嗣の変更について、どのような経緯で直日が最終の決断に至ったのか。それは直日自身の筆により「清泉《せみ》の小川を」と題し、教団機関誌に発表され、信徒の理解を求めている。その要点を項目に分けて記しておく。

はじめに、決断が自らの意志に基づくものであることが述べられている。

「いぜんから決まっていました大本四代の世継ぎを、このたびやむごとなき事情のために私の一存から替わってもらうことにいたしました。

これには、考えてもみなかった一大決意を必要としました。それだけにこの道の信徒の方々には、ことがことだけに吃驚《びっくり》されたことと、申しわけなくおもいます」

大本教主とは

「世継ぎのことは二代三代と明示され、後々も、代々女でなければならないと定められています。

申すまでもなく、この定めは、この教団にとりまして変えることのできない神律であります。この中の事情がどう変わりましょうと、世間の情勢がどう動きましょうとも、これだけは曲げることはできません。

三代から四代へ、四代から五代へと、その時の教主が、世継ぎにもっともふさわしいものを神さまのご摂理のもとに、代々立てることになっています」

直日の目にうつる直美は次第に変わっていった。

「少し以前から近ごろにかけて、気懸《きが》かりなことがありまして、直美をじっと見てきますと、私は、直美の性格がかわったのではないかとおもうようになりました。それは、直美が生まれながらにもっていた〈ものの本質を見る目〉がどうかなったのではないかとおもわれたことです。（中略）

たしかに直美の目と耳には変化がおこっていました。出口の家に生まれた直美が本来的にもっていた自分の耳と目と口も、今ではまわりの誰かのものに変えられています。

直美は直美で——お母さんは何も知られない、お人好しやからまわりのひとらに騙《だま》されていなさる——とことばには出しませんがそう思いこんでいるようです。

——教主は誰かに騙されている——と、かりに直美に告げるものがいたとしても、以前の直美であれば、その真偽を立て分けてくれたでしょうに。直美の生まれたころも、今も、母の私は少しも変わっていないのですから。

直美は——私がまわりに騙されている——と言い、私は——直美の目も耳も誰かのものになっている——と言います。まるで滑稽本《こっけいぼん》の一節です。一つの教団の中では、どちらかがほんとうで、どちらかが嘘《うそ》となりますと、神さまが、毛筋のよこ幅ほども違いはないといわれたお筆先《ふでさき》によって、三代に立っている私のいうことを聞いてもらうのが順序というものでしょう」

教嗣という立場

「家庭の中にいてものをみているだけでなく、一段と高い心境に立って広く深くものを見る度量がいります。（中略）。ここしばらくの直美をみていますと、大本のことを自分の家の中からのみみているようです。それでは大本の全容は分かりかねます」

直美が変わっていった原因について。

「直美は、終戦の年の四月、まだ十五歳の若さで、異性を見る目も幼く、世の中のことも知らず、思慮分別もそこそこで、周囲から『またとない良縁だから』とすすめるので、直美自身は進学したい希望をもっていたのを、それも抑えて結婚させられたことが、その後の直美を、時に公私の別までも批判することを忘れ、配偶者への盲目的といってもよいほどの献身となり、それがやがては本来の性格にもおよんでいったようです。（中略）

近ごろの直美は、自分の家の中だけで教団をみて、大本の動きを広く受け取ろうとしません。その姿にはハッキリいって配偶者の考え方が原因しています。教団のもつれは、実はここに発しています」

長年にわたる問題

「直美の前途にわだかまっている問題を、重要視しなければならないようになってきました。このことは私が教主就任以来、陰に陽に教団のさわりになってきたものとして、教団の歩みのすべてにからんでいたからです。

いまのうちに、なんとかしてこの問題をさわやかに解決しておかないと、四代継承の前途にもさわるという、私としては好意を秘めてすすめたものでありました。

しかしこれらの好意は、なに一つむくわれずして、私の期待も空しく、すべては裏目に出るという結果になりました。……私たちの気持ちとはうらはらにことごとく打ち返され、自らを泥沼に追いこんでゆくという対応ぶりで、そのもっともはなはだしいものが、このたびの告訴事件となっています」

教団執行部への提訴とその内容

「原告は、教主には何の関係もない訴訟であるといっていますが、被告にされた役員の方々は、私がお願いした方々で、私の決裁を受けて、とりおこなったものばかりであります。（中略）

原告は、実際は親を訴えているのと同じことになりましょう。このようなことを日本の歴史で、かつて聞いたことがありましょうか。（中略）

訴えている内容はどれもみ教えによって解決に向かわなければならないことばかりです。それができないで告訴にふみきったというのは、み教えの受け取り方が横道にそれているからです。それで、告訴したことにより、社会的には自己の信奉しているみ教えの権威を堕《お》とすことになり、宗教人としては自殺行為にもひとしいことに気がつかないのです」

直美への期待と覚悟

「告訴がとり下げられれば、それは直美の力が及んだものとして、将来への希望にまだ脈がある証《あかし》にいたしたいと祈っていました。かりにも、期待のはずれることがあれば、その時は、私は一大決意に立たなければならないと覚悟していました。

ともかく、第一回の公判の日まで待とうと、期待の胸に掌《てのひら》をあてていました。

第一回の公判は（昭和五十七年）三月三十一日で、この日は母の三十年祭の日でもありました。私は大阪の市大病院のお世話になっていて、遥拝《ようはい》でおつとめをさせていただきつつ、在天の母に、いまの教団の大きな悩みについて、ひたすらにお詫《わ》びとご守護をお願いいたしました。

にもかかわらずこの日、公判はとりおこなわれたといいます。そればかりでなく、原告が裁判長に訴えたということばを伝え聞いては、私は唖然《あぜん》とせざるをえませんでした。

これではもう駄目だ！

つぎの日の卯月朔日《うづきついたち》、私が母のあとを継いで満三十年の日、これ以上、直美に期待をかけることはできない。今のうちに後継者のことをハッキリさせておかないと、大本はたいへんなことになると決意いたしました」

直美への思い

「これまでも、この後も、直美は私の長女であり、親ごころにいささかの変わりはありません。私は、大本が大事か、自分の娘が大事かというところでは前者を主にいたしましたが、このたびのことで直美がどのように傷つくかとおもわないではいられません。それは、まさに断腸のおもいというものでしょう。（中略）

ふつうの家の祖母であれば、私もこのまま娘や孫に負けてやりたいのですが、ここはそうはできないのです。

それは神さまに、教えみ祖《おや》（開祖、聖師）に、この道の友に対して申しわけが立ちません」

○

教嗣変更の後、「出口栄二を守る会」は「大本四代教主出口直美様を守る会」と改称された。裁判支援活動に加え、直美の四代道統の継承を目的とする活動を始めていた。教嗣変更を境に、公然と三代教主への反旗を掲げた。

しかし、裁判では、栄二は地位確認を目的として自らの正当性を訴えていたにもかかわらず、数々の物証と証言により、栄二の過去が明らかにされた。「東京本部建設への妨害」（昭和四十二年）、「教主あいさつの改ざん」（昭和五十二年・大本開祖大祭）、「教主裁定による地方機関設置への非難」（昭和五十五年）、「『いづとみづの会』への対応」（昭和五十五年以降）など、それまでは教団役員、一部の信徒しか知り得ない言動が、裁判を通して広く一般にも知られる結果となり、最後は無条件での裁判取り下げという結末を迎えている。

直日のもと、こころ一つに

開教以来、教団は大小幾多の山坂を越えてきた。

一連の反教団の問題もその一つであった。とりわけ戦後、昭和二十一年（一九四六）の再発足以来の歴史のなかでは、教団内で起きた最も大きな〝事件〟であった。

しかし、一連の出来事は、大本の道統、大本の信仰の在り方について反省する機会となり、そこから学び教えられた面も大きかった。

複雑な経緯と内容を孕《はら》んでいる反教団の問題も、正しい視点さえ持っていれば何の迷いもなく、誤ることなく正道を進むことができることを多くの者が教えられた。偏った情報だけを長年にわたって聞かされた一部地域の信徒を除き、圧倒的多数の信徒は、教主・直日のことばを信じ、迷うことなく問題発生から同じ大本信仰の道を坦々《たんたん》と歩みつづけている。

すべては「神的順序」のなかにあり、神意を受けた教主の意を離れて真の道はない。それは開教以来、今も、そして今後も変わらない教団大本に厳然と存在する神の定めであり、信仰の根幹である。この一点が大事な鍵《かぎ》であることを一連の事件は教えていた。

教団に不平もつ人去りたまへ清きがのこり道を護《まも》らむ

この歌は、さかのぼること三十年、昭和二十七年(一九五二)、直日が教主就任の時の歌である。なぜこのような歌を教主就任という厳粛な場面で直日は全信徒に伝えたのか。それは当時「教団に不平もつ」者らがいたという証しにほかならない。

教主・直日を常に教団の中心におき、すべてのことが正しい順序のなかに運ばれてきたのかと教団が自問するとき、必ずしもそうではない現実が就任以来横たわっていたからである。

なおの時代、王仁三郎・すみこの時代、そして直日・日出麿の時代とその歴史を振り返るとき、大本の中には正しい流れに逆行し、常にそれを妨害する存在があった。大本草創期には、王仁三郎の命を狙《ねら》うという過激なたくらみさえあった。根本教典である『大本神諭《おおもとしんゆ》』のなかでも「善悪の鏡の出る大本」と随所に示されてあるとおりである。

開教当時、善悪の現れ方は激しく、なおの子どものなかで「悪の役」をさせられた者も複数いた。しかし、それも「他人の子に傷をつけられない」という大愛の神慮に発した経綸であると筆先で説かれている。昭和五十五年（一九八〇）に発した一連の反教団の流れと結末を冷静に振り返るとき、この神慮があらためてよみがえってくる。

教主就任から三十年を過ぎても、その流れは見え隠れし、直日の意に基づき教団運営をしていこうとする人たちの手枷足枷《てかせあしかせ》となり、時として神業《しんぎょう》の遅滞を招いていた。

しかし、一連の出来事を境として従来どおり直日を中心として進む者と、そうでない一部の者がはっきりと立て分けられる結果となった。教団のなかにいながら教主の意に反する道に進もうとする信徒たちは、すべて教団を離れていった。信徒はわずかに減少したが、教団のなかの不透明さが無くなり、直日、日出麿、そして教嗣・聖子を中心とした秩序と和合ある教団の姿を招来することとなった。

この教団の姿は、直日の生涯における最後の大事業完遂に向けての周到な、神意による準備だったと言えるだろう。

「天わたる日月と共に日の本の君やすらけく民ゆたかなれ

（昭和五十年）」

第七章

神約実現のとき

昭和五十九年――昭和六十年

カット・出口直日

大弾圧をこえ、三たび長生殿造営

長生殿《ちょうせいでん》造営への大号令

「この後の十二年こそ、わたくしの生涯に有終の美を……」

昭和四十七年（一九七二）の直日《なおひ》の宣言から、すでに十二年の時が流れていた。その十二年間を振り返るとき、「海外作品展」に始まり、予想もできなかったことが、次々に起こり、大本は大きく進展していった。

直日は階段を一段ずつ上がり、昭和五十九年（一九八四）秋、栄二《えいじ》の提訴による裁判継続のさ中、重大な計画を発表した。

宇佐美龍堂《うさみりゅうどう》総長の大祭あいさつのなかで大本信徒にとって長年の悲願である「長生殿《ちょうせいでん》」造営の決定と推進に向けての大号令が発せられたのである。

長生殿。それは大本にとってもっとも重要な神殿であり、直日との因縁は深い。長生殿の歴史は明治時代にまでさかのぼる。

最初に登場するのは王仁三郎《おにさぶろう》が神使に導かれ高熊山《たかくまやま》に入山・修行した明治三十一年（一八九八）である。王仁三郎は「最奥天国《さいおうてんごく》」に導かれ、そこで目にしたのが長生殿であった。


十字形の珍《うづ》の宮居《みやゐ》は鶴山《つるやま》の長生殿よと神は宣《の》らせり

名称は違うが、長生殿が最初に地上に姿を現したのは「本宮山《ほんぐうやま》に御宮《おみや》を建てて、三体《さんたい》の大神様が御鎮《おしず》まりに御成《おな》りなされたら…」と大正六年旧十月十六日の筆先《ふでさき》に示された綾《あや》部《べ》の本宮山（別名・鶴山）の本宮山神殿《ほんぐうやましんでん》である。大正十年（一九二一）七月、三体の大神をまつる同神殿は完成した。

しかし、第一次大本弾圧発生にともない、同神殿での最後の月次祭《つきなみさい》（同年十月十五日執行）を終えた三日後、直日を斎主《さいしゅ》として「神殿告別式・昇神祭《しょうしんさい》」が行われている。「昇神の由をつげる三代教主の拍手が、悲しみの静寂の中にわびしく耳を打つ。三代教主は久しきに渡って平伏《へいふく》されていた。参拝者のすすり泣く声があちらこちらに聞こえた」と記録に伝えられる。

昇神後、神殿は当局の手により完全に破却された。直日が斎主をつとめた鎮座、そして昇神であった。

時は流れ、再び造営の命がくだされたのが昭和三年（一九二八）十一月、本宮山山上で長生殿地鎮祭が執り行われ、その後三年を要して昭和六年（一九三一）、十字の基礎が完成した。

しかし礎石完成後四年以上も手つかずのままであった。大本の建築史に前例のない〝謎《なぞ》〟である。

ところが王仁三郎は突如、昭和十年（一九三五）八月十日、長生殿造営を促す大号令を発する。そして同十月二十七日、大正十四年（一九二五）以来、久々に王仁三郎が斎主《さいしゅ》をつとめ長生殿斧始祭《おのはじめさい》が十字の礎石上で執り行われた。この「十月二十七日」は大正十年（一九二一）、本宮山神殿破壊が完了した日であった。

長生殿建ち上《あが》りたるあかつきは神の経綸《しぐみ》も漸《やうや》く成らむ
大神の鎮《しづ》まり給ふ大宮《おほみや》の成らずば神業《しんげふ》成らざるを知れ

そこには長生殿造営にかけた王仁三郎の覚悟が示されている。神業成就に不可欠の神殿、それが長生殿であった。

本宮山山上での長生殿斧始祭《ておのはじめさい》は、昭和青年会《しょうわせいねんかい》(男性信徒)、昭和坤生会《しょうわこんせいかい》(女性信徒)、昭《しょう》和神聖会《わしんせいかい》(含一般)結成後、大本躍進の頂点にあったとも言える晴れの祭典であった。しかし、その喜びから、わずか一カ月半後、場面は急転し、国家を挙げての第二次大本弾圧が勃発《ぼっぱつ》する。

長生殿建設計画は完全に破たんし、両聖地すべての建造物は破却された。本宮山神殿につづく「二度目の長生殿法難」である。

しかし戦後、高熊山での神約は年を経て廃虚の地に確実に芽を吹いたのである。昭和二十年(一九四五)十二月、王仁三郎は「本宮山は神体山《しんたいざん》」と示し、翌二十一年(一九四六)六月には長生殿敷地跡に月山不二《つきやまふじ》を築造し着々と下準備はととのえられていた。

直日、生涯最大の神業

昭和六十一年(一九八六)の節分大祭でのあいさつである。

「長生殿のご造営は、神さまから、私が承っておりますご使命でございまして、永年心を離れないものでございました」

長生殿造営は、直日が神より与えられた使命であると述べている。王仁三郎の号令により開始された建設であったが、その実現・完成を担うのは直日に与えられた役割であり、造営をめぐるいくつかの疑問も、直日へと引き継ぐために必要な道程であったと見るなら、すべてがうなずける。

二度にわたる弾圧をこえて、三たびの神殿造営がいよいよ始まろうとしていた。それが直日に託された生涯最大の神業であるとし、昭和六十一年（一九八六）節分大祭で直日は、「このたびのご用こそ、三千世界《さんぜんせかい》の立直《たてなお》しのご用でございまして、現界霊界を通じて、末代《まつだい》まで残るご用でございます。開教以来かつてない大規模なご神業でございますが、万代《ばんだい》万国《ばんこく》に神の世を開かせていただくために、何とぞ皆さまには格別のご尽力を頂きますよう、お願い申し上げる次第でございます」と決意のほどを述べている。

それまでにない強いことばで、長生殿建設の重要性が示されている。

直日が説く建設の意義は、信徒一人ひとりの魂に「神のことば」として受け止められた。そして長生殿造営に向け全信徒は一丸となって、大きな一歩を踏み出した。もうそこに直日のことばに異を唱える者はいなかった。

直日にとって長生殿造営は「永年心を離れないもの」であり、早くからその構想は描かれていた。

三代教主就任から五年後、昭和三十二年（一九五七）八月の全国機関長会議で総長から直日の考えが次のように伝えられている。すでに信徒の先祖をまつる独立した建物として、綾部のみろく殿前の広場に祖霊社《それいしゃ》新築が決まっていた時点でのことである。「現在のみろく殿の位置は、大神さまを礼拝さして頂く場所として永久的には適当でないと思う。ある時期まではみろく殿に祖霊社を併置し、将来あの建物は祖霊社に当てさして頂くべきではなかろうか」とのことばを受けて「今秋（同年）までに祖霊社をみろく殿に併置」と計画が変更された。

二代教主・すみこの大号令を受けて全信徒が戦後の苦しい生活のなか、総力をあげ、まごころを結集して建てあげたみろく殿〈平成二十六年〈二〇一四〉四月に国の登録有形文化財に指定〉である。

その当時建設された神殿としては国内でも最大級の規模で、新生大本を象徴する大神殿であり、信徒にとって誇るべき建物であった。しかし直日は礼拝殿として、みろく殿は「永久的には適当でない」としている。まだ畳の香りが漂うみろく殿で礼拝していた信徒には意外な発言に聞こえたことだろう。この直日のことばは「永久」を視野に入れた礼拝殿建設は、別にあることを意味するものであった。

その後、昭和三十五年（一九六〇）、開教七十年記念事業計画のなかに、「お筆先や霊界《れいかい》物語《ものがたり》に照山《てらやま》（寺山）と桶伏山《おけふせやま》（本宮山）の山間に貴《うづ》の御舎《みあらか》（錦《にしき》の宮《みや》）建立のお示しがある」の一文が挿入された。

だが「錦の宮建立」のためには、解決しなければならない大きな課題があった。それは造営する土地の問題である。神示にある「照山と桶伏山」の間。そこには綾部小学校があり体育館も含めて幾棟もの校舎が建っていた。しかし、その後、昭和四十八年（一九七三）秋、大本は綾部市から小学校跡地を入手。開祖なおの時代から伝えられていた「将来、小学校の土地は大本に入る」という予言は実現し、錦の宮造営の条件が整った。直日は、その地を昭和五十五年（一九八〇）九月二十日、「鶴山平《つるやまだいら》」と命名した。

緑寿館《ろくじゅやかた》が完成した昭和五十四年（一九七九）六月二十一日、直日は本部役員を呼び、「大みろく殿（仮称）用の原木を、教主館造営余剰金をもって今から準備購入するよう」（梅松苑《ばいしょうえん》日誌）指示を出している。ここでは「錦の宮」を「大みろく殿」と表現している。

造営実務総責任者・杢正夫《もくまさお》

直日は緑寿館造営の現場総責任者である杢正夫《もくまさお》にも構想を話し、建設への協力を依頼した。

緑寿館建設中、杢には「上段の敷地には長生殿、中段には教主館（緑寿館）、下段のみろく殿」と直日による全体構想がすでに知らされていた。昭和五十二年（一九七七）、緑寿館の製図担当だった近江清《おおみきよし》も直日から「上の建物もあるから、しっかり勉強しとって下さいよ」と直接に声をかけられていた。

近江が毎日、記している業務日誌がある。それによると「大みろく殿製図」（昭和五十五年〈一九八〇〉八月二十八日付）の文字が記され、それと前後して「李先生打ち合わせ」との記入が多く見られる。さらに翌五十六年（一九八一）の日誌には連日のように「大みろく殿製図」がつづく。しかしそれ以後二年間、まったくその記録がない。

その原因は一連の反教団の問題発生にあった。そのような状況のなかで作業を進めることは困難と判断した直日は図面作成の一時中断を命じた。

それは次の直日のことばからうかがえる。

「思わぬことが起こりましたために、五年ほど遅れましたが……」。しかし、その遅れに対し「全国からご造営に対する熱気が澎湃《ほうはい》として湧《わ》き上《あ》がり漲《みなぎ》ってまいりまして、五年のおくれはやがて取り戻せるような気運を感じさせていただいております」（昭和六十一年〈一九八六〉節分大祭）と述べている。

その後再開された製図作成も着々と進み、仕上がりに近づいていた。基本構想は直日によるもので、すでに昭和五十六年（一九八一）の時点で出来上がっていた。

緑寿館建設を通して杢への信頼をいっそう深めたであろう直日にとって、神約の神殿・長生殿造営の実務総責任者・顧問として、杢がいてくれることは何より心づよかった。杢への信頼は、建物に関する基本的な考え方、見方が直日のそれと一致していたからである。

「造営の全般を通して、三代さまのお考えと、杢先生の建築感覚が、期せずして一致していることには驚かされました」

これは直日、杢、二人の様子を見ていた岩崎《いわさき》國夫《くにお》のことばである。

長生殿は亀岡の神殿・万祥殿《ばんしょうでん》と同様、能舞台、茶室も備えられていた。直日の生涯における最大で最後の設計となった建物である。

昭和六十年（一九八五）春、長生殿造営局を開設。翌年二月の節分大祭当日、「長生殿造営」が公示され、同日、「木遣《きや》りの儀」が行われた。

綾部駅から長生殿建設用地・鶴山平までの道のりを長さ十《メートル》、重さ二・五《トン》の木曽《きそ》桧《ひのき》二本が、多くの綾部市民、信徒が見守るなか勇壮な木遣り歌に送られて綾部の町を進んでいく。先頭で綱を手にするのは教嗣・出口聖子《きよこ》、綾部市長・谷口昭二である。日出麿《ひでまる》の筆になる「長生殿」の文字が背に染め抜かれた揃《そろ》いのハッピを着た大勢の信徒、綾部大本協賛会の市民が引き綱を手にした。

綾部での木遣りは昭和二十七年（一九五二）三月一日、みろく殿用材が天神馬場町から彰《しょう》

長生殿・木遣り (S.61.2.3)

徳殿《とくでん》まで運ばれて以来、三十四年ぶりであった。

施工は寺社建築では実績を持つ京都の奥谷組《おくたにぐみ》が長生殿本殿、白梅殿《はくばいでん》、鶴の間・亀の間、木《こ》の花閣《はなかく》、能舞台を。信徒大工共同体が老松殿《ろうしょうでん》を担った。いずれも経験のない規模のもので、杢の丁寧な指導のもとで工事は進められた。

二十世紀最大の純日本建築

杢がいなければ進められない長生殿建設であった。

緑寿館建設において、その実力、真価を知る岩崎、近江など関係者にとっても杢の存在は絶対的なものであった。

総建築面積八六〇五、六三㎡（約二、六〇三坪）、神殿をはじめ大小二十五棟の構成からなる長生殿は、二十世紀最大の純日本建築となった。その工期は十五年、前後二期に分けられた。工期、規模、いずれも教団の建築史上、前例のないものであった。長きにわたり日本建築に携わってきた杢にとっても経験したことのない規模で、名実ともに人生の集大成となる造営であった。

岩﨑が直日から「昭和の時代にこのような立派な建物ができたことを、後世に残しておきたい」と聞かされているように、教団という小さな枠を超え日本文化の一つである伝統工法・建築技術を後世に残したいという強い思いがあった。

長生殿造営は信徒にとっても大事業であった。

どのような場合でも終始一貫して「信者さんにご無理のないように」を基本姿勢としてきた直日であったが、最後の大事業長生殿造営に対しては、全信徒一丸となって実現に取り組むよう、力をこめ訴えた。長生殿は信徒にとっても悲願の神殿であった。

教主就任から三十数年が経過し、直日、日出麿に寄せる信仰、信頼は絶対的なものとなっていた。

長生殿建設の発声は〝神示〟として信徒に受け止められた。好景気の時代とも重なり、最終的には目標額を大きく上回る献金が寄せられた。

信徒のまごころと熱は当初の十五年の工期を大きく短縮し、平成四年（一九九二）、開教百年という節目に完成の運びとなった。「五年の遅れはやがて取り戻せるような気運を……」ということばのとおり、八年も工期を短縮したのである。

すべてが順調に進捗《しんちょく》し、鶴山平の景観は日々姿を変えていった。

吾れ五十に逝きたる母より三十五年命長らふ戀しも母は

（昭和六十一年）

第八章

昭和六十年――平成二年

桜花風に舞う

カット・出口直日

万民和楽を祈りつつ

悠々たる日々

白雲悠々ねむれぬ時はねむれぬまま毀誉褒貶《きよほうへん》人の批判に関《かか》はりもなし

昭和六十年代、長生殿《ちょうせいでん》建設も緒につき、直日《なおひ》は毀誉褒貶、世評の外に身を置き悠々とした心境のなかにあった。

「ありがたいことです」

晩年、直日が、ことあるごとに口にしたことばである。そこには、大きな神の愛に守られ、多くの「まごころ」に包まれた日々があった。

かつて直日が教主に就任した当時、直日の義弟・三千麿《みちまる》は、「『まことのこと』、『まごころ』を直日さんほど好まれる方は少ないようだ。人の誠意を直日さんほど、誤りなく受け取られる方は少ないように思われる」と書き残している。

昭和六十年（一九八五）の秋、直日からの要件で梅松館《ばいしょうかん》を訪ねた信徒・佐々木昇臣《さ さ き たかおみ》が帰ろうとしたとき、直日は「書院の間」に佐々木を案内した。床には、一枚のハガキが軸装して飾られていた。ハガキには、棒に鮭《さけ》を下げ、それを背負っている人が描かれていた。有名な画家のものではなく、ひとりの信徒の手になる素人の絵であった。

絵を見ながら、直日は静かな口調でつぶやくように言った。

「鮭もありがたいが、この絵はもっとうれしい。そのまごころが何よりうれしい」

それはある信徒から送られてきたもので〝鮭をお送りしたいが、貧しくてそれができないので、せめて絵だけでも〟というハガキであった。鮭を直日のもとに届けたい、その思いが絵に込められていた。信徒のまごころを大切に受け止めた直日は、一枚のハガキを軸装という最高の仕立てにした。その背景が分からなければ素人の絵ハガキでしかないが、そこにある直日の「こころ」が見えてくるとき、それは特別な一枚の絵となる。

古くは弾圧のさなか、まごころから寄せられた信徒の弁護費用献金への対応に見ることができる。直日は献金者の名を立派な装丁の芳名録として残し、信徒のまごころを自分のこころにしっかり刻みこんでいた。

懸命に生きる

おだやかな日々を過ごす直日であったが、まだすべてから解放されたわけではなかった。長生殿造営、未解決の裁判（反教団）など課題も抱えていた。

寝る前に廊下幾廻りす十年は生きねばならぬと己励まし
寝たきりになりたくはなし重き足引きずり門畑ひとまはりしぬ

直日八十三歳の詠である。

体力を維持するため、直日にとっては歩くことが欠かせないリハビリであり、自らの肉体に鞭《むち》打つ毎日であった。衰えゆく肉体を直日の気力が支えていた。

直日が気づかったのは足だけではない。

親しい友人のひとりであった仕合藤子《しあいふじこ》は、次のように語っている。

「教主さまは、ぼけないようにということで、よくお歌を歌われます。〝荒城の月〟〝平城《なら》山〟など、少し寂しく情緒のあるお歌がお好きです」

意識を確かに持たねばという直日の懸命な努力である。

昭和五十年（一九七五）代の終わりごろから、時折体調を崩すこともあり、何回か入院して治療にあたっている。

なかでも昭和六十三年（一九八八）一月の入院は、かなり危険な病状にあった。入院後三日間は、近親者がベッドの横で祝詞《のりと》奏上をくり返し、回復を祈念するほど深刻な容体が続いていた。

入院二日目、熱が下がらず血圧も安定せず点滴を受けながら、短歌を口にした。それを書き留めるようにベッドの横にいた麻子《あさこ》に言うのだった。体を気遣う麻子が、「今はあまりものを考えてはいけませんから」と作歌を止めるように助言すると、「それなら自分で書く」と言い、やむなく麻子が口述を筆記する場面もあった。

聖子《きよこ》が付き添っていたときも、直日はしきりに話しかけた。深刻な病状にもかかわらず、万葉集、古今集、王仁三郎《おにさぶろう》の短歌、日出麿《ひでまる》の俳句、歴史の話題、とどまることなく直日は話しつづけ、応対するのが大変だったという。

この入院期間中、直日は教嗣《きょうし》・聖子を「教主代行」に任じ、以後、教主の実務を代行させた。幸い体調も回復し同年二月二十八日、直日は退院し、亀岡の梅松館に戻った。

戸籍名「あさ野」に秘めた使命

入院中、または退院直後に詠んだものと思われる「朝野《あさの》」と題した短歌二首が残されている。

事あらば心ひとつに合はせつつ国をまもれとわが戸籍名

誇りたかきわが戸籍名事あらば国を守らむ心かたむけ

人生の終極に身を置きながら、なお日本の国を思い、自らの使命を果たさんと願う直日であった。

王仁三郎が名付けた直日の戸籍名「あさ野」。そこには「在朝在野」の人々、上にある人も、下で苦しんでいる人も、あまねく済度するような人となれ、という、王仁三郎の願いがこめられていた。その働きの中心となる場は「日本」。生涯を傾けて直日が守り、伝えてきたもの、それは「日本」であり「日本文化」であった。それは少女期から晩年にいたるまで一貫し、変わることはなかった。

王仁三郎は、日本について次のように示している。

「現代の我が日本国すなわち豊葦原《とよあしはら》の瑞穂《みづほ》の中津国《なかつくに》を胞衣《えな》となし、かつ神実《かむざね》として、地上のあらゆる世界を修理固成したもうた神界経綸《しんかいけいりん》」（『霊界物語《れいかいものがたり》』第六巻）

「世界の修理固成《しゅうりこせい》にあたり、先《ま》づその中心とし、雛型《ひながた》としてわが日本の国土をつくり、これを世界に移して万国を固成せられたのである」（『惟神《かんながら》の道』）

ここには日本を胞衣、雛型、つまりモデルとして、神示に基づく理想世界「みろくの世」「地上天国」を実現していくと説かれている。また日本と同様、大本には、型《かた》としての重要な使命が課せられていると随所に示されている。

直日の願い、祈りも、その一点に込められていた。

それは、その年々、年頭にあたっての直日の短歌からもうかがえる。

東《ひむがし》の空ほのぼのと茜せりこの年もかくおだやかにこそ（昭和六十一年）

地の果てはかにもかくにも秋津嶋大和嶋根《あきつしまやまとしまね》（日本）に波静かなれ（昭和六十二年）

大和島根にうちよする波静かなれ何にもまさり目出度かりける（昭和六十四年）

「どうか世界が平和で、どこの国のどの人もしあわせでありますように、ということが私の新春の願いでございます」（昭和六十一年・年頭の辞）は、終生変わらない直日の願いであり、祈りの中心に置かれたものであった。

退院後の平穏な日々

昭和六十三年（一九八八）の退院後は、教主の公務も聖子に任せ、おだやかでしあわせな日々が続いた。毎週水曜日には娘たち、土曜日には孫たちの茶道の稽古《けいこ》があった。子や孫の稽古を見ることは直日にとって大きな楽しみの一つであった。茶室でともに座を占め、子や孫が点《た》てた一服を喫した。テレビで毎日相撲を楽しみ、横綱・北《きた》の湖《うみ》に声援を送り、能楽の放送があれば、長時間でも静かに見入っていた。

年老いても身についた習慣は変わることはなく、時間を決して無駄にはしなかった。「晩年、横になっている時でも、エスペラントとかお謡《うたい》のテープを聞いていました。何もせずにボーッとしていることはまずなかったと思います。お稽古ごととは違いますが、母は目が悪くなるまでは写生もよくしておりました」と麻子は回想している。

時には孫を相手に指相撲に興じた。椅子《いす》のひじ掛けに乗せた直日の手を相手にして、孫たちも指相撲を楽しんだ。

「『おばあちゃん、どうしてこんなにお強いんですか』とうかがったら、若いときの武道のけいこのおかげだとおっしゃっていました。普通だったら八十八にもなるおばあさんなのですから、手加減して当然なんですが、それができない。こちらも必死です。それでも負けるんです。で、『参りました。離してください』と言わないと、離してもらえませんでした」と孫・紅（のちの五代教主）は語っている。

こうして日々、直日のまわりは、いつも和やかな空気に満たされていた。

このころには正座することも難しくなり、茶道、仕舞など、自らが稽古をすることはなくなっていた。変わることなく続いたのは短歌であった。

直日の内面をいちばんよく表しているのも短歌である。

昭和六十二年（一九八七）四月三十日、同年夏に開催予定の日本宗教代表者会議主催・比叡山《ひえいざん》宗教サミットを前にし、世界の各宗派とのパイプを持つ大本に協力依頼に来苑《らいえん》した天台座主・山田恵諦《やまだえたい》との会見後に詠んだ二首である。

美しき山田恵諦師の顔《かむ》ばせが吾胸深くほほゑみいます
美しき顔にてませり不思議はなし生き佛《ぼとけ》山田恵諦大師《だいし》に御座《おは》す

さらに翌昭和六十三年(一九八八)四月、ブラジルから来苑したベネディクト・シルバ博士と梅松館で昼食を共にしたのちの一首。

世界一の美しき顔シルバさんと昼餉《ひるげ》いただく今日のしあはせ

こころに感じ、目に映じるものは「生き仏」の姿であり、「世界一の美しき顔」であった。それは同時に、直日自身を照らし出す「うつし鏡」として、直日の境地を表していたのであろう。

みんなを救うため

昭和六十三年(一九八八)の退院後、直日の周辺は以前に増しておだやかな空気に包まれ、それまでとは違う気配を多くの者が感じていた。ことばは少なくなってきたが、その日常の姿には神々しささえ漂っていた。

平成二年(一九九〇)に入ってからのことである。身近にいる二、三の者の間で「人は何のために生まれてきたのか」という話題になった。それはふだんの気軽な会話のやりとりであった。その会話が続くなか、ひとりが直日に尋ねた。

「教主さまは、神さまからどういうご使命を仰せつかってこの世に生まれてこられたのですか」

その瞬間、直日は毅然《きぜん》として、ためらうことなく答えた。

「みんなを救うためです」

凛《りん》とした直日の声が響き、部屋にいた者は、思わずひれ伏し、「ありがとうございます」というのが精いっぱいであった。

「みんなを救う」。それは、開祖なお、王仁三郎の筆で直日に与えられた使命と記されている。しかし直日自身は「まったく平凡な弱い人間」と記しているように、すべて控えめに振る舞ってきた。

〇

明治四十二年(一九〇九)、弥仙山《みせんざん》から「大本直日大神」の神霊が綾部《あやべ》に迎えられ、同神名で朝夕奉唱されていた。その翌年九月二十八日の筆先には次のように示されている。

「出口朝野九才出口直霊大神、梅野七才日女子姫、八重野二才緒睦姫、三人の御子に名を附けて置くぞよ。出口直の手で国常立尊が書きおくぞよ。末代の事」

十代のころから王仁三郎に可愛《かわい》がられた梅田信之《うめだのぶゆき》の子・伊都雄《いづお》は、次のように回想している。

「聖師さまにされても、また二代さまにされても、教主（直日）さまだけは別格の扱いをなさっていました。わが子としてというより、それ以上のお気持ちをお持ちでいらっしゃいました。それは『水晶のみたま』という生まれながらに教主さまがお持ちのご神格に対する畏《おそ》れ、謹みということではないかと拝察させていただきます。聖師さまのおそばにいて、それを強く感じました」

○

予言や奇跡に頼り、何事も霊の問題として安易に片付け、人としての努力を怠ることは直日のもっとも戒めるところであった。

教主就任から間もないころの直日のことばである。

「このごろは大本のなかに神秘がないと言う人がいますが、神秘とは目の前の霊的現象だけではありません。それも神秘の一つには違いありませんが、信仰の世界から見れば、それは幼稚園程度の段階です。普段みんなが偶然ということばで片付けているなかに、本当の深い神秘というものがあるのです」

自分勝手な「棚からぼた餅《もち》式」の信仰に陥り、何もせずに神だのみで解決しようとする者に対して、直日が説きつづけたことは、いかなる局面にあっても真剣に祈りつつ、人として最善の努力を尽くすことの必要であった。

では、直日の日常に王仁三郎の時代にみるのと同様の奇跡はなかったのかと言えば、それは否である。誌面の都合で一点だけ紹介しておきたい。

これは四国の信徒・島崎和子《しまざきかずこ》が昭和四十九年（一九七四）に体験したことである。病気で奇跡的な救いを受けた島崎は、そのお礼参りを考えていた。そんなある日、直日の夢を見た。そこでは極めて具体的なやりとりがあり、扇、茶道教授の門標《もんぴょう》などの品々が出てきた。そして夢のなかで全快祝いとして直日の手になる水指を与えられた。

その夢の十日後、直日と面会した場で、夢に見たままの場面が目の前で実際に起こったのである。そして島崎が辞去しようとしたその時、直日の口から思わぬことばを聞かされる。

「島崎さん、あんたの見た夢のとおりになったなあ」

島崎は腰をぬかさんばかりに驚き、その瞬間、「体が戦慄《せんりつ》するほど」だったという。

それから二年後、「約束の水指を全快祝いに」とのことばを添えて、直日からまだ実現していなかった水指を与えられ、夢は現実世界のなかですべて完結した。

この類の話は、直日、日出麿の日常のなかでは、珍しいことではなかった。しかし、これらの話に特別な興味を持つのは直日のいう「幼稚園程度」にある人たちということになるのだろう。

仲むつまじき夫婦の絆《きずな》

日出麿先生すこやかにますおもほえぬ小夜の嵐《あらし》に散ることはなし（昭和六十三年）
たをやかに日出麿先生に吹きつくる小夜の嵐にますます元気に（同）

晩年、直日は亀岡・梅松館、日出麿は綾部・緑寿館《ろくじゅのやかた》で過ごしていた。そして時々、直日が日出麿の元を訪れた。

ある朝、起きたとき日出麿は側近の出口真弓《でぐちまゆみ》に声をかけた。

「今日は誕生日ですなあ」

「はい、さようでございます。今日は教主さま（直日）のお誕生日でございます」

ごく普通の出来事ではあるが微笑《ほほえ》ましいやりとりだったので、真弓は聖子に「やはりご夫婦ですね」と話して聞かせた。

直日の病状が重かった入院時、家族をはじめ信徒もひとかたならぬ心配をしていたが、

直日と日出麿（緑寿館 S.61.12.28）

日出麿は、「大丈夫です」「元気になります」など、側近に話し、結果はそのことばどおり事なきを得た。

ときどき直日は短い手紙、ハガキを身近な者に託し、日出麿に送った。

「美しき日差《ひざ》しかかよふけふ翅《し》果《か》に乗り飛でてゆきたし君のみそばに
おからだおだいじにおいたわり下さい」

「新年おめでとうございます
ことしも御元気で　わたしたち

のともしびとなって　しあわせをおさづけ下さい
そのうちにお目にかかりに上ります　ごきげんようういらして下さい」

「元男《もとお》先生
なつかしくかなしき君よ
春されば掬水荘《きくすいそう》に花は咲かなん
このお歌おぼへていらっしゃいますか　　直日」

この手紙の余白に日出麿は「白き花咲く掬水荘」と連歌を墨書し、直日に返している。綾部の掬水荘は結婚当初、二人が暮らしていた家である。

「ひでまる先生　御きげんおよろしくいらっしゃいますか
只《ただ》それのみをいのりてをります
そのうちにうかがひたく思ひます　　直日」

次の一文は平成元年（一九八九）、孫の紅が、直日の横で日出麿の伝記『神仙の人』を読んでいたときの場面を回想したものである。

「一番印象に深く残っているのは、昨年十月、『神仙の人』を耳元で声を出して読んだときのこと、祖母は目を閉じ、全身を耳にして聞き入っているように感じられました。

そして、その後、筆をとり、祖父に手紙を書きました。

『神仙の人・出口日出麿を読みました。涙がこぼれました。あとからあとからおえつしてやみません。今まで読まずにいたことをおしいことに思いました。直日』」


日出麿先生の苦労をされし昔おもひわがなく涙とどめかねつも

それ以来、紅は直日のところに行くたびに『神仙の人』を読むようになった。

直日は、結婚当時の記述場面では当時を懐かしむよう楽しそうに耳を傾け、王仁三郎、すみこから日出麿に養子縁組の話が出たとき、「ならぬものではありません」と答え、放《ほう》屁《ひ》する場面では吹き出して笑うのだった。

また日出麿の直日評の一節、「わるくいえば蟹《かに》が屁《へ》をひりそこなった格好だが、よくいえば、紅蓮《べにはす》が蛙《かえる》をみつめている風情がある。……」の場面を読んだとき、

「蟹が屁をひりそこなった格好とはどういうものでしょう」と紅が尋ねると、直日は首を

傾け考えながら、「そんなもの見たことがないからわからん」とおかしそうに笑った。

「そのころ、机の上に置いてある祖父の写真をじっと見つめ、それを手にとり、手拭《ぬぐ》いできれいに磨いてみたり、楽しい内容の手紙を度々、祖父に書いたりしていましたが、祖父を思う祖母の幸せそうな温かいほのぼのとした雰囲気にふれることができたのは、私にとってとても幸せなことでした」

直日が日出麿を思うように、また日出麿にとっても直日を思う気持ちは同じであった。直日から届いたハガキを目にする日出麿の顔は、はた目にもうれしそうだった。表、裏、返しながら、ジッと見つめていた。

○

平成元年（一九八九）五月二十五日、直日は日出麿の元を訪ねている。その四日前、日出麿は「二十五日云」と筆にした。側近は「二十五日は何か特別な日になるかもしれない」と思いながらそばに控えていた。

当日の昼過ぎ、直日は出口黛子《でぐちまゆこ》（京太郎《きょうたろう》の妻）、紅、側近の内田恵子《うちだけいこ》と共に緑寿館に着いた。日出麿の部屋近くまで車椅子《くるまいす》で進み、そこからは自ら両手をエルボークラッチ（歩行補助用の杖《つえ》）を使い歩いた。八畳の隣室から日出麿の部屋まで、ゆっくりと二、三歩進んでは立ち止まり、息を整え、再び歯をくいしばって歩き始める。わずかな距離を時間をかけて懸命に日出麿の元へと歩んでいった。

直日は日出麿のベッドの横に椅子を置き、何か話しかけていた。五月のおだやかな日差しのなか、二人は静かなときを過ごした。

その後、直日はいちど自室に帰り、しばらく時間をおいて再び日出麿のベッドの横の椅子に腰掛けた。そして日出麿の顔を静かに見つめた。布団の上から腰のあたりを撫《な》でている日出麿の様子を見て、直日は「あちらに行きたい。そこが痛いらしいから、ちょっとさすってあげようと思う」と立ち上がり、日出麿のうしろに椅子を動かし、腰をさすった。

そして日出麿が伸ばしている腕を、そして肩、ひじ、手首、手の甲《こう》と、順にゆっくり、手のひらで何度もさすり、指の爪《つめ》一つ一つを親指でなで、最後に日出麿の手を両手で包むように握りしめた。そのまま長い時間、二人は庭に目をやり、無言の時間が流れていった。

二人だけのおかしがたい雰囲気が漂う部屋には誰も入れず、隣室で全員が控えていた。

そのころの直日は、医師の指導で食事内容、面会時間など、しっかりと健康管理がされていた。面会時間は長くても五分か十分までと決められていた。その時間は、はるかに過ぎていた。もうこれ以上日出麿との時間を過ごすことは、直日の体にさわるので側近の者が、帰る時間が来ていることを伝えた。二人の手は別れを惜しむようにゆっくりと離れ、直日は椅子から車椅子へ移った。

「亀岡に帰ってきます。元気でおってくださいな」

「元気でいらしてくださいよ」

何度もそうくり返し、直日は日出麿の部屋をあとにした。

帰りの車中での会話である。

「先生もとても楽しそうでございましたね」

「こんなおばあさんでもそうかな。でもそうやろな、やっぱりお嫁さんやもんな。また来させていただこうな」

しかし、これが直日と日出麿の生涯最後の対面となった。

その日から三日後の夕方、直日から日出麿に手紙が届いた。

「ひでまる先生がおげんきで、わたしもうれしさひとしほです　直日」

短いが、しっかりした筆で書かれていた。

直日は弾圧後の日出麿を次のように伝えている。

「太平洋戦争の勃発《ぼっぱつ》、終結、さらに戦後の混乱期を経《へ》て、日本が復興し、急速な科学文明の発展を見ました今日まで、日出麿は一切を知りつつ、一切にかかわりなく、すべての人がしあわせになり、世の中がよくなることの具現に、文字どおり全身全霊をかけてまいりましたように存じます」

謙虚なことばだが、長年にわたり日出麿の姿に触れ、その世界が見える直日だからこそ言えることばである。王仁三郎の「あらゆる霊を天国へ運び上げるのが、あれ（日出麿）の使命なのだ」とのことばとも合致する直日の日出麿評である。

直日、天に帰る

晴れの長生殿上棟祭

直日が緑寿館の日出磨を最後に訪ねた同じ月、平成元年（一九八九）五月三日には、三代教主米寿慶祝梅松祭《ばいしょうさい》が盛大に行われた。続いて五日には綾部・鶴山平に大きなかけ声が響いた。

「棟打ちの儀、始めませ！」

長生殿上棟祭である。神約の神殿は、完成に向けて大きな一歩を踏み出した。

長生殿造営長・知野茂樹《ちのしげき》（総長）の発声を受け、式装束を身につけた役匠が、長生殿の大屋根に上がり、棟を木槌《きづち》で打った。

「千歳棟《せんざいとう》」

「オー」

「万歳棟《まんざいとう》」
「オー」
「永々棟《えいえいとう》」
「オー」

かけ声と棟を打つ木槌の音が鶴山平に響き、その槌音《つちおと》は四千人の参拝者の魂を奮い立たせた。そのかけ声に応じたのか、日出麿に祭典時刻は知らせていなかったが、祭典が始まると居間から祭場に向かい、「オー」と大きな声を発した。

そして、

「ああ、ありがたい、ありがたい」

と言い、拍手合掌し、晴れの長生殿上棟を祝した。

この日、長生殿神殿神床《かんどこ》に掲げられていたのは、聖子の筆になる、見事な木曽桧《きそひのき》の長生殿棟札《むなふだ》であった。

「施主　三代教主　出口直日
　三代教主補　出口日出麿

教主代行　出口聖子」

その棟札は今も長生殿の要として神殿を護《まも》りつづけている。

桜との惜別

年が明けて平成二年（一九九〇）。

立春も過ぎ、木々は芽吹き、直日が愛した野の花、マンサク、オウレン、セツブンソウなども花ひらき春のおとずれを告げていた。

やがて春もたけなわを迎え、亀岡・梅松館の木《こ》の花桜《はなざくら》もつぼみをふくらませ、一輪が開いた。その一輪を待ちかねて、この年もお神酒が供えられ、感謝の祝詞が奏上される。

毎年、桜の季節、直日はいく度となく「三日亭」（通称・花の家）から木の花桜の移りゆく姿を愛《め》で、ときにはお膳を運び終日を過ごした。窓いっぱいに広がる桜を見つめながら、部屋に布団をのべ寝につくこともあった。

まるでわが身の分身であるかのように愛《いと》おしみ、慈《いつく》しんだ。木の花桜は、やがて満開の時を迎えた。しかし、この年、直日は一度しか花の姿にふれることがなかった。

その春、三月三十一日、直日は木の花桜をひと枝、日出麿に届けるように依頼した。直日の依頼のことばと同時刻、日出麿は綾部の自室ベッドで横になり、しきりに空中に指で文字を書いていた。その様子を目にした側近が、日出麿に色紙とペンを届けると、すぐにペンを取り、書き上げた。

櫻《さくら》　櫻を思ふ也

その五日後の四月五日、日出麿に応《こた》えるかのように、直日は風に舞う花びらを前に、筆を走らせた。

ちるさくら　さきほこるさくら　うつくしや

すべてが凝縮されたこころのままのことばである。これが生涯最後の歌となり、絶筆となった。

平成二年（一九九〇）九月二十三日、秋分の日。

花びらがうてなを離れ、かすかな風に舞い散るように、直日はその生涯を静かに閉じた。

享年八十八歳六カ月。


（完）

「春の日に木の花櫻咲きさかゆ目を驚かせ四方の人らに
（昭和六十三年）」

あとがき

大本の教祖・出口王仁三郎の名は、広く知られ、その言動は、宗教家という枠を大きく超え、明治、大正から昭和にかけ、社会の大きな注目を集めました。しかし、その後継者である大本三代教主・出口直日については、あまり知られておりません。本書を通して初めて知ったという方も多いと存じます。出口直日のその生涯は、常人が体験し得ない険しい道のりであったといえましょう。

昭和十年の国家による宗教弾圧、第二次大本事件は三代教主にとって、とりわけ厳しい体験でありました。しかし、弾圧に屈することなく、懸命な努力のもと、最終的には裁判を通して大本を青天白日にまで導いていきました。それが、個人の人権より国家が優先された第二次世界大戦のさなかであったことを思うとき、いかに大変な道のりであったかと思わずにはいられません。

三代教主に就任してからは、一貫して、「脚下照顧」、「心言行の一致」を大切な柱とし、まず信徒一人ひとりが自らの姿勢を正していく必要を説いています。また、ともすると信仰者が陥りやすい迷信、また霊的現象への過度の興味を戒めました。人として真のあり方を求め、自らを厳しく律し、内なる邪悪なものと闘い、それに打ち勝つことを説きました。それは日々の祈りと地道な努力なくしては至り得ないものであります。それを誰よりも実践してきたのが三代教主であったと言えるでしょう。

若いころから短歌、茶道、能楽、書道など、日本の伝統文化を学んできたことも、信仰をより地についたものとする大事な足がかりであったのではと想像されます。いずれの分野でも、かなりの境地にまで進み、後に始めた陶芸も希代の万能芸術家・北大路魯山人をして「百万人に一人」と高く評価されています。結果的に伝統文化への研さんが、教団全体へと浸透し、こんにちでは大本の教風の一つともなっています。

三代教主は天界へと旅立ちましたが、残された多くの作品は亀岡・天恩郷の「ギャラリーおほもと」に常設展示され、「山の裾野のような姿に」と願った境内地は、今も生前同様、四季折々、美しい姿を呈しております。読者の皆さまも、ぜひ一度、足をお運びいただき、大本本部の境内の雰囲気をご自身で体験していただければと存じます。

限られた誌面の中で、三代教主の足跡をどれだけお伝えできたかは分かりませんが、その歩みを通し、大本の教えと真の姿の一端にでも触れていただければ幸甚であります。

大本本部長　浅田秋彦

出口直日 略年譜

文中の敬称は略。なおは出口なお、王仁三郎は出口王仁三郎、すみこは出口すみこ。日出麿は出口日出麿を表す。

ゴシック体は大本関係記事。記事末尾の［ ］内の数字は出口直日の満年齢。

明25・2・3	**大本開教**
明35・3・7	綾部町大字本宮村に上田喜三郎（のちの王仁三郎）・すみこの長女として生誕。喜三郎は「あさ野」と命名
明36・5・24	なお・王仁三郎・すみこらと弥仙山御礼参拝。同日より「直日」を名乗る
明41・4	綾部尋常小学校に入学［6］
大3・4	何鹿郡立女子実業学校に入学。同年9月中退［12］
大3〜4頃	八雲琴を梅田やすにつき稽古。祭典に伶人奉仕
大4・4	梅田信之のすすめで和歌の道をこころざす
大4・11	大日本武徳会に入会、京都の梅田邸に寄宿し剣道の稽古に励む
大5・2・19	直霊軍別動隊の白虎隊（少年組織）の指揮をとる［13］
大5・5	和歌を出口直澄の名で発表［14］。この時が初詠
大5・10・5	神島開きになお・王仁三郎・すみこらと
大7 春	この頃よりなおにつき、ご神体などの神務に仕える
大7・11・6	**開祖（なお）昇天**
大8・3・31	**高見元男（のちの日出麿）、初参綾・修行**
大8・11・18	**亀山城跡入手**
大8・12	茶道（裏千家）を長谷川宗美に習う［17］
大9・1	和歌を木の花暁丸の名で発表
大9・2・4	**五六七（みろく）殿完成**
〈大10・2・12	**第一次大本事件。王仁三郎は検挙される〉**
大10・7・27	本宮山神殿仮鎮座祭の斎主を［19］
大10・10・18	本宮山神殿昇神祭の斎主を

大10・10・18	王仁三郎は「霊界物語」の口述開始
〈大10・10・20	本宮山神殿強制破却〉
大11・2・15	処女歌集「志ら梅」を刊行
大12・9・21	中野茗水から宝生流謡曲を本格的に習う［21］
大13・2・13	王仁三郎はモンゴル行きの意を告げ出発
大13・5・25	中野茗水の能「草子洗」を東京・染井能楽堂で鑑賞
大13・7・25	帰国の王仁三郎を門司港で出迎え
大13・12	若山牧水の歌壇「創作」に入会［22］
大14・2・3	亀岡神苑を「天恩郷」と命名
大14・5・22	王仁三郎は世界宗教連合会を北京で発会
大14・6・9	人類愛善会が綾部で発会。奉告祭の斎主を
大14・12	高見元男は正式に本部奉仕
昭2・1・18	王仁三郎は明光社創立。芸術活動を推進
〈昭2・5・17	大赦令で第一次大本事件解消〉
昭2・7	高見元男に国文学・東洋史を習う
昭3・2・1	高見元男と結婚［25］
	王仁三郎は高見を「日出麿」と命名
昭3・3・3	王仁三郎56歳7カ月となり、みろく大祭を
昭3・11・16	月宮殿完成（天恩郷）
昭4・2・4	長生殿地搗きを
昭4・7・30	長女・直美誕生［27］
昭4・12	前田夕暮の歌壇「詩歌」に入会。中川窕子・橘雪の名で投稿
昭5・6	今日庵で淡々斎宗匠から「宗日」の茶名を
昭7・2・13	二女・麻子誕生［29］
昭7・10・31	昭和坤生会発会、会長補となる
昭9・1	中河幹子の歌壇「ごぎやう」に入会。葛原けいの名で投稿
昭9・7・22	昭和神聖会発会
昭10・2・19	三女・聖子誕生［32］
昭10・10・31	王仁三郎は歌祭を再興し大本歌祭を
〈昭10・12・8	第二次大本事件勃発。王仁三郎は松江、日出麿は亀岡で検挙〉
〈昭10・12・17	当局は天恩郷を封鎖。18日綾部神苑も〉
昭11・2	日出麿は拷問で日赤病院に入院
〈昭11・3・13	大本の建造物破却を発令〉
昭11・3・14	すみこ検挙され、京都五条署へ
〈昭11・4・18	綾部・亀岡両聖地の土地を両町へ強制売却〉
昭11・5・11	開祖奥都城の強制破却に立ち会う［34］
〈昭11・5・18	両聖地の建造物を強制破却。6月11日完了〉
昭11・6・29	検挙され綾部署に留置。7月8日釈放

昭11・8・2	長男・京太郎誕生［34］
〈昭11・8・26	京都府知事は府下警察署長に大本撲滅を指示〉
昭11・12	綾部上野町藤山へ転居。「雑草居」とよぶ
昭12・1・15	産後の経過わるく京大病院に入院。29日退院
このころ	清瀬一郎・林逸郎弁護士来訪。裁判への決意をかためる
昭12・5・1	日出麿に京都刑務所で初の面会［35］
昭12・9下旬	亀岡中矢田に転居。裁判資金調達に苦慮
〈昭13・8・6	裁判所は日出麿の精神鑑定を命令〉
〈昭14・2・6	日出麿の公判停止、京大附属病院に入院〉
昭14・10・27	日出麿は亀岡中矢田に帰る
〈昭15・2・29	第一審判決。全員有罪〉
昭15春	農業を始める
【昭16・12・8	太平洋戦争はじまる】
昭17・4・18	日出麿は穴太の長久館に移る
〈昭17・7・31	第二審判決。治安維持法違反無罪・不敬有罪〉
昭17・8・7	王仁三郎・すみこ保釈出所
昭17	戦時下の歌風になじめず「ごぎやう」退会
昭18・6・17	家族と竹田別院へ移る。30日日出麿も。農事のかたわら稽古事に励む

昭19・12	王仁三郎は手造り楽焼茶盌をつくる
【昭20・8・15	太平洋戦争終戦】
昭20	立花大亀の紹介で京都・金剛能楽堂へ（終戦間もないころ）
〈昭20・9・8	大審院判決。上告棄却。判決が確定〉
〈昭20・10・17	大赦令で不敬罪解消〉
〈昭20・10・18	神苑の土地を亀岡町から返還。11月15日綾部町からも〉
昭20・12・8	大本事件解決奉告祭。王仁三郎、綾部神苑を「梅松苑」と命名
昭21・2・7	愛善苑として再発足
昭21・5・23	鉢伏山開きに王仁三郎・すみこと
昭21晩春	夏山茂樹の歌壇「丹波路」に入会［44］
昭21・6・4	月山不二築造（梅松苑）
昭21	金剛流宗家金剛巌（初世）を竹田別院に招き、仕舞「高砂」を舞う
昭22・5・8	天恩郷で裏千家家元淡々斎宗室による献茶式
昭22・6・8	竹田別院に茶室「掬水庵」完成
昭23・1・19	王仁三郎昇天
昭23・2・4	愛善みずほ会設立

昭23冬	王仁三郎の楽茶碗「天国二十八」を金重陶陽におくる
昭24・3	加藤義一郎が王仁三郎作楽茶盌を「耀盌」と命名
昭24・8・23	耀盌特別鑑賞展を大阪で開催。続いて京都・東京で
昭24・10・29	愛善苑を大本愛善苑と改称
昭24・12・8	人類愛善会再発足。楽天社設立。月宮宝座完成（天恩郷）
昭25・1・1	「木の花」創刊。短歌の選者となる
昭25・1・1	「人類愛善新聞」再刊
昭25・2・3	愛善エスペラント会発足（現・エスペラント普及会）同日、瑞月窯（楽焼窯）を築く
昭25・3・26	大阪大本歌祭に臨席（住吉神社）［48］
昭25・5・5	金沢大本歌祭に臨席（金沢能楽堂）
昭25・5・25	「野の草の会」をもち山や野へ
昭25・6・11	松野奏風の能画披露会を竹田別院で
昭25・8・24	花明山工房開き（天恩郷）
昭25・8・25	天恩郷での大本歌祭を復活
昭25・9・24	東海大本歌祭に臨席（熱田神宮能楽堂）
昭25・12・19	随想「私の念願」を発表、自然保護を訴える
昭26・2・3	日出麿は竹田から天恩郷・照明館に移る
昭26・4	花明山植物園を開園、竹内敬を初代園長に
昭26・4・28	金沢大本歌祭に臨席（金沢能楽堂）
昭26・5・26	京都大本歌祭に臨席（金剛能楽堂）
昭26・8・13	花明山窯芸道場完成（京都清水の柏山窯を移築）
昭26・9・8	小田原大本歌祭に臨席（市中央公民館）
昭26	金重陶陽の指導でぐい呑千個、茶盌百個をつくる。翌年石黒宗麿にロクロを習う
昭27・3・31	すみこ昇天。三代の道統継承［50］
昭27・4・1	大本愛善苑を大本と改称。三代教主に就任、日出麿は三代教主補に
昭27・5・30	島根・鳥取主会へ教主就任後初の親教
昭27・7・26	花明山茗水会を発足させ、中野茗水の芸風保存に尽力
昭27・9・1	葉がくれ居完成。茶室を設ける（天恩郷）
昭28・4・14	桜の新種「コノハナザクラ」を発見（天恩郷）［51］
昭28・4・16	みろく殿完成（梅松苑）
昭28・8・21	歌集「ちり塚」を刊行

昭28・8	三幅前掛を「木の花帯」と命名
昭29・3・7	歌集「雲珠桜」を刊行［52］
昭29・4・1	**東京本苑を開設**
昭29・5・8	松江大本歌祭に臨席（島根別院）
昭29・6・15	**原水爆反対の署名簿一六〇万人と要請文を国連事務総長へ送達**
昭30・5・8	新潟大本歌祭に臨席（新潟日報ホール）
昭30・5・29	関東大本歌祭に臨席（水道橋能楽堂）
昭30・8・8	宗教世界会議綾部大会の名誉議長に就任
昭31・8・7	教主公館・朝陽舘完成（天恩郷）
昭31・9・28	開祖聖誕百二十年に弥仙山参拝
昭31・11・6	**世界平和祈願万国慰霊祭**
昭32・3・7	「私の手帖」を刊行［55］
昭32・4・25	**社会福祉法人信光会設立**
昭32・4・30	**高熊山を入手（岩くつ周辺）**
昭33・3・28	王仁三郎入山六十周年に高熊山参拝
昭33・8・7	**万祥殿完成（天恩郷）**
昭33・10・7	「続私の手帖」を刊行［56］

昭34・3	**三代教主生誕慶祝にみろく能、開祖聖誕慶祝に大本能を定期に**
昭34・10・13	伊勢湾台風被災地見舞いに東海地方へ
昭34・11・3	鶴山工房開き（綾部）
昭35・2・13	**世界連邦国家宣言促進請願署名簿百三十万人を国会へ提出**
昭35・4・12	皇居での園遊会に出席［58］
昭35・5・4	能「猩々」を東京・水道橋能楽堂で
昭35・11・20	能「羽衣」を万祥殿能舞台で
昭36・1・11	鶴山窯（登り窯）築造。4月16日鶴山工房完成
昭36・5・14	能「杜若」を万祥殿能舞台で
昭36・7・2	八雲琴「琴の由来」を田中緒琴の無形文化財指定祝賀演奏会で奏楽
昭37・3・7	三代教主還暦生誕祭に「西王母」を演能
昭37・3・31	**世界平和祈願万国慰霊祭。以後10年ごとに**
昭37・9	大本の平和運動のあり方について「私のねがい」を発表［60］
昭37・11・3	教団機構を刷新
昭37・11・18	**開教七十年記念に五流能を開催**

料金受取人払郵便

亀岡局
承　認
213

差出有効期間
平成29年10月
26日まで
切手を貼らずに
お出し下さい

郵便はがき

6 2 1-8 7 9 0

〈受取人〉
京都府亀岡市
古世町北古世82-3

株式会社　天　声　社　　行

弊社の本をお買い上げいただき、誠にありがとうございました。
お手数ですが、差し障りのない範囲でアンケートにご協力下さい。

お名前（フリガナ　　　　　　　　　　　　）　**性別**（　男　・　女

ご住所　　　　都道　　　　区
（〒　　　－　　　）　府県　　　郡

電子メールアドレス
@

TEL（　　　　　　）**生年月日**　**年齢**（　　歳
FAX（　　　　　　）　M.T.S.H　年　月

ご職業 1.学生　2.公務員　3.会社員　4.会社役員　5.商工自営　6.農林漁業　7.教員　8.医
9.団体職員　10.自由業　11.アルバイト　12.専業主婦　13.その他（

ご購入の書籍名

本書を購入された動機は
□ 書店・売店で見て　□ 人に勧められて　□ 広告を見て
□ インターネットサイトを見て　□ 書評を見て（　　　　　　　）
□ その他（　　　　　　　　　　　　　　　　　　　　　）

購入された書店名　　　　所在地　都道府県　　　区市郡

本書について

デザイン	1.良い	2.ふつう	3.不満足
内　容	1.良い	2.ふつう	3.不満足
価　格	1.良い	2.ふつう	3.不満足

本書のご感想、ご意見をお書き下さい。

希望する本の内容がありましたらお書き下さい。今後の出版企画等の参考にさせていただきます。

お答えいただいた回答は、アンケートの目的以外には使用しません。
小社からの案内をご希望の方のみ、下記にご記入下さい。

小社から各種案内等をご希望になりますか。　1.は　い　2.いいえ

ご協力、ありがとうございました。

昭38・4・14	「聴雪記」を刊行［61］
昭38・4・28	岩戸開き六十周年に弥仙山参拝
昭38・7・14	エスペラント碑建立（天恩郷）
昭38	御殿舞を松本尚女に習う。のち名取「尚日」となる
昭39・2・20	なには別院を開設（大阪）
昭39・8・1	歌集「西王母」を刊行［62］
昭39・9・28	出口直日作陶展を東京日本橋・壷中居で開催
昭39・12・16	開祖聖誕慶祝大本能で能「小袖曽我」を
昭40・4・12	吉野山に借家し清遊。長期滞在
昭40・8・5	「現代歌人総覧」に短歌掲載される
昭40・8・13	大本エスペラント国際友好祭でエス語であいさつ
昭41・3・7	梅松館完成し移る。同年8月16日、日出麿も
昭41・4・10	「寸葉集」巻一を刊行［64］
昭41・4・11	八雲琴「琴の由来」を梅松館完成祝に
昭41・9・8	開島五十周年記念に神島参拝
昭41・9・25	日出麿著「生きがいの探求」を刊行
昭42・5・2	世界連邦日本宗教委員会（世連日宗委）が発足
昭42・12・24	大本奈良岡の家別院完成。明日香の保存を訴える［65］
昭43・4・6	教主・教主補生誕祭に大本みろく能を（みろく能と大本能を合併）
昭43・4・13	木の花ざくら観桜茶会を。公開・継続
昭43・4・15	梅松塾を人材養成のため開設
昭43・7・1	東京本部開設。「東光苑」と命名
昭43・10・20	「こころの帖」を刊行［66］
昭43・12・13	上田堪庵のすすめで茶杓を削る
昭44・1・15	立花大亀・出口直日二人展を東京日本橋・三越で
昭44・4・18	現代茶陶名品展に出品（北九州小倉・井筒屋）
昭45・1・7	七草がゆを天恩郷で。公開・継続
昭45・6・2	清水比庵・出口直日二人展を大阪難波・高島屋で
昭45・8・6	「出口直日陶芸図鑑」を刊行［68］
昭45・10・11	東京本部本館完成、能舞台を設ける
昭45・10・16	世界宗教者平和会議の名誉顧問に就任
昭46・8・7	王仁三郎聖誕百年記念瑞生大祭を
昭46・8・7	人類愛善会新発足
昭46・9・19	「せかいへいわ」碑を建立（鳥取県・吉岡温泉）

昭47・1・1　「この後の一二年を有終の美を刻むべき周期たらしめたい」との所信表明［69］

昭47・4・6　梅松祭（三代教主古希）

昭47・5・4　京都府船井郡の古民家を移築復元し「木の花庵」と命名。のちに国の重要文化財に指定（梅松苑）

昭47・8・5　「寸葉集」巻二を刊行［70］

昭47・8・29　公害草の除去運動を指示

昭47・10・18　大本海外作品展を欧米6カ国13会場で開催。50年12月17日まで

昭48・3・7　茶席泰安居完成（天恩郷）各界の知友、信徒・職員を茶事に招く

昭48・10・13　舞囃子「草紙洗」を伊勢内宮境内能楽殿で［71］

昭48・10・16　裏千家家元鵬雲斎千宗室による献茶式に列席（みろく殿）

昭49・10・18　日出麿著「生きがいの創造」を刊行

昭50・3・12　大本海外作品展ニューヨーク展開催奉告祭を聖ヨハネ大聖堂で

昭50・6・7　第7回世界連邦平和促進宗教者亀岡大会（主催・世連日宗委）の大会長に就任

昭50・10・19　TOU第5回世界精神頂上会議開催奉告祭を聖ヨハネ大聖堂で。23日教主名代がスピーチを

昭51・7・26　大本・日本伝統芸術学苑（大本夏季セミナー）を。継続

昭52・1・31　モートン・聖ヨハネ大聖堂長と会見。大阪市立大病院で

昭52・2・3　キリスト教礼拝式「平和と一致」をみろく殿で。11月7日万祥殿で

昭53・2・16　三教合同鎮座祭（大本・仏教・ヒンズー教）をネパール国カトマンズの愛善センターで

昭53・4・6　教主・教主補生誕祭・金婚式典

昭53・5・7　みろく顕現祭・大本歌祭を聖ヨハネ大聖堂で

昭54・5・3　喜寿慶祝梅松祭［77］

昭54・5・4　武原はん・今藤長十郎の「楽と舞の宴」を喜寿慶祝に催す

昭54・5・4　キリスト教礼拝式「平和と一致」を万祥殿で

昭54・5・5　出口直日作品集・陶芸編を刊行。12月10日書画編を

昭54・5・5　綾部の教主公館・緑寿館完成。6月15日、緑寿館に移る

昭54・7・16　日出麿、梅松館から緑寿館に移る

昭54・10・4　秋をめでる夕を両聖地で。公開・継続

昭54・10・8　茶席・鶴山居完成（梅松苑）

昭54・11・19　シナイ山平和の式典に代表参加

〈昭55・3・10	出口和明ら「いづとみづの会」設立。反教団活動表面化〉
昭55・5・11	聖ヨハネ大聖堂で教主名代が能「羽衣」を奉納。16日英国カンタベリー大聖堂でも
昭55・10・19	ド・バール・カンタベリー大聖堂長と会見。大阪市立大病院で
昭55・12・1	歌集「ちりづか」を刊行［78］
昭56・1・1	「道を護らむ」の所信表明
昭56・2・5	人類愛善会アジア代表者会議を京都国際会館で
昭56・11・7	世界平和のための合同礼拝式をみろく殿で
〈昭56・12・8	出口栄二は教団と役員を提訴（平2年10月12日栄二は訴訟取り下げ）〉
昭57・5・3	傘寿慶祝梅松祭［80］
昭57・5・26	教主継承者（教嗣）を新たに出口聖子に決定
昭58・2・3	「大本神諭」を刊行、全七巻
昭58・8・8	大本エスペラント普及会創立六十周年記念式典
昭58・11・5	諸宗教による礼拝式「平和と創造」を万祥殿で
昭59・3・6	シナイ山合同礼拝式典「人類の和解と世界平和」に代表参加
昭59・11・26	日出麿著「生きがいの確信」を刊行

昭61・5・5	長生殿地鎮祭［84］
昭62・7・26	世界エスペラント大会で出口王仁三郎賞を贈る。継続
昭62・8・3	比叡山宗教サミットで名誉顧問に就任。代表参加
昭62・9・4	「霊界物語」修補版を刊行
昭63・1・23	出口聖子を教主代行に任命
昭63・5・3	ご成婚六十周年記念梅松祭［86］
昭63・8・23	歌集「近詠集」を刊行
平1・5・3	米寿慶祝梅松祭
平1・5・5	長生殿上棟祭
平1・10・18	「神仙の人出口日出麿」を刊行、成婚60周年記念に
平1・11・6	白梅殿上棟祭
平2・5・3	老松殿上棟祭
平2・9・12	肺炎のため京都桂病院に入院
平2・9・23	午後二時十分昇天、満88歳6カ月

この略年譜には、三代教主の芸術活動、出版をはじめ、記念祭典、造営、内外諸活動のうち、主要なものをとりあげた。（監修・大本教学研鑽所）

「大本」についてのお問い合わせは下記までご連絡ください。
大本本部（亀岡）・総務部 広報担当
〒621-0851　京都府亀岡市荒塚町内丸 1
TEL 0771-22-5561（代表） FAX 0771-55-5926
webmaster@oomoto.or.jp
http://www.oomoto.or.jp

落丁・乱丁は、天声社宛にお送りください。送料小社負担にてお取り換えいたします。
株式会社 天声社
〒621-0815　京都府亀岡市古世町北古世 82-3
TEL 0771-24-7523　FAX 0771-25-3655
webmaster@tenseisha.co.jp
http://www.tenseisha.co.jp

天地和合　大本三代教主 出口直日の生涯

平成 27 年 11 月 1 日　初版発行
平成 27 年 12 月 25 日　2 版 1 刷
編　　集　大本本部
開教百二十年記念事業事務局（百二十年史）
発行・印刷　株式会社 天 声 社